跨境电商基础与实务

主　编　王晓凤　邹益民
参　编　张　瑜　杜　鹃

机 械 工 业 出 版 社

本书紧跟跨境电商发展浪潮，立足数字贸易，坚持"岗、课、证、赛、训"一体化，以跨境电商业务流程为主线，对标跨境电商岗位能力要求，以典型任务为驱动，依托全球速卖通、亚马逊、阿里巴巴国际站、Wish、eBay等跨境电商平台，对接全国跨境电商技能大赛和"1+X"证书，配套仿真模拟实训软件和数字化课程资源，详细阐述跨境电商的现状与平台、选品与发布、营销与推广、订单与单据、物流与仓储、通关与结汇、客户服务、法律法规、运营实操等专业知识，旨在帮助读者掌握全面、专业、准确、前瞻的跨境电商知识。

　　本书内容翔实、通俗易懂，可作为中高职院校跨境电商、国际商务、电子商务、商务英语专业的教学用书，也可作为跨境电商从业人员、大学生创业者的参考用书及岗位培训教材。

图书在版编目（CIP）数据

跨境电商基础与实务 / 王晓凤，邹益民主编 . —北京：机械工业出版社，2024.2（2025.2 重印）
ISBN 978-7-111-74618-8

Ⅰ.①跨… Ⅱ.①王…②邹… Ⅲ.①电子商务—商业经营—教材
Ⅳ.① F713.365.2

中国国家版本馆 CIP 数据核字（2024）第 038469 号

机械工业出版社（北京市百万庄大街 22 号　邮政编码 100037）
策划编辑：张雁茹　　　　　　责任编辑：张雁茹
责任校对：梁　园　刘雅娜　　封面设计：张　静
责任印制：刘　媛
涿州市般润文化传播有限公司印刷
2025 年 2 月第 1 版第 3 次印刷
184mm×260mm · 14.5 印张 · 341 千字
标准书号：ISBN 978-7-111-74618-8
定价：48.00 元

电话服务　　　　　　　　　　网络服务
客服电话：010-88361066　　机 工 官 网：www.cmpbook.com
　　　　　010-88379833　　机 工 官 博：weibo.com/cmp1952
　　　　　010-68326294　　金 书 网：www.golden-book.com
封底无防伪标均为盗版　　机工教育服务网：www.cmpedu.com

"数字经济事关国家发展大局"，习近平总书记这样擘画。

数字贸易通全球，跨境连接你我他。"互联网+"时代的到来，推动了数字经济的蓬勃发展，世界经济逐步实现一体化。在"一带一路"倡议下，中欧班列和网上丝绸之路为商贸企业带来了飞速发展的春天，国家政策扶持力度不断加强，物流、金融等服务体系不断完善，跨境电商迅猛发展，成为经济和对外贸易发展新的增长点。

同时，整个社会对高素质跨境电商技能人才的需求也越来越旺盛，复合型商贸技能人才缺失，成为制约商贸企业发展的重要因素之一，中国现代化经济体系和主导产业急需一批"强跨境、精外贸、能运营"的高素质复合型跨境电商人才。对跨境电商人才培养规格、技能要求、知识结构提出新要求，培育高素质跨境电商人才成为职业院校责无旁贷的使命。因此，为了更好地为中国经济提供跨境电商技能人才支撑，我们编写了本书。

本课程是现代商贸专业群的专业必修课，是一门依托跨境电商平台进行国际贸易的综合应用性、操作性学科。本书紧跟时代潮流，聚焦产业升级，把握人才需求。根据教育部跨境电商专业教学标准、国家行业标准，基于立德树人，立足"三教改革"，坚持"线上线下融合"和"岗、课、证、赛、训"一体化，对接全国跨境电商技能大赛和"1+X"证书，配套仿真模拟实训软件和数字化课程资源，以跨境电商工作过程中的典型任务为驱动，积极对标跨境电商专员岗位的能力需求，有机融入劳动精神、工匠精神、劳模精神等思政元素，依托全球速卖通、亚马逊、阿里巴巴国际站、Wish、eBay等跨境电商平台，以跨境电商业务流程为主线，按照任务式、递进式等进行学习任务的划分，讲解跨境电商的理论知识和实操技能，以期培养符合新时代要求的具有国际视野和跨文化思维的高素质复合型跨境电商技能人才。

本书体系完整，内容丰富，具有较强的实践性。本书共四个部分十一个项目模块，由王晓凤、邹益民主编，张瑜、杜鹃参编。王晓凤负责编写项目一～项目四、项目八～项目十；张瑜负责编写项目六、项目十一；杜鹃负责编写项目五、项目七；邹益民负责全书的整体构思和统筹安排。本书从学生学习需要出发，准确把握跨境电商课程的特征，强调实践操作性，着眼于学生岗位能力的提升和综合素养的培育，符合新形态课程理念，以期对读者掌握跨境电商职业技能起到积极的作用。

我们在编写过程中力求准确、全面、专业，由于编者水平所限，书中难免存在不当和疏漏之处，敬请专家和读者批评指正。

编　者

目 录

扫码看视频

扫码看视频

第一部分

识 跨 境

扫码看视频

走进跨境电商

【知识目标】

- 掌握跨境电商的概念、模式和特征
- 熟悉跨境电商的法律法规和平台规则
- 了解跨境电商的发展历程、发展现状、发展趋势和对国际贸易的影响

【技能目标】

- 掌握跨境电商的主要模式
- 熟悉跨境电商的政策历程
- 了解跨境电商的优缺点、与传统国际贸易的区别、B2C 和 B2B 跨境电商的业务流程

【素养目标】

- 培育社会主义核心价值观
- 培养诚实守信、遵纪守法的职业道德和精益求精的工匠精神
- 培养互联网思维、创新创业意识

【思维导图】

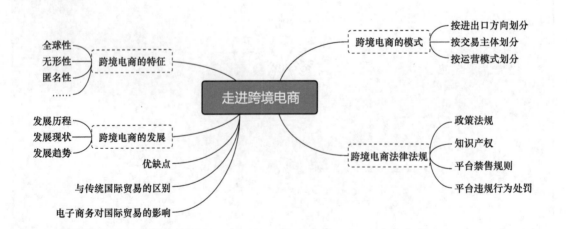

【任务背景】

跨境电商行业正处于飞速发展阶段，市场规模也不断扩大，消费者对跨境电商产品的需求直线上升。同时，各国政府也在大力支持跨境电商的发展，并不断改善政策环境。2018年《中华人民共和国电子商务法》的出台，最大的意义在于从监管层面认同了这一商业模式的合法地位，并为行业竞争提供了可参考的准绳。2021年中国跨境电商行业交易规模达14.2万亿元，同比增长13.6%，跨境电商已经成为对外贸易新的增长点。

李明是外贸专业毕业生，对跨境电商行业很感兴趣，便向一些相关企业投了个人简历。在电话沟通时，HR都会问到一些问题："你对跨境电商有什么了解？跨境电商有哪些发展潜力和发展趋势？你对哪个跨境电商平台最感兴趣？"李明知道要想有机会获得职位，就要掌握跨境电商的相关知识。

➤ **任务探讨**：如果你和李明一样，想要从事跨境电商行业，你会如何应对这些问题？

亚马逊创始人贝索斯说："只要跟随好奇心，承担必要的风险，在继续进行的过程中进行无数次的重建、试验和迭代，我们就会成功。"

➤ **任务探讨**：如果你是一位跨境电商的创业者，你会如何理解并践行这句话？

【任务实施】

大家好，欢迎来到跨境电商的世界，请结合任务背景，开启我们的跨境旅行，快速进入跨境电商认知的学习。

任务一　跨境电商概述

随着贸易全球化和信息技术的迅猛发展，跨境电商迅速兴起，成为新的商业模式和经济增长点。

一、跨境电商的概念

跨境电商（Cross-Border Electronic Commerce）是指分属不同关境的交易主体，通过电子商务平台达成交易、进行支付结算，并通过跨境物流送达商品、完成交易的一种国际商业活动。

二、跨境电商的模式

跨境电商按照不同的划分标准可以分为不同的类型，见表1-1。

表 1-1　跨境电商的模式类型

序号	划分标准	划分类型
1	按进出口方向划分	进口跨境电商、出口跨境电商
2	按交易主体划分	企业与企业之间的跨境电商 企业与个人消费者之间的跨境电商 个人消费者与个人消费者之间的跨境电商
3	按运营模式划分	第三方开放平台、自营型平台、混合型平台

（一）按照进出口方向划分

按照进出口方向划分可以将跨境电商模式分为出口跨境电商和进口跨境电商。

（二）按照交易主体划分

按照交易主体划分可以将跨境电商模式分为 B2B、B2C、C2C。

B2B 是 Business to Business 的缩写，是企业对企业的一种商业模式，指企业与企业之间通过专用网络或 Internet，进行数据信息的交换、传递，开展各种交易活动的商业模式。在 B2B 模式下，企业运用电子商务以广告和信息发布为主，成交和通关流程基本在线下完成，本质上仍属传统贸易，已纳入海关一般贸易统计。

B2C 是 Business to Customer 的缩写，是企业对个人消费者的商业模式，也就是通常说的直接面向消费者销售产品和提供服务的商业零售模式。在 B2C 模式下，我国企业直接面对国外消费者，以销售个人消费品为主，物流方面主要采用航空小包、邮寄、快递等方式，其报关主体是邮政或快递公司。

C2C 即 Customer to Customer，是个人消费者与个人消费者之间的商业模式。在 C2C 模式下，个人卖家通过网络进行交易，把商品出售给另外一个消费者，完成交易。

（三）按照运营模式划分

按照运营模式划分可以将跨境电商模式分为第三方开放平台、自营型平台、混合型平台。

三、跨境电商的特征

（一）全球性

网络是一个没有边界的媒介体，具有全球性和非中心化的特征。依附于网络发生的跨境电商也具有全球性和非中心化的特性。电子商务与传统的交易方式相比，一个重要区别在于电子商务是一种无边界交易，丧失了传统交易所具有的地理因素。互联网用户不需要考虑国界就可以把产品尤其是高附加值产品提交到市场。网络的全球性特征带来的积极影响是信息最大限度地共享，消极影响是用户必须面临因文化、政治和法律的不同而产生的风险。

（二）无形性

网络的发展使数字化产品和服务盛行。而数字化传输是通过不同类型的媒介，例如数据、声音和图像，在全球化网络环境中进行的，这些媒介在网络中是以计算机数据代码的形式出现的，因而，电子商务是数字化传输活动，是一种特殊无形的形式。

数字化产品和服务基于数字传输活动的特性也必然具有无形性。传统交易以实物交易为主，而在电子商务中，无形产品却可以替代实物成为交易的对象。以书籍为例，传统的纸质书籍，其排版、印刷、销售和购买被看作是产品的生产、销售，然而在电子商务交易中，消费者只要购买网上的数据权便可以阅读书中的知识和信息。而如何界定该交易的性质、如何监督、如何征税等一系列的问题却给税务和法律部门带来了新的课题。

（三）匿名性

由于跨境电商的非中心化和全球性的特性，因此很难识别电子商务用户的身份和其所处的地理位置。在线交易的消费者往往不显示自己的真实身份和地理位置，然而这丝毫不影响交易的进行，网络的匿名性也允许消费者这样做。在虚拟社会里，隐匿身份的便利导致自由与责任的不对称。

（四）即时性

对于网络而言，传输的速度和地理距离无关。传统交易模式，信息交流方式如信函、电报、传真等，在信息的发送与接收间存在着长短不同的时间差。而电子商务中的信息交流，无论实际时空距离远近，一方发送信息与另一方接收信息几乎是同时的，就如同生活中面对面交谈。某些数字化产品（如音像制品、软件等）的交易，还可以即时清结，订货、付款、交货都可以在瞬间完成。电子商务交易的即时性提高了交易的效率，免去了传统交易中的中介环节，但也隐藏了法律危机。

（五）无纸化

电子商务主要采取无纸化操作的方式，这是以电子商务形式进行交易的主要特征。在电子商务中，电子计算机通信技术取代了一系列的纸面交易文件。用户发送或接收电子信息，由于电子信息以比特的形式存在和传送，整个信息发送和接收过程实现了无纸化。无纸化带来的积极影响是信息传递摆脱了纸张的限制，但由于传统法律的许多规范是以规范"有纸交易"为出发点的，因此，无纸化带来了一定程度上的混乱。

电子商务以数字合同、数字时间截取了传统贸易中的书面合同、结算票据，削弱了税务当局获取跨国纳税人经营状况和财务信息的能力，且电子商务所采用的其他保密措施也将增加税务机关掌握纳税人财务信息的难度。

（六）快速演进

互联网是一个新生事物，现阶段它尚处在幼年时期，网络设施和相应的软件协议的未来发展具有很大的不确定性。但税法制定者必须考虑的问题是网络像其他的新生事物一样，必将以前所未有的速度和无法预知的方式不断演进。基于互联网的电子商务活动也处在瞬息万变的过程中，短短几十年中电子交易经历了从 EDI 到电子商务零售业兴起的过程，而数字化产品和服务更是各式各样，不断改变着人类的生活。

【任务拓展】了解 M2C 模式、O2O 模式、F2C 模式

M2C 模式：M2C 模式（Manufacturer to Consumer）即生产厂家对消费者，是指生产厂家直接对消费者提供自己生产的产品或服务的一种商业模式。M2C 模式以互联网和地面渠道的优势互补为基础，通过共享各地的终端推广渠道和售后服务网点，达成活化终端、减少商品流通环节，让产品从生产商直接到消费者，从而降低了销售成本，保障了产品品质和售后服务质量。

O2O 模式：O2O 是 Online to Offline 的缩写，是将线上的商业活动与线下实体经济相结合的商业模式。在 O2O 模式中，企业会在互联网上建立电子商务平台或 App，向消费者提供在线购物、预约、支付等服务，同时通过线上推广引导消费者到线下实体门店去购买商品或享受服务。该模式让消费者既可以享受线上购物的便利性和价格优势，又能亲身体验产品和服务的质量，为企业提供了低成本、高效率的营销手段。O2O 模式广泛应用于各种商业领域，成为现代商业活动的重要形式。

【任务操作】
1. 用自己的语言概括跨境电商的模式有哪些。
2. 你对跨境电商的哪个特征印象最深？小组探讨跨境电商有哪些显著特征。
3. 请课后搜一搜什么是 F2C 模式。

四、跨境电商的发展历程

随着网络信息技术的不断发展与进步，我国逐渐步入到"互联网+"时代，"一带一路"为跨境电商提供政策高地。趋势造就未来，电子商务的迅猛发展，已逐渐改变了我们的生活方式。与传统贸易形式相比，跨境电商利用互联网信息传输速度快、范围广、容量大的特点，不仅可以降低营销运营成本，还可以轻松拓展全球客户市场。而随着跨境电商的崛起，将直接推动中国企业转变理念、创新业务模式、保持竞争优势、破解发展困局，并且在一定程度上带动社会经济的发展，真正实现外贸转型升级。

（一）初兴

为使我国跨境电商保持稳定的增长势头，自 2004 年起，我国政府便出台了一系列的政策。2004 年至 2008 年，电商行业规范初步实施，这段时间主要侧重于行业的规范；2008 年至 2013 年，10 多项涉及物流、支付、管理等跨境电商的政策相继发布，完善了行业规范。从 2012 年开始，政府政策开始逐步放开推动跨境电商行业发展，2013 年中国跨境电商交易规模已达 2.7 万亿元。跨境电商在 2014 年逐渐进入广大互联网用户的视野，国家增加多个跨境电商扶持政策，并设定了多个试点运行城市，大力推动了跨境电商的运行和发展。跨境电商伴随 2014 年海关 56 号和 57 号文的推出以及 2015 年"互联网+"时代的来临，站到了资本市场的风口上，变革历史的趋势显而易见，中国正式进入跨境电商的爆发和快速增长期。随着国际贸易条件的恶化，以及欧洲、日本的需求持续疲软，中国出口贸易增速出现了下台阶式的减缓。而以跨境电商为代表的新型贸易的发展脚步正在逐渐加快，并有望成为中国贸易乃至整个经济的全新增长引擎。2015 年，中国跨境电商交易规模为 5.4 万亿元，同比增长 28.6%。其中跨境出口交易规模达 4.49 万亿元，跨境进口交易规模达 9072 亿元。中国跨境电商的进出口结构比例中，出口占比 83.2%，进口占比 16.8%。

（二）崛起

跨境电商快速发展，2016 年我国发布了关于跨境电商的新政。财政部发布税改"正面清单"，跨境电商的发展随着需求的增大逐渐向正规的公司化运营发展。2018 年，国务院决定延续和完善跨境电子商务零售进口政策并扩大适用范围，激发更大的消费潜力。随着跨境物流、支付等环节的进一步突破和跨境电商企业盈利能力的进一步提升，行业迎来黄金发展期。2017—2021 年中国跨境电商市场规模（增速）分别为 8.06 万亿元（20.29%）、9 万亿元（11.66%）、10.5 万亿元（16.66%）、12.5 万亿元（19.04%）、14.2 万亿元（13.6%）。跨境电商的稳健增长，带动了整个产业链条、贸易链条不断优化，拉近了中国优质产品与世界的距离。B2B 在整个跨境电商中的比重最大。B2C 发展更为迅猛，给传统外贸带来深远的影响。

五、跨境电商发展现状

（一）交易平台发展迅猛

跨境电商的大力发展与交易平台的支持、推动密不可分。具有一定规模、实力雄厚的交易平台不仅可以为跨国贸易提供良好的机会，还可以提升电商的品牌知名度，为企业获得利益。近年来，我国的电商交易平台迅速崛起。环球资源、敦煌、阿里巴巴等 B2B 网站是跨境电商发展成功的典范，在海内外均具有很高的知名度。亚马逊、全球速卖通等新型的 B2C 跨境电商网站也正迅速发展，为跨境交易提供了稳定、安全的平台。

（二）打破传统外贸发展壁垒

订单流程烦琐、周期长、地域局限是传统外贸交易存在的问题，严重制约了我国对外贸易的发展。而跨境电商无货源模式打破了批发商、零售商、进口商的垄断地位，突破了传统外贸交易的壁垒，重塑了国际贸易结构，使零售商、批发商与企业直接接触，有效地减少了中间环节，节约了流动资本，提高了交易效率。

（三）推动现代服务业协同发展

由于跨境电商的迅速发展，相关法规的不断完善，交易平台的不断扩大，物流技术、支付技术的不断突破，支撑服务和衍生服务业的大力发展，使得我国跨境电商的发展颇具一定的规模，并带动了快递、海外仓等行业的协同发展。

（四）跨境电商市场逐渐规范化

目前，我国政府已建立了一系列跨境电商监管机制、诚信体系以及支付体系，针对侵权以及出售假冒伪劣产品等行为进行严厉打击，同时鼓励中小企业创立自主品牌，提升品牌质量，使得电商的市场趋于稳定，市场规范不断完善，跨境电商稳步、有序发展。

（五）服务体系逐渐完善

鉴于我国跨境电商发展中存在的诸多问题，2015 年 4 月，经国务院正式批准，"中国跨境电子商务综合试验区"正式成立，旨在完善制度、服务、管理等相关规定，解决限制我国跨境电商发展的体制上的问题，以期早日实现完善、先进、有效的跨境电商管理制度。

（六）跨境电商人才培养加速推进

跨境电商的人才培养不断强化，各地政府不断加大跨境电商人才培养的支持力度，各大院校也不断探索实践，优化跨境电商人才培养路径和培养模式，致力于为我国培养和储备优秀的跨境电商人才，为企业输送"即送即用"的高素质跨境电商技能人才。

六、跨境电商未来的发展趋势

（一）跨境产品以及市场逐渐多元化

未来的跨境电商产品种类将会不断丰富，如服装、珠宝、家具、汽车配件等产品，以满足海外市场的需求。此外，随着物流法律法规的不断完善，我国电商行业将会加大对运输困难产品物流配套设备的完善力度，使得跨境电商这一新兴市场成为零售出口的主要推动力。

（二）发展空间潜力巨大

我国贸易出口规模不断增加，海外市场对我国产品的需求旺盛，旺盛的市场需求给我国中小型电商企业带来了巨大的发展空间。在此种情况下，我国跨境电商要以此为发展契机，不断提供迎合市场的产品，促进跨境电商行业的发展。

（三）政府鼎力相助

中国跨境电商依然保持持续增长，得益于一系列制度支持和改革创新，以及互联网基础设施的完善和全球性物流网络的构建，跨境电商正成长为推动中国外贸增长的新动能。

跨境电商的消费者遍布全球，拥有强大的市场潜力，在政府和企业的大力推动下，市场规模逐渐增大，已围绕整个跨境贸易形成了一条从营销到支付、物流和金融服务的清晰、完整的产业链。跨境电商正处于政策红利释放期，政府将跨境电商视为经济发展转型升级和打造经济新增长点的重要抓手。特别是通过推动制造型企业上线，促进外贸综合服务企业和现代物流企业转型，生产、销售端共同发力，成为跨境电商发展的主要推动力。

七、跨境电商的优缺点

（一）优点

1.跨境电商前景广阔

国内市场的竞争非常激烈，电商的竞争已经白热化。然而，跨境电商总体来说仍然是一片蓝海。在互联网上，一个企业可以面对世界上200多个国家和地区的市场。而且跨境电商具有门槛低、成本少、平台广的优势，使得国内企业，尤其是中小企业实现国际化梦想成为可能，并加快了实现的进程。因此，跨境电商受到企业的热烈欢迎。

2.政府积极鼓励并出台相关利好政策

各国政府积极鼓励跨境电商的发展，我国更是如此。各地跨境电商综合试验区，以及各类资金扶持，都体现了我国大力发展跨境电商的决心，而且这些利好政策还在不断提升中。

3.消费者对跨境电商的需求旺盛

电子商务改变了消费者的购物习惯，跨境电商则可以突破区域限制，满足定制要求，这些都不是传统的外贸模式可以做到的。在跨境电商进入成熟期之前，许多国内消费者会找专业代购或者个人代购去购买国外的产品，这种通过个人非正式渠道购买海外产品的方式存在风险，并经常引发问题，迫切需要建立正式的跨境电商来满足消费者需求。

4.跨境电商平台本身的优势所在

平台本身就是一个综合体，可以集成很多价值嫁接在平台上面成为平台的价值构造，成为平台引流的一个关键所在，也是传统企业要嫁接互联网的根本原因所在。跨境电商促进了传统外贸企业转型升级和产业结构升级，缩短了对外贸易的中间环节，提高了交易效率，为小微企业提供了更多的机会。

（二）劣势

1.缺少监管

跨境电商平台缺乏第三方的认证或者监管机构的监管，没有监管，侵权行为会时常发生，这会导致整个平台声誉下降，这是急需跨境平台思考以及解决的问题。

2. 人才缺失

跨境电商的人才缺失一直是行业的一个痛点。跨境电商蓬勃发展，虽然很多高校陆续推出电子商务、物流管理、跨境电商等专业，但课程的更新完全跟不上跨境电商的发展速度，加之国内大部分高校培养跨境电商学生时重理论轻实践，导致跨境电商专业毕业生与企业所需人才不对标。

八、跨境电商与传统国际贸易的区别

与传统国际贸易相比，跨境电商具有突出优势，例如突破了传统地理范围的限制、受贸易保护影响较小、涉及中间商少、利润率高等优势，但也存在某些缺陷，如通关、退税、贸易争端处理制度不完善等。

1. 交易主体存在差异

传统国际贸易的交易主体通常是企业对企业，双方直接接触；跨境电商借助互联网平台，交易主体更加广泛，交易更加细化和具体化，包括企业对企业、企业对个人、个人对个人，有时也包括政府部门等。

2. 交易流程存在差异

两者在交易流程和环节上有一定的差异。传统外贸出口渠道的一般形式为：国内制造商—出口商—进口商—零售商—消费者。传统国际贸易的信息获取、资金流通和货物运输通常相互分离，交易环节较为复杂，所涉中间商比较多，因而其贸易周期较长；而跨境电商基于互联网运营模式，打破了外贸出口必须依赖中间商的束缚，使得企业可以直接面对个体批发商、零售商，甚至直接面对消费者。跨境电商省去传统跨境贸易中间环节，而直接延伸到零售环节，价值链相应缩短，交易更加扁平化，更具有针对性。

3. 交易成本存在差异

在传统国际贸易方式下，人员需要大量外出谈判和参展活动，同时需要在各国设立分支机构，运营成本较大；跨境电商可以利用网络，采用智能化管理模式，开展网络营销和预售活动，能够帮助品牌扩大总需求和测试市场反应，进而缩短产品开发周期，降低生产采购成本和物流仓储成本，提高营运资金的周转效率。

4. 订单类型存在差异

在传统国际贸易方式下，订单数量较大且集中，订单周期相对较长。跨境电商借助互联网则能够实时采购、按需采购，订单批量小，订单周期比较短。

5. 贸易商品存在差异

传统的贸易产品比较固定，产品类目较少，同时更新速度比较慢；跨境电商比传统贸易方式下的产品类目更多、更新速度更快。企业可以借助互联网直接面对消费者，建立海量商品信息库，实行个性化广告推送，以口碑聚集消费需求。由于掌握更多消费者数据，跨境电商企业能设计和生产出差异化、定制化产品。

6. 争端处理存在差异

传统国际贸易的支付方式较为常见，因而其支付流程比较完善，也具备健全的争端处理机制。跨境电商一般具有专门的第三方支付平台，小额量大的跨境电子交易日益频繁，传统的争端解决机制包括法院提起诉讼、网上调解、网上仲裁等不适合处理这类小额量大的跨境电商争议。加之跨境电商的发展历程较短，完善的争端处理机制还未形成。

7. 通关结汇存在差异

传统贸易按照国际贸易程序进行交易，可以享受正常的通关、结汇和退税政策；跨境电商通关速度较慢或受到更多限制，除个别试点城市外，无法享受退税和结汇政策。

九、电子商务对国际贸易的影响

（一）转变运营方式

在传统国际贸易中，交易双方对产品的订购、销售、配送、支付以及谈判等商务活动往往在不同的场所进行。而在网络条件下，国际贸易的商务场所和运营方式都发生了根本性变化。整个贸易活动，包括交谈、讨论、信息的索取、洽谈、订购、商品交换、结算、商品退换等，都是在网络上进行的，这大大地提高了贸易的效率。

（二）降低经营成本

电子商务突破了传统贸易以单向物流为主的运作格局，凭借网络技术将商务活动中的物流、商流、信息流、资金流等资源汇集在一个平台上，通过这个平台完成资源的共享和业务的重组，从而帮助交易主体降低经营成本，加速资金周转，提高服务管理水平，增强市场适应能力。另外，电子商务使人们更广泛、更充分地利用信息，了解商情，共享资源，这必将有助于促进企业拓宽服务渠道并带动服务质量提高。

电子商务正在掀起国际贸易领域里的一场新的商业革命。作为一种以电子数据交换为主要内容的全新贸易运作方式，电子商务打破了时空的限制、加快了商业周期循环，高效地利用有限资源、降低成本、提高利润，有利于增强企业的国际竞争力。同时，电子商务拓展了国际贸易的空间和场所，缩短了国际贸易的距离和时间，简化了国际贸易的程序和过程，使国际贸易活动全球化、智能化、无纸化和简易化，实现了划时代的深刻变革。随着网络技术日新月异的发展，电子商务越发显示出它的勃勃生机，其必将成为国际贸易发展的主流，重新构造世界市场，进一步深化国际贸易方式创新。

【实训活动】

活动一：选一选

1. 按照交易主体不同，跨境电商分为 B2B、B2C、C2C 三种模式，其中 B2B 指（　　　）。<单选>

    A. 企业对个人消费者　　　　　　　　B. 个人消费者对个人消费者

    C. 企业对企业　　　　　　　　　　　D. 企业对政府

2. （　　　）在整个跨境电子商务中的比重最大，约占整个电子商务出口的 90%。<单选>

    A. B2B　　　　　　B. B2C　　　　　　C. C2C　　　　　　D. O2O

3. 与传统国际贸易相比，跨境电商的特点有（　　　）。<多选>

    A. 交易主体通过互联网平台进行交易　　B. 订单较集中，交易周期长

    C. 面向全球市场，规模大，增长速度快　D. 争端处理存在弊端，交易效率低

4. 为什么要做跨境电商？（　　　）<多选>

    A. 有利于传统外贸企业转型升级　　　　B. 缩短了对外贸易的中间环节

    C. 为小微企业提供了新的机会　　　　　D. 促进产业结构升级

活动二：说一说

1. 简述跨境电商的概念。

2. 简述跨境电商的模式。

3. 简述跨境电商的特征。

活动三：译一译

1. 跨境电商。

2. B2C。

3. B2B。

活动四：搜一搜

1. 创业第一天背后的理念和故事。

2. 跨境电商主流平台。

3. 我国跨境电商的发展历程。

【职业体验】

请在老师的组织下走访、参观、调研本地跨境电商企业，了解跨境电商企业概况、经营模式，提升职业体验。

【五星工匠】

请各位同学以小组为单位，根据知识、技能、素养三维目标对自己的学习成效进行多元评价，并查漏补缺，提升对跨境电商的认知。请点亮下图中的星星，为自己做一下星级评鉴，评一评自己能够得到几颗星。

任务二　跨境电商法律法规

一、跨境电商政策法规

跨境电商政策和相关法律法规的建立，是跨境电商发展的重要基础。我国跨境电商政策发展经历了四大阶段：政策萌芽阶段（2004—2007年）、政策发展阶段（2008—2012年）、政策爆发阶段（2013—2019年）、政策完善阶段（2020年至今）。

（一）政策萌芽阶段

2004—2007年是政策萌芽阶段。2004年，国务院颁布了《中华人民共和国电子签名法》，针对经营者使用可靠的电子签名，提供电子认证服务。2005年，国务院又颁布《关于加快电子商务发展的若干意见》，初步规范了电子商务行业的发展。2007年，商务部颁布了《关于促进电子商务规范发展的意见》，对网上交易健康发展、逐步规范网上交易行为起到了积极的推动作用，同时为跨境电商的萌芽和发展提供了基础。

（二）政策发展阶段

2008—2012年则是跨境电商政策的发展阶段，这个时期的政策涉及监管、流通、支付、结算等多个方面，政策支持力度明显增大。

2009年7月，国家颁布了《跨境贸易人民币结算试点管理办法》，9月商务部颁布了《关于加快流通领域电子商务发展的意见》，主要目的为扶持传统流通企业应用电子商务开拓网络市场，培育一批专业网络购物企业和网上批发交易企业。2010年，海关总署颁布《关于调整进出境个人邮递物品管理措施有关事宜》，该公告照顾了收件人、寄件人合理需要，进一步规范了对进出境个人邮递物品的监管。2010年，中国人民银行颁布了《跨境贸易人民币结算试点管理办法实施细则》，规定试点地区的企业以人民币报关并以人民币结算的进出口贸易结算。《跨境贸易人民币结算试点管理办法实施细则》对跨境贸易人民币结算试点的业务范围、运作方式、试点企业的选择、清算渠道的选择等问题做了具体规定。2011年颁布了《支付机构客户备付金管理规定和办法》。2012年颁布了《支付机构互联网支付业务管理办法》，政策呈点状分布，侧重支持引导。

（三）政策爆发阶段

2013—2019年则是政策爆发阶段。我国对跨境电商重视程度日益提高，国家政策支持力度不断加大，不断改革完善跨境电商等新业态扶持政策、加快跨境电商等新业态发展。

2013年，国务院发布了《关于促进进出口稳增长、调结构的若干意见》《关于转发商务部等部门关于实施支持跨境电子商务零售出口有关政策意见的通知》，要求完善进出口跨境电子商务政策，在有条件的地方先行试点。

2014年，国家颁布了《关于支持外贸稳定增长的若干意见》。

2015年，为做好跨境贸易电子商务进出境货物、物品监管工作，国务院同意设立跨境电子商务综合试验区，我国正式成立了第一个跨境电商综合试验区（杭州）。我国跨境电商依托综合试验区建设，在制度创新、管理创新和服务创新等方面积累了大量经验，之后国务院又批准了5批跨境电商综合试验区，其成效显著，为跨境电商的高速、高质量发展做出了突出贡献。同时还颁布了《关于跨境电子商务零售进出口商品有关监管事宜的公告》《关于促进跨境电子商务健康快速发展的指导意见》等多项政策法规，支持跨境电子商务产业发展的"国六条"正式出台，跨境电商政策呈面状铺开，向实施层面推进。这些政策确定了电子商务出口经营主体，建立了电子商务新型海关监管模式，促进"互联网＋外贸"，实现优进优出，促进企业和外贸转型升级，打造新的经济增长点，推动开放型经济发展升级。

2016 年，为营造公平竞争的市场环境，促进跨境电子商务零售进口健康发展，国务院颁布了《关于跨境电子商务零售进口税收政策的通知》，同意在天津市、上海市、重庆市、合肥市、郑州市、广州市、成都市、大连市、宁波市、青岛市、深圳市、苏州市等 12 个城市设立跨境电子商务综合试验区。同年，为促进跨境贸易电子商务进出口业务发展，方便企业通关，规范海关管理，实施海关统计，海关总署增列海关监管方式代码"1239"，全称"保税跨境贸易电子商务 A"，简称"保税电商 A"，适用于境内电子商务企业通过海关特殊监管区域或保税物流中心（B 型）一线进境的跨境电子商务零售进口商品。同时，为促进跨境电子商务发展，提供便利通关服务，2016 年，海关总署发布了《关于跨境电子商务进口统一版信息化系统企业接入事宜的公告》，为落实跨境电子商务零售进口税收政策，公布了《跨境电子商务零售进口商品清单》。

2018 年，海关总署颁布了《关于规范跨境电子商务支付企业登记管理》的公告。同年，为促进跨境电子商务零售进口行业的健康发展，财政部、海关总署、税务总局发布了《完善跨境电子商务零售进口税收政策的通知》。2018 年，为了保障电子商务各方主体的合法权益，规范电子商务行为，维护市场秩序，促进电子商务持续健康发展，制定了《中华人民共和国电子商务法》，国务院同意在北京等 22 个城市设立跨境电子商务综合试验区。

2019 年，国务院同意在石家庄市、太原市、赤峰市、抚顺市、珲春市、绥芬河市、徐州市、南通市、温州市、绍兴市、芜湖市、福州市、泉州市、赣州市、济南市、烟台市、洛阳市、黄石市、岳阳市、汕头市、佛山市、泸州市、海东市、银川市等 24 个城市设立跨境电子商务综合试验区。

（四）政策完善阶段

从 2020 年至今，跨境电商政策进一步完善。

2020 年，为进一步优化营商环境、促进贸易便利化，帮助企业积极应对各种问题，使跨境电子商务商品出得去、退得回，推动跨境电子商务出口业务健康快速发展，海关总署决定全面推广跨境电子商务出口商品退货监管措施，同时海关总署发布《关于开展跨境电子商务企业对企业出口监管试点范围的公告》，境内企业通过跨境电商平台与境外企业达成交易后，通过跨境物流将货物直接出口送达境外企业；或境内企业将出口货物通过跨境物流送达海外仓，通过跨境电商平台实现交易后从海外仓送达购买者；并根据海关要求传输相关电子数据，按照本公告接受海关监管。

同年，为进一步贯彻落实党中央国务院关于做好"六稳"工作、落实"六保"任务的部署要求，加快跨境电子商务新业态发展，海关总署决定进一步扩大跨境电子商务企业对企业出口监管试点范围，商务部发布《关于扩大跨境电商零售进口试点的通知》。同时，为打造更多跨境寄递服务通道平台，促进跨境寄递服务高质量发展，国家邮政局、商务部、海关总署发布《关于促进跨境电子商务寄递服务高质量发展的若干意见》。为加快发展外贸新业态，推动贸易高质量发展，财政部、海关总署、税务总局发布《关于跨境电子商务出口退运商品税收政策的公告》。

2021年，为了使跨境电子商务零售进口商品便捷退货，海关总署决定全面推广"跨境电子商务零售进口退货中心仓模式"。为认真落实全国深化"放管服"改革，着力培养和激发市场主体活力，进一步促进跨境电子商务健康有序发展，助力企业更好地开拓国际市场，复制推广跨境电商企业对企业模式，经国务院同意，进一步扩大跨境电商零售进口试点城市范围、严格落实监管要求，将跨境电商零售进口试点扩大至所有自贸试验区、跨境电商综试区、综合保税区、进口贸易促进创新示范区、保税物流中心（B型）所在城市（及区域）。今后相关城市（区域）经所在地海关确认符合监管要求后，即可按照商务部《关于完善跨境电子商务零售进口监管有关工作的通知》要求，开展网购保税进口（海关监管方式代码1210）业务。

2021年7月9日，《国务院办公厅关于加快发展外贸新业态新模式的意见》对外公布，提出要在全国适用跨境电商B2B直接出口、跨境电商出口海外仓监管模式，便利跨境电商进出口退换货管理，优化跨境电商零售进口商品清单，到2025年，力争培育100家左右优秀海外仓企业，并依托海外仓建立覆盖全球、协同发展的新型外贸物流网络。

（五）政策的推动作用

国家出台的相关政策积极地推动了跨境电商的发展。

首先，跨境电商试点进一步扩大。2019年年底增设第四批24个跨境电商综合试验区；2020年，国务院决定在全国已有59个跨境电商综合试验区的基础上再设46个跨境电商综合试验区；2021年9月，跨境电商综合试验区城市数量已达105个；2022年2月发布《27个城市和地区批复》后，我国实现了分六批设立132个跨境电商综合试验区，基本覆盖全国，形成陆海内外联动、东西双向互济的发展格局。

其次，跨境电商模式进一步创新，支持市场采购贸易和跨境电商融合发展，新增17个市场采购贸易方式试点，指导综合试验区帮助企业充分利用海外仓扩大出口，积极探索保税维修、离岸贸易等新业务。

同时，贸易便利化进一步推进，2020年1月17日，商务部、发展改革委、财政部、海关总署、税务总局、市场监管总局等六部委联合印发《关于扩大跨境电商零售进口试点的通知》，跨境电商零售进口试点范围从37个城市扩大至海南全岛和其他86个城市（地区），覆盖31个省、自治区、直辖市。2021年，商务部发布《"十四五"商务发展规划》，明确要推动外贸创新发展，开展跨境电商"十百千万"专项行动、规则和标准建设专项行动、海外仓高质量发展专项行动等，到2025年，使跨境电商等新业态的外贸占比提升至10%。

【任务拓展】《中华人民共和国电子商务法》

2018年8月，我国发布《中华人民共和国电子商务法》（以下简称《电商法》），并于2019年1月1日起实施。这意味着我国电商行业进入有法可依的时代，为规范行业发展迈出重要一步。《电商法》规定，通过互联网等信息网络从事销售商品或者提供服务的经营活动的自然人、法人和非法人组织都属于电子商务经营者，应当依法办理市场主体登记，履行纳税义务。这意味着原本处于灰色地带的个人海外代购、微商将纳入法律法规的监管。《电商法》的出台是对整个电子商务行业规则的重塑，电商商品质量将更有保障，整个电商行业将走上更加健康的发展轨道。

【任务操作】

1.《电商法》的出台，最大的意义在于从（　　　）认同了这一商业模式的合法地位。

　　A.市场层面　　　B.消费层面　　　C.监管层面　　　D.法规层面

2.课后请了解至今为止，我国跨境电商综合试验区有哪些城市，并举例说明。

二、跨境电商知识产权

随着互联网科技的快速发展，全球的经济、政治、文化都进入了数字时代，互联网经济下的跨境电商正在迅猛发展。我国跨境电商极速发展的同时，知识产权侵权问题也成为阻碍跨境电商发展的重要因素之一。

（一）知识产权的含义

知识产权的英文为 Intellectual Property，一般是指人类智力劳动产生的智力劳动成果所有权，是"基于创造成果和工商标记依法产生的权利的统称"，是依照各国法律赋予符合条件的著作者、发明者或成果拥有者在一定期限内享有的独占权利，一般认为包括著作权、专利权和商标权。

著作权是指创作文学、艺术和科学作品的作者及其他著作权人依法对其作品所享有的人身权利和财产权利的总称；专利权与商标权也统称为工业产权，是指包括发明专利、实用新型专利、外观设计专利、商标等在内的权利人享有的独占性权利。

从事跨境电商行业要特别注意知识产权问题，如果发生知识产权侵权行为，权利人会向相关平台进行投诉，要求侵权人下架商品，甚至通过法院冻结侵权人的资金，并提出赔偿要求。卖家收到侵权投诉后，如果认为自己的行为确有侵权，应立刻停止侵权，与权利人协商和解；如果不认为自己的行为造成侵权，应积极提供非侵权证明。

为了建立公平、诚信、透明的平台运营环境，保护知识产权所有人的利益，国家相关部门和跨境电商平台也出台了相关法律法规，严禁卖家未经授权发布、销售涉嫌侵犯第三方知识产权的商品。若发布、销售涉嫌侵犯第三方知识产权的商品，侵权属实，平台会对卖家进行相关处罚。侵犯知识产权不仅会造成资金损失，还会造成店铺评分下降。

（二）知识产权侵权行为的种类

知识产权侵权行为基本包括以下三类：

1.商标侵权

未经商标权人许可，在商标权核定的同一种或类似的商品上使用与核准注册的商标相同或相近的商标的行为，以及其他法律规定的损害商标权人合法权益的行为。

2.专利侵权

未经专利权人许可，也没有法定的抗辩或免责事由，而以生产经营为目的实施了专利权保护范围内的有效专利的违法行为。

3.著作权侵权

未经著作权人同意，又无法律上的依据，使用他人作品或行使著作权人专有权的行为，以及其他法律规定的损害著作权人合法权益的行为。

商标权、专利权是跨境电商业务中特别容易侵权的对象。目前发生的跨境电商平台账户被封、罚款、索赔、诉讼案件，绝大部分都集中在商标侵权和专利侵权上。

三、跨境电商平台禁售规则

（一）全球速卖通禁售规则

1. 禁售产品

禁售产品指因涉嫌违法、违背社会道德或违背平台发展原则等原因，而禁止发布和交易的产品。在全球速卖通平台，以下禁售产品是需要特别注意的：毒品、枪支、军警用品、各类药品、超长刀具、汽车安全气囊、音像制品、钱币、香烟、邮票、间谍用品、酒类、赌博用品、机票及航空制服、卫星接收设备、医学美容仪器、管制刀具等。

2. 限售产品

限售产品指信息发布前需要取得商品销售的前置审批、凭证经营或授权经营等许可证明，否则不允许发布的产品。例如电子烟等，有的限售产品无论是否涉及品牌，都需要经过前置审批才能发布。全球速卖通店铺不得销售涉嫌不正当竞争的相关商标（限制类商标），包含知名人士、地名品牌的，与知名品牌相同或近似的，纯图形商标，包含行业名称或通用名称或行业热搜词等类型的商标或者品牌。

具体的禁售、限售产品列表参见《全球速卖通禁限售商品目录》，网址为 http://seller.aliexpress.com/education/rules/post001.html。

（二）亚马逊禁售规则

亚马逊平台对于禁售类产品有着非常明确的规定，卖家必须在日常运营中时刻遵照平台商品的出售规则，对于违禁商品一定不能售卖，以免被迫整改，影响商品出售和店铺经营。

首先，在亚马逊平台，锂离子电池类产品是完全禁售的。所有类型的该类产品都不允许在亚马逊平台出售。

其次，有些产品需要取得出售权限或者出售许可才能出售。在亚马逊平台有些产品是可以售卖的，但是需要取得该产品的出售权限，主要包括儿童玩具类、食品类、医疗工具和器械、各类灯具、美妆用品、宠物类产品、汽车配件类以及厨房烹饪类产品等。另外，申请不同类型的产品需要不同的资料，卖家应当提前做好准备。

亚马逊平台针对不同的站点有不同的禁限售政策，需要卖家对相关政策做好充分的认知。如果卖家店铺中的产品违背了平台的禁限售规则，卖家需要及时在后台查看具体的受限产品，并查找原因，及时做出整改。

四、跨境电商平台违规行为处罚

（一）全球速卖通违规行为处罚规则

1. 违规行为种类

全球速卖通跨境电商平台违规行为类型有很多，如买家投诉收到假货、图片盗用投诉、知识产权所有人投诉、平台抽样检查不合格等。全球速卖通平台会给予不同的扣分形式并处以警告、限制、冻结等相关处罚。根据相关规定，目前全球速卖通卖家的违规行为主要有三种：禁售、知识产权和交易违规。

2. 累计扣分处罚规则

全球速卖通根据违规积分的等级制订了公平的处罚标准，分数按行为年累计计算。违反商品信息质量和限售都采取累计扣分的方式。初次不扣分，第二次账户冻结 3 天扣 6 分，以此类推冻结 7 天扣 12 分，冻结 14 天扣 24 分，冻结 30 天扣 26 分，如果扣除 48 分直接关闭账户。如果卖家在 2023 年 2 月 21 日被处罚扣 12 分，则会冻结账户 7 天。同时，这个处罚记录会保留到 2024 年 2 月 21 日才清零。屡次被处罚的店铺，会被全球速卖通给予整个店铺不同程度的搜索排名靠后的处理。在全球速卖通平台中，多次发布侵权产品和被知识产品方投诉、发布平台禁止销售的产品、多次虚假发货或情节严重、信用及销售炒作都会引发账号冻结。

禁售还分为一般违规和严重违规。一般违规每次扣除 0.5 ~ 6 分，每天累计扣除分数不超过 12 分；严重违规会扣除 48 分直接关闭账户。处罚的方式分两种，一种是违规信息不在订单里就直接删除或者退回，另一种就是如果订单中有禁止或者限制销售的情况，要求直接关闭订单，进行全额退款。

知识产权侵权细分为专利权侵权、商标权侵权和著作权侵权。侵权分为一般侵权和严重侵权，严重违规 3 次就会直接封号，一般违规第一次不扣分，第二次会扣 6 分，以此累计，一旦扣除 48 分会直接关闭账户。

（二）亚马逊违规行为处罚规则

亚马逊平台为了规范店铺运营，制订了一套比较完备的违规处罚规则，如取消商品列表、限制或暂停上架特权、免除销售特权等。

1. 违反亚马逊商品评论规则

为确保评论对买家有一定的帮助，亚马逊平台禁止卖家评论自己的商品，也禁止通过其他违规手段获取评论，更不允许对竞争对手的商品发布恶意评论。

2. 违规使用变体

卖家想要销售亚马逊目录中已有的商品，需要将商品与现有 ASIN 匹配。如果卖家的商品不在亚马逊目录中，则需要创建新的 ASIN。如果卖家违反相关规定，会导致 ASIN 创建和销售权限暂停使用或永久撤销。

3. 违反亚马逊禁限售规则

如销售商品是非法商品或潜在的非法商品，违反了法律或亚马逊的禁限售规则，亚马逊会视情况暂停或终止卖家的销售权限、销毁亚马逊运营中心内的库存商品、退还库存、终止业务关系以及永久扣留销售款项。

4. 账号被警告

账号收到警告，卖家应第一时间查看账户状况。

政策合规性板块出现红色感叹号，表明账户某个 ASIN 因为违规而被标记。

账户状况页面出现黄色警告，表示账户状况处于非常不健康的状态，可能存在多处违规或严重违规，并存在被停用的风险。

账户状况页面出现红色警告，表示问题已升级成账户层面，不仅要申诉 ASIN，也要进行账户层面的申诉。

【实训活动】

活动一：选一选

1. 以下属于亚马逊平台允许销售的商品是（　　）。＜单选＞
  A. GPS 干扰器   B. 货币和硬币   C. 针孔摄像机   D. 登山用品

2. 全球速卖通违规处罚中，扣除（　　）分会直接关闭账户。＜单选＞
  A. 12   B. 24   C. 48   D. 64

3. 在全球速卖通平台中，以下哪些情况会引起账号冻结？（　　）＜多选＞
  A. 多次发布侵权产品和被知识产品方投诉 B. 发布平台禁止销售的产品
  C. 多次虚假发货或情节严重   D. 信用及销售炒作

4. 全球速卖通店铺不得销售涉嫌不正当竞争的相关商标（限制类商标），即属于下列任一类型的商标或者品牌。（　　）＜多选＞
  A. 包含知名人士、地名品牌的 B. 与知名品牌相同或近似的
  C. 纯图形商标   D. 包含行业名称或通用名称或行业热搜词的

活动二：说一说

1. 简述知识产权的含义和种类。
2. 简述全球速卖通平台知识产权侵权的类型。

【职业体验】

以小组为单位，通过网上搜索或文献查阅，搜集整理 3 ~ 5 个跨境电商平台违规行为典型案例，并分析原因。

【五星工匠】

请各位同学以小组为单位，根据知识、技能、素养三维目标对自己的学习成效进行多元评价，并查漏补缺，提升跨境电商法律法规意识。请点亮下图中的星星，为自己做一下星级评鉴，评一评自己能够得到几颗星。

跨境电商岗位认知

【知识目标】

【知识目标】

- 掌握跨境电商的核心岗位
- 熟悉跨境电商的职业能力
- 了解跨境电商的拓展能力

【技能目标】

- 掌握跨境电商的首岗、发展岗、迁移岗
- 熟悉跨境电商的核心技能
- 了解跨境电商的综合素养

【素养目标】

- 培育社会主义核心价值观
- 培养跨境电商诚实守信、遵纪守法的职业道德和爱岗敬业、吃苦耐劳的精神
- 培养精益求精的工匠精神、创新能力、发展能力和终身学习能力

【思维导图】

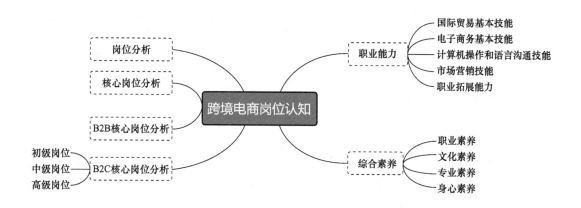

【任务背景】

随着跨境电商的浪潮袭来，进入跨境电商行业发展成为不少毕业生的梦想。李明是商贸类相关专业大四学生，想毕业后入职本地著名的跨境电商企业工作，便咨询了已经工作三年的学姐王丽。王丽在本地一家知名跨境电商企业从事跨境电商运营助理的工作接近三年，工作业绩不错。学姐告诉李明，进入朝阳行业是有发展前途的，但这个行业发展迅猛，要在工作中快速提升自己，学习新知识才能适应快速的发展需求。跨境电商作为一个新兴行业，工作涉及面很广，需要学的知识和技能很多，最核心的技能不是语言问题，而是外贸思维或电商思维，需要市场分析、数据分析、本土化文化学习能力，还有开放的互联网心态和乐于学习探索的劲头。

学姐还告诉李明，要想获得跨境电商岗位并尽快融入工作环境和状态，一定要掌握跨境电商岗位的核心能力和综合素养。做跨境电商运营，语言是最基础的知识，运营和推广是核心，平台和行业的最新政策动态也要及时把握。

➤ **任务探讨**：你认为从事跨境电商行业要具备哪些核心能力和综合素养？

【任务实施】

大家好，欢迎来到跨境电商的世界，请结合三维目标和任务背景，开启我们的跨境旅行，快速进入跨境电商岗位认知的学习。

一、跨境电商企业岗位分析

能够清楚了解跨境电商企业的岗位设置和职业能力需求，是每一个跨境电商从业者的必然要求。

跨境电商属于一种交叉性学科，既有国际贸易的特点，又有电子商务的特点，同时要有较高的语言沟通能力。跨境电子商务人才，指具备一定外语能力、电子商务技能和外贸业务知识，了解全球海外客户网络购物的消费理念和文化习俗，掌握跨境电子商务网络平台的营销技巧，拥有跨境贸易和电子商务技能的高素质复合型人才。跨境电商岗位大致分为三种类型：初级（技术型）、中级（业务型）、高级（战略管理型）。

（一）跨境电商岗位分析

跨境电商所包含的职位以及职能有跨境电商平台运营专员、平台运营助理、选品采购运营专员、库存分析专员、推广专员、英语翻译、平面设计师/高级美工、物流专员、摄影师、QC/质检员、（出口）认证工程师/认证专员、运营主管/经理、仓库系统操作员等。

在人员岗位设置上，B2B跨境电商企业核心岗位和B2C跨境电商企业核心岗位又有所区别。

1.跨境电商平台运营专员/策划/主管

主要负责跨境电商平台店铺的运营工作，完成整个平台的运营与策划，包括店铺活动设置、推广营销、提升店铺产品销量、内容策划、活动策划等，需要具备外语基础、市场分析能力、营销策划能力和管理能力等。

2. 跨境电商平台运营助理

协助完成跨境电商平台店铺的运营和策划工作，以及平台的优化、产品发布和推广，具备关键词优化、推广，以及代码编写能力。

3. 跨境电商库存分析专员

跨境电商库存分析专员即仓管，能对产品进行管理，负责入库与出库。

4. 跨境电商推广专员

主要职责是制订平台品牌推广策略，进行品牌推广和营销，提升品牌知名度，要具备市场营销能力、团队合作能力，有创新意识与竞争意识。

5. 跨境电商平面设计师 / 高级美工

主要职责是店铺页面装修、图片处理和优化，需要掌握平面设计软件使用方法，具有美术功底，并且还需要有一定的摄影能力。

6. 跨境电商物流专员

跨境物流是一个非常重要的环节，跨境电商物流专员要具备一定的物流运营、运输管理、风险把控、物流管理等能力，要了解船务、航线以及各国的海关政策，协调仓储、配送、订舱等。

7. 跨境电商业务销售

主要职责是开发目标客户，扩大市场规模，促成交易。跨境电商业务销售要具有一定的市场分析能力，善于沟通、擅长商务谈判，具备销售技巧，能及时掌握市场动态，结合产品特点做好市场营销与推广工作。

8. 跨境电商客服

主要职责是售前、售后的客户沟通，纠纷和差评处理，也要具备一定的英语基础、沟通技能和服务意识。

9. 选品采购运营专员

能够根据市场需求，寻找合适的产品，完成采购和选品，要具备一定的市场洞察能力、沟通能力和供应链管理能力。

10. 跨境电商数据分析师

主要职责是对市场行情、用户特征、市场趋势、产品销售进行数据分析，为平台决策提供支撑，具有一定的数据分析能力、计算机能力和市场洞察能力。

（二）跨境电商核心岗位分析

跨境电商的主要岗位一般称为跨境电商专员，分为业务岗位、技术岗位、管理岗位，概括起来有三大工作任务：网店维护与网站管理、业务运营、客户服务。

1. 网店维护与网站管理

包括搭建网站框架，熟悉网站后台的各项功能，上传和编辑图片，对商品进行特征、功能、技术、价格和竞争优势的描述等，如店面布置、产品图像处理、产品画册制作、网店建设与维护、数据分析、维护客户管理系统、维护订单管理系统和维护采购仓储系统等。

2. 业务运营

包括网店注册，选品，成本核算和定价，铺货上架，产品的优化、推广、采购，安排物流、支付方式、交易时间和交货地点以及对客户的跟进与服务工作等。

3. 客户服务

通过与客户沟通，建立良好的合作关系，解决问题，完成销售。具体包括：在线客服咨询，处理客户反馈，售前、售中和售后服务，上传订单物流状态，订单处理，及时回款等。

（三）B2B 跨境电商企业核心岗位分析

B2B 跨境电商企业的核心岗位更多倾向于国际商务或国际贸易的相关业务，除了网站和后台的建设与维护，以及产品的编辑与描述，更多的是做好市场调研、掌握合同的交易磋商、单据的制作、生产的安排和跟单等（见表 2-1）。

表 2-1　B2B 跨境电商企业核心岗位及其主要职责

序号	岗位名称	主要职责
1	网站维护	搭建网站框架：搭建网站主页面和自定义页面、滚动页面、增加栏目页面 熟悉后台功能：熟练上传商品、编辑图片、使用网站后台的各项功能 掌握关键词的使用：熟悉买家搜索习惯，提炼关键词，并进行验证 商品描述：准确、简洁地描述商品的特征、功能、价格、优势等
2	订单管理	分析买家购买欲望，清楚了解交易内容 策划合理的活动，积极促使订单生成 对买家的咨询做出积极回复 确认样品、物流方式、支付方式、交易时间、交货地点等
3	单证操作	根据交易流程，制作运输单据、商业单据和结汇单据
4	跟单管理	在商品生产前核对原材料 跟踪商品生产过程，确保商品质量符合要求，做好后期跟进与服务工作 保证商品正常包装运输

（四）B2C 跨境电商企业核心岗位分析

B2C 跨境电商企业核心岗位根据工作内容的不同，分为三个层次：初级岗位、中级岗位和高级岗位。

1. 初级岗位

初级岗位的人员需要掌握跨境电商行业的基础知识和基本技能，对跨境电商的平台、业务流程和交易环节有所了解，并能处理相关事务，是"懂得跨境电商做什么"的基础型人才。具体来说，初级岗位主要包括网店维护、店铺页面装修、产品上传、客户服务、视觉营销、网络推广、跨境物流、报关报检等。

2. 中级岗位

中级岗位的人员是熟悉跨境电商运营业务的商务型人才，其对现代商务活动有一定了解，掌握跨境电商的基础知识，是"懂得跨境电商如何能做得更好"的新型技术技能人才。中级岗位主要包括市场运营管理、采购与供应链管理、合同的磋商、单据的制作、国际结算等。

3. 高级岗位

高级岗位的人员要对跨境电商前沿理论有清楚的认识，具有前瞻性思维，能将跨境电商的经营上升至战略层次，洞察并把握跨境电商的特点和发展规律，并能引领跨境电商产业向前发展，是"懂得为什么要做跨境电商"的战略型人才。因此，这个级别的岗位所需要的人才是对跨境电商有高度认识的高级职业经理人，以及能够促进跨境电商产业发展的领导型人物。

随着全球经济化和信息技术的飞速发展，数字经济促进了跨境电商企业的迅猛发展，其业务会越来越复杂多变，市场竞争也会不断加剧，新型专业人才的需求将会大幅上升，而具有大型跨境电商运营管理经验，懂外语、会外贸、精运营，具有国际视野和跨文化思维的高素质复合型人才将会是企业急需的，高素质跨境电商技术技能人才将是中高本院校培养的方向。

【任务拓展】

1. **跨境电商岗位分析**：通过深度访谈和调研分析发现跨境电商人才存在较大的缺口（见图 2-1），跨境电商企业急需复合型高素质人才（见图 2-2）。跨境电商的核心岗位为跨境电商专员，跨境电商专员又分为业务岗、技术岗、管理岗，分别占比约为 60%、24%、16%。

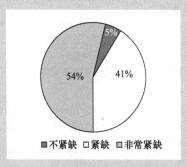
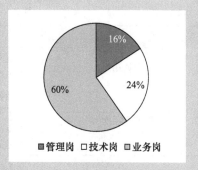

图 2-1 跨境电商企业人才缺口调研   图 2-2 跨境电商专员岗位占比

2. **跨境人才问题分析**：通过对跨境电商人才的调研分析，发现跨境电商毕业生的跨文化沟通能力和实践能力不强，肯干务实、勇于创新、吃苦耐劳的精神不够，国际视野、跨文化思维和语言能力尤其是英语能力需要进一步加强。平台运营、数据分析、视觉营销、成本核算等专业知识不够系统全面，实际操作能力弱，学生的行业信息滞后，学习能力、团队协作能力、敬业精神等职业素养要进一步提升。跨境电商企业对毕业生职业能力也提出了各种要求（见图 2-3）。

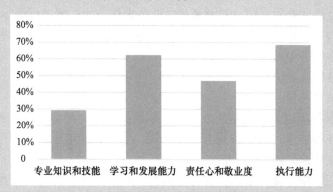

图 2-3 跨境电商企业对毕业生的职业能力要求

资料来源：《中国跨境电商企业人力资源研究报告》

【任务操作】

请根据所学知识，总结归纳跨境电商有哪些核心岗位，需要哪些技能和素养。

二、跨境电商职业能力分析

从事跨境电商行业的人才需要具备多项综合能力，不仅要具备电子商务、国际贸易的核心能力，还要有商务英语、市场营销等专业的各项能力素质，能够满足跨境电商行业需求，具有国际化视野、跨境电商理念和跨文化交际意识，掌握用商务英语进行沟通、谈判和处理网店事务的能力，熟悉国际贸易和跨境电商交易的基本流程，了解跨境电商平台、国际产权和国际物流知识，具备跨境电商平台操作、客户开发和维护、询盘和订单处理、网络营销和推广能力，掌握国际商务礼仪，具有团队合作、综合创新能力（见表2-2）。

表 2-2　跨境电商人才职业能力

序号	能力	具体要求
1	职业通用能力	外语沟通能力、计算机能力、跨文化思维和国际视野 熟悉跨境电商基础知识；熟悉国际贸易地理、国际物流等知识
2	职业专项能力	熟悉各种跨境电商平台及其定位与经营模式 电子商务和跨境电商操作技巧：店铺页面装修、选品和定价；图片处理、上传和优化；数据分析；运营推广；跨境物流；客户营销；法律法规 国际贸易专项能力：外贸业务，跟单、制单、报关报检、结汇
3	职业综合能力	熟悉跨境电商业务流程；客户开发、维护和管理的能力 跨境电商店铺运营实操；店铺询盘、订单、物流综合管理能力 跨境电商创业意识和创业项目可行性分析能力
4	职业拓展能力	国际货代能力；国际会展能力 跨境电商网页设计能力；移动跨境电商运营能力；商务礼仪

（一）跨境电商职业能力

1. 国际贸易基本技能

跨境电商人才首先要掌握国际贸易的基本技能，具备外贸业务能力，能熟练运用外语与客户进行沟通洽谈和合同磋商；能回复相关业务来往信函；能进行国际贸易流程的跟进：物流、保险、报关、报检、结算；熟悉国际贸易中所涉及的法律、条约和惯例等，熟悉国际贸易地理、国际船务航线和国际快递知识，并熟练地应用，熟悉物流公司和各类跨境物流模式，具备跨境物流定价能力。

2. 电子商务基本技能

电子商务基本技能也是跨境电商人才必须掌握的技能，跨境电子商务利用互联网搭建的网络平台进行业务往来，从业务媒介手段来说，它又属于电子商务的范畴，所以跨境电商人才又必须具备电子商务基本技能。

首先，熟悉三大电子商务模式，熟悉各种跨境电商平台及其定位与经营模式，具有网店页面装修、网店维护、商品图片处理能力，具有网店选品和定价能力，具有商品信息上传和优化能力，具有客户开发、产品发布、营销与推广能力，能熟练应用各类站内外推广工具，根据具体跨境电商平台和店铺有效地进行站内、站外和全网营销及推广。

其次，具有店铺询盘、订单处理和客户服务、物流综合管理能力，熟悉国际知识产权、商标、专利等方面的知识，具备知识产权、商标、专利风险识别和侵权处理能力。

3. 计算机操作和语言沟通技能

跨境电商人才要掌握计算机操作和语言沟通等相关技能，熟练使用基本办公软件如Word、Excel、PowerPoint、Photoshop 等，对于网页设计开发、数据统计、数据运营、网络营销以及网络推广等要能够灵活使用。

4. 市场营销技能

跨境电商人才应该具有市场营销的基本技能，会数据分析，会进行市场调研、客户需求分析，制订营销策略等。

5. 职业拓展能力

跨境电商人才需要具备跨境电商创业意识和创业项目可行性分析能力，国际船务和货代处理能力，国际会展策划、组织、接待、协调能力，跨境电商网页设计能力，移动跨境电商运营能力。

（二）跨境电商综合素养

具有良好的职业素养和职业精神，具有正确的择业观和创业观；坚持职业操守，爱岗敬业、诚实守信；具备从事职业活动所必需的基本能力和管理素质；脚踏实地、严谨求实、勇于创新，具有跨文化的国际视野；具有文理交融的科学思维能力；具有适应社会核心价值体系的审美。

具有开放包容的国际化意识和胸怀，与不同文化背景的人能够沟通，具有创新创业意识；具有坚韧不拔的毅力、积极乐观的态度、良好的人际关系、健全的人格品质。

具有诚信经营、合作共赢、精益求精、开拓创新的工匠精神（见表 2-3）。

表 2-3　跨境电商人才综合素养

序号	综合素养	具体要求
1	职业素养	工匠精神：具有精益求精、爱岗敬业、开拓创新的工匠精神 商业精神：具有诚信经营、合作共赢的商业精神，具有良好的职业态度和职业道德，具有正确的价值观和创业观 职业操守：坚持职业操守，具备从事跨境电商必需的基本能力和管理素养
2	文化素养	具有扎实的文化基础，具有融合古今中外的宽阔视野；具有文理交融的思维能力；具有健康、勤勉的生活态度；具有适应社会核心价值体系的审美和价值观
3	专业素养	国际化视野：具有国际化视野和跨文化思维，在竞争中把握机会 创业意识：了解跨境电商背景下创业的特点、趋势、方法和技巧 跨境电子商务意识：充分认识跨境电子商务是一种新的商业模式和理念
4	身心素养	身心健康，有坚韧不拔的毅力、积极乐观的态度、良好的人际关系、健全的人格、高尚的品质

【实训活动】

活动一：说一说

1. 简述跨境电商的职业能力。

2. 简述跨境电商的核心岗位。

活动二：想一想

1. 一个合格的跨境电商专员要具备哪些素养？

2. 一个合格的跨境电商运营师要具备哪些核心技能？

活动三：搜一搜

1. 通过浏览相关招聘网页，用关键词"跨境电商"搜索招聘信息，了解公司名称、职位名称、薪资、招聘要求。

2. 通过浏览相关招聘网页，用关键词"速卖通"搜索招聘信息，了解有关跨境电商平台全球速卖通的招聘职位、薪资范围、职责要求、招聘要求。

【职业体验】

以小组为单位，到本地跨境电商企业进行深度访谈和实践，了解跨境电商岗位和技能要求，并撰写一份跨境电商方向的职业生涯规划。

【五星工匠】

请各位同学以小组为单位，根据知识、技能、素养三维目标对自己的学习成效进行多元评价，并查漏补缺，提升对跨境电商岗位的认知。请点亮下图中的星星，为自己做一下星级评鉴，评一评自己能够得到几颗星。

跨境电商平台介绍

【知识目标】

- 掌握跨境电商平台的种类、特点、类型
- 熟悉跨境电商平台的基本规则、服务内容和入驻流程
- 了解跨境电商平台的发展历程和发展现状

【技能目标】

- 掌握主流跨境电商平台的入驻技巧
- 熟悉跨境电商平台的选择策略

【素养目标】

- 培育社会主义核心价值观
- 培养诚实守信、遵纪守法的职业道德
- 培养精益求精的工匠精神，树立跨境电商创新思维

【思维导图】

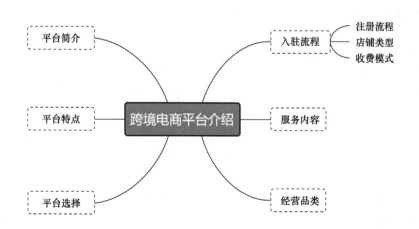

【任务背景】

案例一： 干净简洁的网站设计、真人模特展示效果等因素创造出一个客户喜欢的独特品牌 Everlane。它能够展示穿搭功能，以及其利落的产品拍摄风格，赢得了广大女性的喜爱。特别是他们的网页设计非常人性化，包含各种角度的优质产品图片展示、便捷的产品选择工具、网站产品视频、独特的透明价格显示、流线型的用户体验，非常方便购物。

经验借鉴：想创建一个成功的网站，从网站设计，到产品、营销和摄影，都要直接迎合目标市场。产品页面直接与消费者视觉体验挂钩，提升销售水平。想要赢得客户，必须要有精心设计的产品页面，聚焦产品特色的同时使用客户语言，最大限度提高转化率。

案例二： Conscious Step 也是非常成功的电商品牌，主要生产环保和耐穿的袜子。该企业勇敢承担社会责任，称每一笔订单都会捐出部分款项做公益。"用心制造、环保材料和有社会责任心"是他们的口号。

经验借鉴：让品牌、营销策略或者产品与目标客户的信仰一致，发掘他们真正关心的问题，能帮企业获得更大成功。

案例三： 健身服装和配饰品牌 Gymshark 是在 2012 年由年仅 19 岁的 Ben Francis 在车库创建，现已发展成为价值 1.28 亿美元的大型线上服装店，是全球发展最快的线上健身品牌之一。简洁明了的网站设计、激励人们健身的模特、优质产品拍摄、机敏的滤色器搜索，以及产品页面都让人印象深刻。目前为止，社交媒体营销效果非常好。

经验借鉴：社交媒体平台活跃，吸引忠实的粉丝，分享高价值内容，积极与消费者和潜在客户互动。

➤ **任务探讨：** 上面几个成功的电商平台或品牌案例提供了各种构建网站或跨境电商平台的经验借鉴，如果你想创建一个电商网站或品牌，你会从哪些方面入手？

【任务实施】

大家好，欢迎来到跨境电商的世界，请结合三维目标和任务背景，开启我们的跨境旅行，快速进入跨境电商平台的学习。

一、全球速卖通

（一）全球速卖通简介

全球速卖通（AliExpress）（见图 3-1）是阿里巴巴旗下面向国际市场打造的跨境电商平台，被广大卖家称为"国际版淘宝"，是阿里巴巴为了帮助我国中小企业接触境外买家，实现小批量、多批次快速销售，拓展利润空间而全力打造的融订单、支付、物流于一体的外线交易平台。全球速卖

图 3-1　全球速卖通图标

通面向海外买家客户，通过支付宝国际账户进行担保交易，并使用国际物流渠道运输发货，是全球第三大英文在线购物网站。全球速卖通的业务范围覆盖全球 200 多个国家和地区，主要交易市场为俄罗斯、美国、西班牙、巴西、法国等地，支持 18 种语言，其销售的商品备受境外消费者欢迎。

（二）全球速卖通的特点

全球速卖通于 2010 年正式上线，其经营宗旨是将"中国制造"通过电子商务平台直接送达全球消费者手中。经过多年的发展，全球速卖通已经成为全球活跃的跨境电商平台。

1. 操作简单，交易流程简便

全球速卖通的一大优点就是中英文版简单整洁，卖家账号后台的页面操作简单，交易非常简便，再加上非常优质的社区和客户培训系统，即使是跨境电商新手也可以快速入驻。同时，出口商无须成立企业形式，也无须在对外贸易经济委员会和外汇管理局等备案，买卖双方的订单生成、发货、收货、支付等全在线上完成，进出口业务的门槛大大降低。

2. 平台门槛低，交易活跃

全球速卖通平台对卖家没有企业组织形式和资金的限制，发布 10 个产品后，卖家就可以在平台上成立自己的店铺，然后可以直接面向全球 200 多个国家的消费者进行沟通、交流、发布、推广产品，订单反应迅速，交易活跃。

3. 产品众多，物美价廉

全球速卖通平台销售的产品种类多、价格低廉，比传统国际贸易业务拥有更强大的市场竞争优势。产品覆盖 3C、服装、家居、饰品等 30 个一级行业类目。其中优势行业有服装服饰、手机通信、鞋包、美容健康、珠宝首饰、消费电子、电脑网络、家居、汽车摩托车配件、灯具等。依靠阿里巴巴庞大的会员基础，全球速卖通成为目前商品品类较丰富的电子商务平台。

（三）全球速卖通入驻条件

1. 入驻身份

入驻人身份是企业或者个体工商户，须拥有或代理一个经营品牌，缴纳平台保证金 10000 元人民币。注册时需完成邮箱验证和手机验证，一个电子邮箱仅能注册一个可出售的全球速卖通账户（主账号），且不可以出租、出借或转让账户。一个企业只能认证 6 个速卖通主账号；完成认证的卖家在全球速卖通最多可开设 6 个虚拟店铺。

2. 入驻资料

入驻全球速卖通需要准备的资料有接收验证码的邮箱、未注册过速卖通店铺的手机号、企业支付宝或企业法人支付宝、营业执照、商标注册证或者商标受理通知书、商标授权书等。

3. 了解平台规则

入驻全球速卖通之前，需要先了解平台规则和禁限售规则。全球速卖通有权终止、收回未通过身份认证或连续 180 天未登录的账户。若卖家在平台停止经营超过 12 个月（无论账号是否使用），平台有权关闭该账号。全球速卖通的账户因严重违规被关闭，不得再重新注册账户。全球速卖通的会员 ID 是系统自动分配的，且不能修改。若在经营期间由于"服务指标"考核不达标被清退或中途退出经营大类，在同一年度将无法申请再次加入该经营大类。

4. 全球速卖通入驻流程

1）开通账号，使用企业身份进行卖家账号注册和企业认证。

2）提交入驻资料并审核通过，资料包括产品清单、类目资质、商标资质。

3）缴纳年费和保证金。

4）完善店铺信息，发布商品信息。

5）入驻完成，开店经营。

在全球速卖通平台的"账号"/"账号设置"/"安全中心"里，可以修改注册邮箱、账号登录名、手机号码、登录密码，管理安全问题等。

（四）全球速卖通店铺类型

全球速卖通的店铺类型为官方店、专卖店、专营店三种类型。不论官方店，还是专卖店、专营店，开店企业资质要求是一样的。目前，全球速卖通店铺在售商品数上限是3000个。

1. 官方店

官方店指仅支持商家以自有品牌或由权利人独占性授权（仅商标为 R）入驻的店铺。

2. 专卖店

专卖店指商家以自有品牌（商标为 R 或 TM 状态），或者持他人品牌授权文件开设的店铺。

3. 专营店

专营店指经营 1 个及以上他人或自有品牌（商标为 R 或 TM 状态）商品的店铺。

（五）全球速卖通商标种类

全球速卖通平台上的类目，部分产品需要卖家提供商标才能发布。全球速卖通商标可以使用授权的，也可以是自己注册的。

1. R 商标

R 商标是指已经拥有商标证的商标。R 商标具有排他性、唯一性，受到法律保护，所以 R 商标的店铺相对更有优势。其他的任何企业或者个人在没有经过 R 商标所有人的许可或者授权的情况下都不可以使用此商标，否则 R 商标的所有人可以追究其法律责任。有 R 商标的卖家，可选择的店铺类型较多，可以申请专卖店和专营店。官方店的卖家需要以自有品牌或由权利人独占性授权入驻，开官方店一定要有 R 商标才可以注册，商家可以根据自己的情况选择适合自己的店铺类型。

2. TM 商标

TM 商标是指在注册中的商标，和 R 商标不同，它并不具有唯一性，也没有这个特权。入驻全球速卖通开设专卖店和专营店，商标权人直接申请开店，须提供 R 商标和 TM 商标。在申请商标后，获得了 TM 商标即可申请开店，等公示期结束之后，即可获得 R 商标，R 商标的获取时间较长。

（六）全球速卖通收费模式

全球速卖通平台收费标准分为保证金、商标费、佣金、广告费、物流费。

卖家入驻全球速卖通需要按要求缴纳保证金，在申请入驻经营大类时，应有缴纳保证金的支付宝账号，并保证其有足够的余额，如果支付宝账号内金额不足，权限将无法开通。保证金按店铺入驻经营大类收取，店铺入驻多个经营大类，保证金按经营大类中的最高金额收取。

卖家在全球速卖通的交易完成后需要按照规定缴纳相应的交易佣金，交易佣金按订单成交总金额（包含商品金额和运费）的 5% 或 8% 收取。从 2020 年开始，入驻全球速卖通不再收年费，只需提交保证金即可。此外，还有平台的其他费用，如商标费用、物流费用、广告费用等，根据不同的类目来收取，应及时关注全球速卖通官网和动态，了解最新的收费标准。

（七）全球速卖通跨境物流

在全球速卖通上有三类物流服务，分别是邮政大小包、速卖通合作物流以及商业快递。其中 90% 的交易使用的是邮政大小包。

二、阿里巴巴国际站

（一）阿里巴巴国际站简介

阿里巴巴国际站（见图 3-2）成立于 1999 年，国际站网址为 http：//www.alibaba.com，于 1999 年正式上线。

图 3-2 阿里巴巴国际站图标

阿里巴巴国际站是全球领先的 B2B 电子商务网上贸易平台，已覆盖全球 200 多个国家和地区，通过向海外买家展示、推广供应商的企业和产品，帮助企业降低成本、高效率地开拓外贸大市场，连续多年被福布斯杂志评为"全球最佳 B2B 网站"之一。

（二）阿里巴巴国际站的发展

阿里巴巴国际站自 1999 年成立以来，在经济体逐渐庞大、业务矩阵逐渐完善的同时，也在不断调整自身的方向和定位。阿里巴巴国际站的业务走过了三个阶段：第一阶段，阿里巴巴国际站的定位是"365 天永不落幕的广交会"，为大宗贸易做产品信息的展示；第二阶段，阿里巴巴国际站收购一达通，为商家提供通关等方面的便利化服务，并在这个过程中开始沉淀数据；第三阶段，阿里巴巴国际站将此前沉淀的数据形成闭环，数字化重构跨境贸易。

（三）阿里巴巴国际站的特点

阿里巴巴国际站的定位是成为全国或全世界中小企业的网上贸易市场。人性化的网站设计、丰富的类目、出色的搜索和网页浏览，简便的沟通工具及账号管理工具等，让阿里巴巴国际站的客户遍布全球。阿里巴巴国际站的核心价值就是买家可以搜索卖家所发布的公司及产品信息，卖家可以搜索买家的采购信息，并形成了以下特点：

1. 一站式服务，功能系统化

阿里巴巴国际站以数字化格局重构跨境电商链路，不仅能为卖家提供一站式的店铺页面装修、商品展示、营销推广、业务洽谈、物流仓储、通关结算等服务，还能为卖家提供新的行业发展和交易数据信息，帮助卖家寻找更多的商机、询盘和订单，为买家提供更多的购买选择。此外，阿里巴巴国际站还能为卖家提供专业、系统的培训，帮助卖家全方位提高运营能力。

2. 大数据优势明显，交易快捷方便

随着网络信息技术的飞速发展，阿里巴巴国际站具备了从交易到交付再到售后服务的真正全链路、全场景、全要素的数字化综合服务能力。阿里巴巴国际站可以借助阿里云、达摩院等一系列阿里系数字分析工具为卖家提供客观、详细的行业动态数据分析，帮助卖家实现更加精准的营销和市场推广。同时，对阿里巴巴国际站的既有商品和服务矩阵进行全面的数字化升级，为卖家提供数字化交易、营销、金融、通关、退税、贸易融资和物流服务及供应链服务等一系列数字化外贸解决方案，促进交易磋商快捷、方便进行。

（四）阿里巴巴国际站的服务内容

1. 商机获取服务

阿里巴巴国际站通过构建数字化及多元化营销场景，帮助卖家获取海量买家。在商机获取方面，阿里巴巴国际站提供的服务包括出口通、金品诚企、顶级展位、外贸直通车、明星展播和橱窗等。

（1）出口通　出口通是阿里巴巴国际站推出的基础会员产品，在阿里巴巴国际站办理出口通后即成为阿里巴巴国际站的付费会员，可以在国际站上开店、不限数量发布商品信息，并进行境外交易。出口通会员可以获得 5 个子账号和 10 个橱窗展示位，还可以享受数据管家、视频自上传和企业邮箱等服务，帮助商家进行访客分类管理，有针对性地进行客户群精准营销，一键完成店铺系统性诊断，提前发现运营风险。

（2）金品诚企　金品诚企是阿里巴巴国际站面向平台实力商家推出的高级会员产品。通过线上、线下结合的方式，对商家的企业资质、商品资质、企业能力等全方位实力进行认证，旨在帮助卖家快速赢得买家信任，促进交易。金品诚企的核心优势是对流量的精准性把握，会员除享有出口通会员服务，还享有专属营销权益、专属前台场景及丰富工具权益，提升卖家实力和买家对卖家的信任度。卖家加入金品诚企需要支付一定的费用，目前年费为 80000 元。

（3）顶级展位　顶级展位是阿里巴巴国际站为卖家提供的品牌营销产品，其展示位置位于搜索结果第一页的第一名。

（4）外贸直通车　外贸直通车是一种占据优质资源位、获得海量曝光来源的增值服务产品，是一种产生单击才会收费的网络推广方式。外贸直通车的优点就是免费曝光，按单击付费，自主充值金额，设置推广预算、推广方案。

（5）明星展播　明星展播为企业提供专属展示机会，助力品牌实现海量曝光。

（6）橱窗　在阿里巴巴国际站中，橱窗产品是一种营销推广工具，添加到橱窗的产品在同等条件下享有搜索优先排名权，同时可在全球旺铺中做专题展示。

2. 业务管理和数据管理服务

在业务管理服务方面，阿里巴巴国际站为卖家提供了客户通和数据管家两个信息，帮助卖家以数据为驱动提升管理绩效，全面洞察商业先机。

（1）客户通　客户通是阿里巴巴国际站为卖家打造的专业客户关系管理工具。通过精准匹配，客户通赋能卖家实现更加有效的客户管理，构建端到端的买卖数据闭环。

（2）数据管家　数据管家是阿里巴巴国际站为卖家提供的数据化管理工具，通过数据沉淀与分析，向卖家提供关键词分析、商品采购与供应指数变化、买家行为分析等信息，帮助卖家实现数据化运营。

3. 交易磋商服务

在交易履约方面，阿里巴巴国际站为卖家提供跨境供应链解决方案，保障交易能够安全、可靠地进行。

（1）信用保障服务　信用保障服务是阿里巴巴国际站为卖家进行评估后计算出一个担保额度，是为卖家免费提供的信用背书。卖家开通信用保障服务后，其商品在搜索结果页面的展示会带有标志，并能获得流量加权。此外，此服务还能够为卖家量身定制跨境收款解决方案，并提供安全、低成本和高时效的收款渠道，提高资金周转效率。信用保障服务为买家全方位、多维度展示信用保障与卖家的综合实力，提升了买家对卖家的信任度，促成订单的快速转化。

（2）外贸综合服务　外贸综合服务是"互联网＋外贸"创新的服务模式。阿里巴巴国际站通过运用互联网技术优势为卖家提供快捷、低成本的通关服务，收汇、退税，以及配套的外贸融资、国际物流服务，通过电子商务的手段解决卖家在流通环节遇到的服务难题。

（3）国际物流服务　阿里巴巴国际站联合菜鸟网络打造了货物运输平台，能够为买卖双方提供海运拼箱、海运整柜、国际快递、国际空运、中欧铁路和海外仓等跨境货物运输及中转服务。

（4）金融服务　阿里巴巴国际站能为卖家提供包括超级信用证、网商流水贷、备货融资等在内的跨境交易一站式金融解决方案，帮助卖家缓解资金压力。

（5）支付结算服务　为买家提供各种支付方式，如 Pay Later，缓解买方资金压力，让卖家安全快速收款。

（五）阿里巴巴国际站入驻流程

阿里巴巴国际站的入驻流程：填写企业信息，成为会员签订合同→支付服务费用→对企业进行实地认证（一般 30 天）→店铺上线→开通店铺→上架商品。具体的入驻流程如下：

1. 准备营业执照、法人身份证

阿里巴巴国际站对营业执照类型并未做限制，个体户，小规模、一般纳税人均可，贸易公司、企业工厂、工贸一体企业均可合作。

2. 审核、签约

联系客户经理上门审核，注册阿里巴巴国际站账号，做风控审核，商家可以登录后台进行基础操作，完成签约和付款，客户经理可以根据企业情况配置合理方案。

阿里巴巴国际站有两档会员，分别是出口通 29800 元 / 年和金品诚企 80000 元 / 年。付费广告有问鼎、顶展、直通车、橱窗，一般来说直通车还是需要的，10000 元起充。阿里巴巴国际站搜索排名很简单，顶展是固定排名第一的产品，以 PC 端排名为例，直通车在单击付费的 PC 端排名 2～6，第 7 名开始是自然排名。

3. 实地认证

实地认证即需要阿里巴巴国际站的客户经理拍摄办公场地的实地照片。实地认证照片不展示给买家，只是确认有具体经营地址即可。

4. 开通、上线

完成以上内容后即可自主选择开通时间正式上线。

【任务拓展】走进阿里巴巴的发展长廊

阿里巴巴网络技术有限公司始创于 1999 年 9 月，由曾担任英语教师的马云带领 18 位创始人在杭州的一所公寓中创立，集团首个网站是英文全球批发贸易市场。从最初的使命"让天下没有难做的生意"到新的愿景"活 102 年：我们不追求大，不追求强，我们追求成为一家活 102 年的好公司"，阿里巴巴经历了一系列的发展与蜕变。1999 年开始起家，打造 B2B 模式，为 B 端赋能，引领中国跨境电子商务发展；2003 年通过淘宝网 C2C 模式获得线上客户资源，并在 C2C 交易中独占鳌头；2009 年奠定云基础，阿里云强势成长，成为阿里巴巴的流量优势；2011 年淘宝、天猫独立经营，开始了"质量＋品牌"核心竞争力的塑造；2013 物流布网，菜鸟新模式和物流新战略带动新零售供应链发展；2014 年金融立信，蚂蚁金服构造了金融新业态；2016 年，新零售应运而生，实现了线上线下的消费融合和互哺；2018 年，阿里在新零售领域协同共进，实现数字化赋能；2020 年携手抗疫、公益脱贫，同时进军制造业；2021 年，市场监管总局对 2020 年阿里巴巴垄断案做出 182.28 亿元处罚决定；2022 年，构建新组织架构，淘宝、天猫全面融合，新设三大中心，试水微信小程序，同时实现 B2C 零售业群扩容。信息技术、数字贸易和国家的跨境政策红利再次赋予阿里巴巴集团发展的新机遇，阿里巴巴的发展一直在路上。

【任务操作】

了解了阿里巴巴国际站和全球速卖通平台的发展，熟悉入驻流程和平台规则。你是否打算在阿里巴巴国际站和全球速卖通跨境平台上开店？

三、亚马逊

（一）亚马逊简介

亚马逊公司（Amazon）简称亚马逊（见图 3-3），成立于 1994 年，位于华盛顿州的西雅图，是美国最大的一家网络电子商务公司。亚马逊开始只经营网络书籍销售业务，1994—1997 年成为"全球上最大的书店"，后来则扩及其他产品，成为全球商品品种最多的网上零售商和全球第二大互联网企业。

（二）亚马逊的特点

图 3-3　亚马逊图标

1. 全球化用户群体

亚马逊拥有庞大的用户群体，亚马逊对市场趋势的准确把握，以及对产品种类的不断丰富和创新，让其成为全球最大的电子商务网站之一。

2. 坚持"客户至上"的理念

亚马逊平台始终坚持"客户至上"的理念，并将这一理念落实到很多细节上。亚马逊平台为会员提供多重增值服务，也非常重视保护消费者权益。亚马逊对在其平台上购买商品的买家实施保护措施，同时还具有优秀的客服团队，及时解决用户提出的问题。

3. 完善的物流服务系统

亚马逊平台构建了完善的物流体系 FBA，为卖家提供包括仓储、拣货、包装、终端配送、客户服务与退货处理等在内的一站式物流服务，以缓解卖家的物流压力，帮助卖家提高物流服务水平。

4. 鼓励自助购物

亚马逊平台没有设置在线客服，鼓励买家自助购物。卖家将商品详情页的信息做得尽可能完善，解答买家可能会关心的各种问题，避免买家因为商品信息不全而放弃购买。

亚马逊平台产品价格实惠，还具有平台佣金低、准入门槛高的特点。

（三）亚马逊的营销策略

亚马逊的营销活动和营销投资在其网页中体现得最为充分。亚马逊的营销策略主要有：

1. 产品策略

亚马逊致力于成为全球最"以客户为中心"的公司。亚马逊的卖家提供数百万种独特的全新、翻新及二手商品，类别包括图书、影视、音乐和游戏、数码下载、电子和电脑、家居和园艺用品、玩具、婴幼儿用品、杂货、服饰、鞋类、珠宝、健康和美容用品、体育、户外用品、工具以及汽车和工业产品等。同时，在各个页面中也很容易看到其他数个页面的内容和消息，它将其中不同的商品进行分类，并对不同的电子商品实行不同的营销对策和促销手段。

2. 定价策略

亚马逊采用了折扣价格策略。所谓折扣价格策略是指企业为了刺激消费者的购买欲望，在商品原价格上给予一定的折扣。它通过扩大销量来弥补折扣费用和增加利润。亚马逊对大多数商品都给予了相当数量的折扣。

3. 促销策略

常见的促销方式主要有四种：广告、人员推销、公共关系和营业推广。在亚马逊的网页中，除了人员推销外，其余部分都有体现。亚马逊广告的一大特点就在于其动态实时性。每天都更换的广告版面使得顾客能够了解最新的商品和评论。亚马逊千方百计地推销自己的网站，不断寻求合作伙伴。亚马逊专门设置了一个 Gift 页面，为大人和小孩都准备了各式各样的礼物。这实际上是价值活动中促销策略的营业推广活动。它通过向各个年龄层的顾客提供购物券或者精美小礼品的方法吸引顾客长期购买本商店的商品。另外，亚马逊还为长期购买其商品的顾客给予优惠，这也是一种营业推广措施。

4. 促销手段

亚马逊盈利的秘诀在于给顾客提供的大额购买折扣及免费送货服务。亚马逊通过在财务管理上不遗余力地削减成本，如减少开支、裁减人员，使用先进便捷的订单处理系统降低错误率，整合送货和节约库存成本，降低物流成本等，相当于以较少的促销成本获得更大的销售收益，再将之回馈给消费者，以此来争取更多的顾客，形成有效的良性循环。

此外，亚马逊在节流的同时也积极寻找新的利润增长点，如为其他商户在网上出售新旧商品，以及与众多商家合作，向亚马逊的客户出售这些商家的品牌产品，从中收取佣金。亚马逊的客户可以一站式购买众多商家的品牌，既向客户提供了更多的商品，又以其多样化选择和商品信息吸引众多消费者前来购物，同时自己又不增加额外的库存风险，可谓一举多得。这些有效的开源节流措施是亚马逊低价促销成功的重要保证。

（四）亚马逊卖家账户类型

在亚马逊平台上，卖家账户分为三大类，即亚马逊供应商平台（Amazon Vendor Central，简称 VC）账户、亚马逊卖家平台（Amazon Seller Central，简称 SC）账户以及亚马逊商业卖家（Amazon Business Seller，简称 AB）账户。其中，亚马逊商业卖家账户也可以理解为亚马逊卖家平台账户的升级版。

1. 亚马逊供应商平台账户

亚马逊供应商平台账户是亚马逊为拥有品牌的制造商和分销商创建的，卖家需要受亚马逊的邀请后方可入驻。在亚马逊供应商平台账户上，卖家主要担任供应商的角色。

2. 亚马逊卖家平台账户

亚马逊卖家平台账户是指零售商作为卖家在平台上销售商品，注册为亚马逊卖家平台账户后，卖家在商品定价上享有更多的自主权，在商品页面上添加信息时更加轻松。卖家不仅可以为商品定价，还可以随时调整商品价格，使用亚马逊的赞助商品广告服务。卖家可以通过"服务窗口"解决商品目录、库存、收款等环节碰到的问题，并且在添加商品目录时具备更大的灵活性。此外，FBA 有专业客服为卖家提供服务。

3. 亚马逊商业卖家账户

亚马逊商业卖家账户是亚马逊于 2015 年发布的针对企业及机构买家的一站式商业采购站点，亚马逊商业卖家账户可以帮助企业购买所需要的一切商品，提供一站式服务，企业及机构买家可以专享商品特有价格及两日商品免费送达服务，并且能够轻松完成采购审批流程，让商业采购变得更便捷。

（五）亚马逊入驻流程

1. 创建账户

首先进入亚马逊的官网 http://www.amazon.com，拉到页面最底端，单击"Sell On Amazon"/"Start Selling"，开始创建账户。同时，使用英文填写名称，输入企业名称或个人名称，填写完毕后单击同意亚马逊的条款，然后填写地址信息。

2. 验证

选择电话或者短信进行验证。验证完成后，将无法退回到这一步修改信息，所以在验证前一定要仔细检查本页的相关内容。

3. 绑定收款账户

首先需要填写信用卡信息，用于缴纳亚马逊会员费，填写完信用卡信息后，进入填写收款账户页面。

4. 税务身份验证

如果没有美国身份，这个选项要选 NO，并按照表格填写相关内容。预览 W-8BEN（美国税务局表格）内容，确认后单击"保存"，同意提供电子签名，生成 W-8BEN 表格。

5. 填写产品信息

填写产品信息，选择销售分类，亚马逊会列举相关问题了解店铺产品性质和销售的计划数量。基于这些信息，亚马逊会推荐适合的工具和信息。

6. 卖家身份验证

最后一步是进行卖家身份验证。

以上步骤都完成后就可以登录到亚马逊后台进行销售了，产品销售出去之后，亚马逊14天给卖家打款。同一套资料可以同时用来注册亚马逊北美店、欧洲店和日本店。目前，亚马逊全球开店对于中国卖家开放的站点有美国、加拿大、墨西哥、日本、英国、德国、法国、意大利、西班牙、澳大利亚。

四、敦煌网

（一）敦煌网简介

敦煌网 DHgate（见图 3-4）是全球领先的在线外贸交易平台，于 2004 年创立。敦煌网致力于帮助中小企业通过跨境电子商务平台走向全球市场，开辟一条全新的国际贸易通道，让在线交易变得更加简单、安全、高效。

图 3-4 敦煌网 DHgate 图标

敦煌网是国内首个为中小企业提供 B2B 网上交易的网站，采取佣金制。作为中小额 B2B 海外电子商务的创新者，敦煌网采用 EDM（电子邮件营销）的营销模式低成本、高效率地拓展海外市场。自建的 DHgate 平台，为海外用户提供了高质量的商品信息，用户可以自由订阅英文 EDM 商品信息，第一时间了解市场最新供应情况。敦煌网实质上是一个外贸服务开放平台，通过开放的服务联合大型制造企业，形成线上交易，加强外贸 B2B 中大额交易。

敦煌网经过十几年的发展，目前可在 50 多个国家和地区清关，形成了 20 多条物流专线，建成了 17 个海外仓，买家覆盖全球 200 多个国家和地区。敦煌网在品牌、技术、运营、用户四大维度上建立了强大的行业竞争优势。同时，敦煌网是商务部重点推荐的中国对外贸易第三方电子商务平台之一，是工业和信息化部指定的"全国电子商务指数监测重点联系企业"。

（二）敦煌网的特点

1. B2B 跨境电商平台

敦煌网是一个专注于 B2B 领域的跨境电商平台，侧重于帮助我国中小企业开展小批量的 B2B 跨境交易。敦煌网通过整合传统外贸企业在关检、物流、支付、金融等领域的合作伙伴，打造了集相关服务于一体的全平台、线上化外贸闭环模式，为中小企业提供专业、有效的信息流，快捷、简便的物流，以及安全、可靠的资金流等服务，降低了中小企业对接国际市场的门槛，帮助我国中小企业直连国际市场，同时也帮助境外中小零售商获得质优价廉的货源，实现对供应端和采购端的双向赋能。

2. 快捷便利的物流服务系统

敦煌网为卖家打造了快捷便利的物流服务系统，平台整合了 EMS、UPS、DHL、FedEX、TNT 等物流服务商，让卖家实现一键发货。此外，敦煌网还为卖家提供了多种在线支付服务、金融抵押担保服务和营销推广服务等，为卖家的业务开展提供多方面的支持。

3. 打造敦煌网跨贸云

敦煌网跨贸云是敦煌网推出的一站式通达全球的数字贸易系统，以大数据和金融赋能每个环节，致力于为跨境卖家打造集商品、订单、仓储物流、客服、数据统计、收款核算、供应链于一体的服务体系。跨贸云推出的"CEC 全球开店计划"是敦煌网内部孵化的全球本土化解决方案，联合波兰、土耳其、巴西等本土电商，帮助卖家轻松对接新兴市场，让卖家快速完成商品上架和管理，从而获得更多的流量和成交机会。

（三）入驻流程

1. 注册前的材料准备

企业需要公司营业执照，个体户营业执照和公司营业执照均可，清晰准确的公司法人身份证照片和法人手持身份证的照片，未注册过的手机号、QQ 邮箱，用于绑定账号，账号用于新店申请及店铺运营。联系人主要用来绑定收款账户，一般和法人一致。

2. 创建账号

登录敦煌网官网单击立即注册，单击填写申请表单，注册账号，单击提交注册并继续，关联违规和关联超限。

3. 店铺认证

登入账号卖家端，输入注册名和密码，单击立即登入，然后缴纳平台使用费后提交认证资料，填写营业执照上的公司信息和上传营业执照、手持身份证照片，完成认证。

值得注意的是，店铺需要缴纳平台使用费才可以进行店铺认证，认证通过后可以上架产品。新注册的公司，最好注册成主营业务类型或贸易类型，为后期运营多样性提供铺垫。个人没有营业执照不可以注册，个体工商户只能开通 1 个店铺，企业可以开通 10 个店铺。

（四）敦煌网的收费模式

目前，入驻敦煌网的卖家需要缴纳一定的平台使用费、年费、保证金（王牌卖家）、1.5%~19.5% 的佣金。根据成交额不同和类目不同，设定价格后，平台会自动加上佣金。敦煌网平台使用费的收费方式分年缴、半年缴和季度缴三种，具体收费标准为一年有效 1099 元、半年有效 698 元、一个季度有效 499 元。敦煌网采用"平台使用费＋佣金"的收费模式，不仅能够有效地降低卖家的经营风险，还有效避开了与同行的竞争。

五、eBay

（一）eBay 简介

eBay（见图 3-5）是一个可让全球民众在网上买卖物品的线上拍卖及购物网站。eBay 于 1995 年由 Pierre Omidyar 创立于加利福尼亚州，以 B2C 模式为主，适合一些个人或中小型企业开店。借助强大的平台优势、安全快捷的支付解决方案及完善的增值服务，eBay 在线交易平台成为全球领先的线上购物网站之一，数以万计的企业和个人用户通过 eBay 在线交易平台将商品销售至全球 200 多个国家和地区。

图 3-5　eBay 图标

（二）eBay 平台的特点

eBay 拥有数目庞大的网上店铺，每天更新的商品可达数百万件，每天有数百亿元资金通过 PayPal 快捷支付方式实现流通。面对巨大的国际市场，eBay 的优势体现在以下几个方面：

1. 入驻门槛较低

eBay 的入驻门槛较低，个人和企业都可以申请入驻，卖家只需注册 eBay 账户，就可以在 eBay 设立的全球各个站点上轻松开展业务。

2. 商品具有独特性

eBay 是一个成熟的二手商品交易平台，卖家销售的商品只要不违反法律和 eBay 平台政策规定，均可在 eBay 平台上刊登销售。

3. 支付方便

eBay 平台使用 PayPal 在线支付工具，安全便捷，同时支持美元、欧元、英镑、澳元等多种国际上主要流通的货币，让卖家的外贸支付畅通无阻。

4. 销售方式多样

eBay 平台为卖家提供了多种销售方式，销售模式比较灵活，包括拍卖方式、一口价方式，让卖家和买家有了更多的选择。

5. 专业的客户服务

eBay 为卖家提供专业的客户服务，可以通过在线沟通或者电话沟通的方式交流。

（三）eBay 平台的入驻流程和账号类型

1. eBay 平台的个人入驻流程

第一步：注册 eBay 交易账户。打开 http://www.ebay.com.hk 或者 http://www.ebay.cn，单击左上方"注册"按钮。进入 eBay 注册页面后，设置账号及密码，邮箱会收到 eBay 发送的邮件，然后单击"以短讯向我提供验证码"，输入收到的验证码，确认相关条款，完成验证。

第二步：注册 PayPal 资金账户。

第三步：绑定 eBay 账户与 PayPal 账户。登录 eBay 账户，单击右上角"我的 eBay"，单击账户"PayPal 账户"，连接到"我的 PayPal"账户，填写地址，输入 PayPal 账号和密码，完成 eBay 账户与 PayPal 账户的关联，eBay 开店注册成功。

2. 企业注册 eBay 需满足的条件

首先，合法登记的企业用户，能提供 eBay 要求的所有相关文件，且注册为商业账户。

其次，每一个卖家只能申请一个企业入驻通道账户，申请账号需通过 eBay 卖家账号认证且连接到已认证的 PayPal 账号。

同时，有 eBay 客户经理的卖家可以通过客户经理申请，而个人卖家只需注册并认证一个 eBay 账号，即可在全球开启销售之旅。

3. eBay 平台的账号类型

eBay 平台的卖家账号分为个人账号和商业账号，卖家可以根据自身需要注册适合自己的账号。个人账号可以升级为商业账号。

（四）eBay 平台卖家销售方式

eBay 平台为卖家提供了三种销售物品的方式，即拍卖方式、一口价方式和"拍卖＋一口价"方式。卖家可以根据商品实际情况选择。

1. 拍卖方式

拍卖是 eBay 卖家常用的销售方式，为一种低成本、高收益的销售方式。卖家为商品设置起拍价格和在线时间进行拍卖，商品下线时出价最高的买家就是该商品的中标者，商品即以中标价格卖出。采取这种方式销售商品时，卖家需要根据自己设定的起拍价缴纳一定比例的费用，根据商品最后的成交价格，还需缴纳一定比例的成交费。

为商品设置较低的起拍价，能够很好地激起买家竞拍的兴趣，通过竞拍可以为卖家带来不错的利润。此外，拍卖的销售方式还可以增加商品的搜索权重。以下情况适合卖家选择拍卖方式对商品进行销售：

1）卖家无法确定商品的价格，又希望快速售出商品。

2）所售商品独特新奇，属于稀有物品或收藏品，具有较强的吸引力，能够引起买家兴趣。

3）在售商品有较高的成交率，通常在上架后就能售出。

4）在 eBay 上最近没有成交的商品，可以借助拍卖方式提高商品搜索排名。

5）想利用低价起标，吸引买家出价的物品。

eBay 平台上的拍卖规则是卖家提供一件物品，设定起标价，在拍卖期间，买家对物品出价竞投，拍卖结束后，最高出价者以中标的金额买下物品。在 eBay 平台上，物品拍卖可刊登 1、3、5、7 或 10 日，房地产拍卖可刊登 30 日。

拍卖的主旨就是让尽可能多的人对商品进行竞价，使产品拥有热门的关键词，因此在可以接受的范围内，起拍价应尽可能低，起拍价越低，越有可能吸引更多买家的关注。

2. 一口价方式

一口价方式就是以定价的方式上架商品，这种销售方式便于买家高效率地购买自己需要的商品，因此一口价方式优势明显，具体表现如下：

（1）成交费用低　采用一口价方式，卖家可以根据商品设定的价格支付上架费用，成交后只需缴纳较低比例的成交费。

（2）有议价功能　平台有议价功能，按照商品最后的成交价支付一定的成交费即可。

（3）操作省时省力　热卖的库存商品采用一口价的方式，可以使用已经设置好的商品信息，省时省力。

（4）一次性上架　采用"多数量物品上架"方式，一次性完成上架，操作简单。

（5）商品展现时间长　商品在线时间较长，可以得到充分展示。

eBay 平台上的一口价可用于实用物品或日用品、大批物品、已知价格的物品的销售。一口价的规则是卖家提供一件或多件物品，设定一口价，买家不需经过竞投过程再出价，可以直接买下物品，即买家只能以设定的价格购得物品。一口价物品刊登天数为 3、5、7、10、30 日。

3. "拍卖 + 一口价" 方式

"拍卖 + 一口价" 方式，是指卖家在销售商品时，选择拍卖方式的同时，并根据自己对商品价值的判断，设置一个 "一口价"。这种方式综合了拍卖和一口价的优势，既能为卖家带来更多的商机，还能让买家根据自身需求灵活选择购买方式，提升成交率。商品较多，或希望提升销量，都可以通过 "拍卖 + 一口价" 的方式进行销售。规则是卖家提供一件物品，在拍卖形式中加入 "立即买" 价格，两者并存，买家可以选择对物品出价，或立即购买物品。

（五）eBay 平台的费用构成

eBay 平台会根据卖家的使用情况收取相应的费用，站点不同，费用构成也有所不同。以 eBay 美国站为例，费用构成如下：

1. 非店铺卖家费用构成

非店铺卖家是指只在 eBay 美国站上架商品进行销售，而没有开设店铺的卖家。非店铺卖家费用主要包括两种：一种是上架商品时的上架费，一种是商品出售时的成交费。

（1）上架费　卖家在 eBay 美国站上架商品时，eBay 会向每个商品收取相应的费用。上架费会根据商品售价、上架形式、商品分类、是否使用升级功能有所不同。

（2）成交费　当卖家的商品售出时，卖家需要支付成交费，成交费按照商品销售总额（即买家支付的金额）的百分比来支付。

2. 店铺卖家费用构成

店铺卖家指在 eBay 美国站订购 eBay 店铺的卖家。卖家在 eBay 上订购 eBay 店铺后，每月可以获得更多的免费上架数。在 eBay 美国站，店铺卖家需要缴纳店铺订购费，其他费用结构与非店铺卖家相同，主要包括上架费、成交费。如果卖家在上架商品时使用了特色功能，还需要支付商品特色功能费。

六、Wish

（一）Wish 简介

Wish（见图 3-6）是一家智能化推荐商品的移动端平台，由 Context Logic 于 2011 年独立设计开发。Wish 作为一款购物类 App，约有 90% 的卖家来自中国。Wish 使用优化算法大规模获取数据，通过反复计算消费者行为和偏好的个性化产品，为买家推送符合其兴趣和偏好的商品，让买家在移动端便捷购物的同时，享受购物的乐趣。

图 3-6　Wish 图标

（二）Wish 平台的特点

Wish 平台以"Shopping Made Fun"为品牌口号，围绕提升产品性价比、优化售后服务支持、完善风控体系等提升平台功能，具有以下特点：

1. 注重图片展示

与其他跨境电商平台同时兼有 PC 端流量和移动端流量不同，Wish 是一个专注于移动端的跨境电商平台。基于移动端的特性，Wish 平台在商品展示上更加看重商品图片的展示，对商品图片的质量要求较高，同时，Wish 平台采取了瀑布流的形式展示商品，商品图片能够不断地自动加载到页面底端，买家在 Wish 平台上浏览商品时能不断地看到新的商品图片。

2. 实现精准推荐

与其他电商平台需要买家主动搜索商品不同，Wish 平台拥有一套自己的智能算法，通过分析买家的购物行为，向买家精准推荐符合其购买偏好的商品，买家看到的商品都是符合其自身喜好的。

3. 多样化服务

Wish 平台是一个全球化市场，来自世界各地的卖家和买家实现了商品和服务的多样化，同时 Wish 平台的商品通常价格较低。

（三）Wish 平台的费用构成

卖家在 Wish 平台上开设店铺销售商品需要支付相应的费用，Wish 平台费用有以下几项：

1. 店铺预缴注册费

卖家在 Wish 平台上新注册店铺要缴纳 2000 美元的店铺预缴注册费。如果关闭账户，或者卖家的账户在注册过程中被关闭，卖家可以要求 Wish 平台退回注册费。

2. 平台佣金

卖家售出商品后，Wish 将从每笔交易中按照一定的百分比收取相应的佣金。

3. 其他费用

Wish 平台的其他费用主要包括提现手续费、广告费用、物流费用、平台罚款等。

七、Shopee

（一）Shopee 简介

Shopee（见图 3-7）是东南亚的电商平台，2015 年于新加坡成立，随后拓展至马来西亚、泰国、印度尼西亚、越南及菲律宾等市场，2016 年在深圳设立办公室，2017 年设上海办公室。跨境业务一直是 Shopee 实现飞速成长的引擎，也是平台核心竞争力的重要支撑。Shopee 为跨境卖家打造一站式解决方案，并提供流量、物流、孵化、语言、支付和 ERP 支持。

图 3-7　Shopee 图标

（二）Shopee 的特点

1. 专注于移动端

Shopee 专注于移动端，具有高度社交性，顺应东南亚地区电商移动化的发展趋势。

2. 具有社交属性

Shopee 有较强的社交基因，即时聊天功能能够让买卖双方进行即时沟通和交流，为买家带来更好的购物体验，有效帮助卖家提高转化率，降低纠纷率，提高购买率。社交功能允许用户在各种社交媒体平台上与朋友分享产品，以扩大商品的传播。Shopee 设有"关注"功能，买家可以关注自己喜欢的卖家，了解卖家商品更新和最新优惠活动。

3. 市场潜力巨大

Shopee 是快速增长的高潜力平台。东南亚市场是 Shopee 的主要市场之一，东南亚市场人口基数大，具有较大的人口红利。互联网技术的发展和智能手机在东南亚地区的普及，为 Shopee 带来了庞大的用户基础。同时，Shopee 没有佣金，也没有上市费，这意味着没有经济负担。卖家可以选择原生广告并根据自己的意愿购买付费广告。

（三）Shopee 的运营策略

1. 本土化策略

Shopee 依据每个市场特性制订本土化方案，以迎合当地消费者需求。Shopee 进行本土人才招聘和培养，在当地形成了良性的人才培养梯队。

2. 移动端优先

Shopee 从移动端切入，优化移动端体验，推出简洁干净、易于使用的交互页面，使消费者顺畅使用 App 的每个功能，实现 30 秒内完成选择并购买商品。

3. 社交引流

通过知名社交媒体或社交工具，将目标用户引导到自己的网站或产品上，加强商家与客户的沟通交流，提升产品浏览量和点击量。

4. 提升全流程体验

贯彻"以人为本"的理念，定位客户需求，提升产品质量和服务，提升客户体验感和满足感。

（四）入驻流程

Shopee 是一个免费入驻平台，不收取任何入驻费用。

1. 提供营业执照

入驻 Shopee，需要提供营业执照。

2. 有运营经验

需要提交店铺链接、近三个月的店铺流水（至少 2 个月有出单记录）。如果没有运营经验，可以在链接部分填写无运营经验，在流水截图部分提交法人手持身份证正反面即可。

（五）经营品类

Shopee 平台的商品种类包括电子消费品、家居、美容保健、母婴、服饰及健身器材等，员工遍布东南亚及中国，卖家数量一直处于增长状态，平台总订单数也呈增长趋势，成为很多卖家开辟东南亚市场的必选平台之一，也是东南亚发展较快的电商平台。

八、跨境电商平台的选择

跨境电商平台有很多，卖家在决定做跨境电商之前面临的一个重要问题是选择哪一个跨境平台开展业务。每个跨境电商平台都有自己的特点、入驻条件和运营规则，卖家要根据自身特点选择合适的跨境电商平台。

首先，考虑自身的销售模式和运营模式。卖家要明确自己是做零售，还是做批发。如果做零售，应当选择 B2C 运营模式的跨境电商平台；如果做批发，应当选择 B2B 运营模式的跨境电商平台。

其次，明确企业的目标市场。卖家还要考虑自己的目标市场在哪个区域，考虑目标市场的买家习惯在哪些电商平台上购物，有什么样的购物偏好和消费习惯。如果卖家的目标市场是美国等北美国家，则以亚马逊、eBay 等跨境电商平台为主；如果卖家的目标市场在东南亚，Shopee 是较好的选择；如果卖家的目标市场是俄罗斯，全球速卖通是必选的平台之一。

同时，卖家除了要考虑自身方面的因素，还要考虑不同跨境电商平台的特性，包括平台的特点、发展潜力、平台规则和运营规则、服务系统、商品品类、竞争强度等。不同跨境电商平台的准入门槛高低程度不同，平台规则也各有不同，卖家要先深入了解各个跨境电商平台的相关规则，做好市场调研和数据分析，才能选择合适的平台。

【实训活动】

活动一：选一选

1. 在 eBay 平台上，如果卖家无法确定商品的价格，但又想将商品快速售出，可以选择（　　）的销售方式。<单选>

　　A. 拍卖　　　　　B. 一口价　　　　C. 随机定价　　　D. 拍卖＋一口价

2. 下列对 Shopee 平台的描述正确的是（　　）。<单选>

　　A. 以瀑布流的方式展示商品　　　　B. 专注于移动端

　　C. 具有较强的社交属性　　　　　　D. 向买家智能推荐商品

3. （　　）是工业和信息化部指定的"全国电子商务指数监测重点联系企业"。<单选>

　　A. 全球速卖通　　B. 阿里巴巴国际站 C. 敦煌网　　　　D. Shopee

4. 以下关于全球速卖通账户注册的说法，错误的是（　　）。<单选>

　　A. 在全球速卖通平台上，一个电子邮箱仅能注册一个可出售的账户（主账号）

　　B. 注册时需完成邮箱验证和手机验证

　　C. 经过平台批准，可以出租、出借或转让账户

　　D. 若在经营期间由于"服务指标"考核不达标被清退或中途退出经营大类，在同一年度将无法申请再次加入该经营大类

5. 小王想做跨境电商，但是他既不是个体工商户也没有注册公司，那么他无法注册（　　）平台的卖家。<单选>

　　A. eBay　　　　　B. 敦煌网　　　　C. 全球速卖通　　D. Wish

6. 亚马逊（Amazon）是网络上最早开始经营电子商务的公司之一，它成立于（　　）年。<单选>

　　A. 1991　　　　　B. 1995　　　　　C. 1998　　　　　D. 2010

7. 亚马逊的创始人是（　　）。<单选>

　　A. 马云　　　　　B. Jeff Bezos　　　C. Pierre Omidyar　D. 王树彤

8. 全球速卖通店铺入驻条件有（　　）。<多选>

　　A. 入驻人身份是企业或者个体工商户 B. 须拥有或代理一个品牌经营

　　C. 缴纳平台保证金 10000 元人民币　 D. 入驻人身份是个人

　　E. 需要缴纳技术服务年费（10000 元人民币）

9. 入驻全球速卖通需要准备的资料有（　　）。<多选>

　　A. 能接收验证码的邮箱　　　　　　B. 未注册过全球速卖通店铺的手机号

　　C. 企业支付宝或者企业法人支付宝　D. 营业执照

　　E. 商标注册证或者商标受理通知书、商标授权书

10. 下列关于全球速卖通店铺认证规则说法正确的是（　　）。<多选>

　　A. 一个企业只能认证 6 个全球速卖通主账号

　　B. 符合条件，可以更改认证主体

C. 认证时可以选择企业支付宝或者公司法人支付宝认证

D. 认证主体不允许变更

E. 企业法人个人支付宝认证也需有企业支付宝账号

11. 以下关于全球速卖通平台卖家账号注册与认证的说法正确的是（　　）。<多选>

　　A. 完成认证的卖家在全球速卖通可最多开设 6 个虚拟店铺

　　B. 全球速卖通有权终止、收回未通过身份认证或连续 180 天未登录的账户

　　C. 全球速卖通的账户因严重违规被关闭，不得再重新注册账户

　　D. 全球速卖通的会员 ID 是系统自动分配的，且不能修改

12. 亚马逊全球开店目前对于中国卖家开放的站点有（　　）。<多选>

　　A. 美国、加拿大、墨西哥　　　　　　B. 日本

　　C. 英国、德国、法国、意大利、西班牙 D. 澳大利亚

13. 以下（　　）平台属于 B2C 跨境电商平台。<多选>

　　A. Amazon　　　　B. eBay　　　　C. Wish　　　　D. 阿里巴巴国际站

14. 全球速卖通平台所设的店铺类型有（　　）。<多选>

　　A. 官方店　　　　B. 直营店　　　　C. 专卖店　　　　D. 专营店

15. 在全球速卖通平台的"账号—账号设置—安全中心"，可以进行（　　）操作。

<多选>

　　A. 修改注册邮箱　　　B. 修改账号登录名　　　C. 修改手机号码

　　D. 修改登录密码　　　E. 管理安全问题

活动二：判一判

1. 入驻全球速卖通之前，需要先了解平台规则和知识产权禁限售规则。

2. 全球速卖通平台不对商家收取佣金。

3. 个人使用身份证即可入驻全球速卖通。

4. 目前入驻全球速卖通，每年需要缴纳 10000 元技术服务年费。

5. 入驻全球速卖通只能使用未注册过全球速卖通的邮箱注册账号。

6. 同一套资料可以同时用来注册亚马逊北美店、欧洲店和日本店。

7. 全球速卖通认证主体不允许变更，不允许认证的公司从 A 公司变为 B 公司。

8. 全球速卖通一个店铺可以选择多个经营范围。

9. 在全球速卖通平台上，一个企业最多可以申请开通 8 个店铺账号。

10. 速卖通账户在注册成功后，经过平台批准，可以出租、出借或转让账号。

活动三：想一想

1. 简述 eBay 的特点。

2. 简述卖家在选择跨境电商平台时需要考虑的因素。

3. 简述全球速卖通平台的入驻流程。

【职业体验】

以小组为单位，到本地跨境电商企业进行深度访谈和职业体验，了解跨境电商企业所使用的跨境电商平台有哪些。

【五星工匠】

请登录相关跨境电商平台,了解不同平台的运营模式及其特点,选择适合自己的跨境电商运营平台,并尝试进行账号注册和店铺开通。请点亮下图中的星星,为自己做一下星级评鉴,评一评自己能够得到几颗星。

第二部分

精 运 营

扫码看视频

跨境电商市场调研与选品

【知识目标】

- 掌握跨境电商市场调研的方法
- 熟悉跨境电商选品的原则和方法
- 了解跨境电商不同市场的消费偏好

【技能目标】

- 掌握跨境电商市场调研的内容和方法
- 熟悉跨境电商选品的原则、方法和工具
- 了解主流跨境电商平台的选品方法

【素养目标】

- 培育社会主义核心价值观
- 培养诚实守信、遵纪守法的职业道德、精益求精的工匠精神
- 培养创新意识、创新思维和创新能力、终身学习的意识和学习能力

【思维导图】

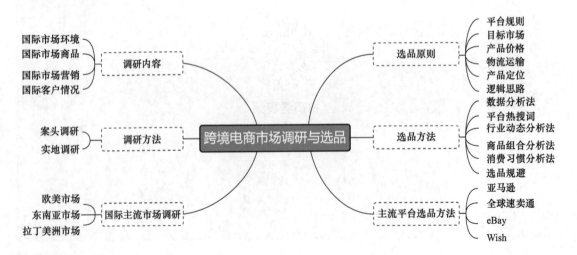

【任务背景】

案例一： 旧金山鞋履公司 Allbirds 成立以来，市值迅速飙升至 14 亿美元。凭借"天然材料"理念，从一个在众筹平台募集资金的小公司，短短几年发展成为家喻户晓的运动鞋品牌。公司抓住环保理念，创造简单的产品，帮助潜在购物者解决脚部问题，进入未开发的环保型产品市场，成功创造出优质、时尚、舒适的运动鞋产品，开发忠于品牌的客户。

案例二： 这是一家致力于为中产女性优选生活好物的电商平台，夏末秋初的时候，商家考虑到用户对美白润肺产品需求旺盛，决定用百合蜂蜜柠檬膏做活动产品。这一产品不仅能美容养颜，而且适用门槛又低，商家在考虑成本的情况下，大幅度降价，有效刺激了用户的眼球和购买心理，再配合一些推广渠道及时推送活动信息，仅 3 小时，销售额就达近 10 万元。

案例三： 在临近中秋节的时候，一家主营高品质糕点的店铺经过调研，发现超市里的老式月饼包装俗气，口感也差，但由于中秋佳节来临，超市消费者络绎不绝，商家发现这一商机后，精心打造精美包装和独特口感的满足消费者需求的产品，受到了越来越多人的喜爱，后期又结合拼团、秒杀活动，用户需求迅速增多。

➢ **任务探讨：** 以上案例是如何进行调研和选品营销的？对于选品你是否有好的策略和创意？

【任务实施】

大家好，选品是店铺运营重要的一环，请开启我们的跨境旅行，进入跨境电商市场调研和选品的学习。

任务一 跨境电商市场调研

出口跨境电商卖家的目标市场在境外，不同的国家和地区的市场规模不同，买家的消费需求与消费习惯也不同，不同的国家和地区针对跨境贸易会采取不同的政策，所以出口跨境电商卖家要想顺利打入国际市场并获得成功，就必须做好国际市场调研，全面深入地了解目标市场的信息、消费偏好、国家政策、风俗习惯等。

一、国际市场调研概述

（一）国际市场调研的含义

国际市场调研是指运用科学的调研方法与手段，系统地搜集、记录、整理、分析有关国际市场的各种基本状况及其影响因素，以帮助企业制订有效的市场营销决策，实现企业经营目标。在现代营销观念指导下，以满足消费者需求为中心，研究产品从生产领域拓展到包括消费领域的全过程。企业要想进入某一新市场，往往要求国际市场调研人员提供与此有关的一切信息——该国的政治局势、法律制度、文化属性、地理环境、市场特征、经济水平等。

（二）国际市场调研的内容

跨境电商国际市场调研主要包括以下几个方面：

1. 国际市场环境调研

国际市场环境调研包括国外经济环境、政治和法律环境、文化环境调研，如一个国家（地区）所使用的语言、风俗习惯、价值观念、生产方式、人口数量、人口分布、交通情况等。最重要的是跨境电子商务市场环境调研，如一个国家（地区）的互联网普及率、互联网用户数量、网购人群规模、网购人群年龄结构、网购商品结构、电子商务交易金额等。

2. 国际市场商品调研

国际市场商品调研主要有：国外市场商品供给情况、国外市场商品需求情况、国外市场商品价格情况、价格与供求变动关系，以及竞争对手的交易金额、商品结构、商品质量、价格水平、竞争对手所采用的营销推广手段、竞争对手的商品研发能力、市场占有率等。

3. 国际市场营销情况调研

国际市场营销情况调研一般包括：商品销售渠道、广告宣传、竞争分析，尤其是市场规模、供应渠道、主要生产商的名称和生产能力、主要分销商的销售规模等。

4. 国际客户情况调研

国际客户情况调研主要包括以下内容：客户政治情况、客户资信情况、客户经营业务范围、客户经营能力，以及买家的需求结构、消费行为特征、需求变化、经济水平、消费水平、对商品价格的要求，尤其是买家常用的电子商务网站、搜索引擎、买家偏好习惯、网购时间等。

（三）国际市场调研的方法

国际市场调研是一项复杂细致的工作，要有严格、科学的程序和方法，主要有以下几种：

1. 案头调研法

案头调研法是通过对二手资料进行再收集、整理和分析，从而获取自己所需要的相关信息的调研方法。它是以在室内查阅的方式搜集与研究项目有关资料的过程。第二手资料的信息来源渠道很多，如企业内部有关资料、本国或外国政府及研究机构的资料、国际组织出版的国际市场资料、国际商会和行业协会提供的资料、各类数据分析工具提供的资料等。该方法收集简单、成本较低，但可靠性、准确性和适应性较差。

2. 实地调研法

实地调研法是国际市场调研人员采用实际调研的方式直接到国际市场上搜集信息的方法。采用这种方法搜集到的资料，就是第一手资料，也称为原始资料，该资料来源明确，具有较强的时效性和可靠性。实地调研常用的调研方法有三种：观察法、实验法和询问法。

（1）观察法　观察法是指调研人员直接到达现场，通过直接观察或借助工具、机器观察被调研者的行为。例如，调研人员可以运用仪器设备记录买家的购买行为，也可以在展览会、订货会现场观察商品的展销和订购情况。

（2）实验法　实验法是指调研人员挑选合适的目标群体，将其分为测试组和对照组，并对测试组进行某种处理，然后观察两个组的反应，从而获取相关信息的调研方法。

在国际市场调研中，实验法具有很强的实践性和应用性。当卖家想要调查店铺页面装修风格、商品种类、商品价格、商品陈列方式、广告推广等因素对买家购买行为所产生的影响时，就可以采取实验法获取相关资料。

（3）询问法　询问法是指调研人员通过提问的方式向被调研者了解情况，从而获得原始资料的调研方法。询问法分为当面访谈、问卷调查和电话访谈。

如企业希望对国外市场环境、商品及营销情况进行调查，一般可通过以下方式进行：深入目标市场以销售、问卷、谈话等形式进行调查（一手资料）；通过媒体如报纸、杂志、新闻广播、计算机数据库等寻找信息资料（二手资料）；委托国外驻华或我国驻外商务机构进行调查。通过以上调查，企业对目标市场会有基本了解。

二、国际主流市场调研

不同消费市场的买家具有不同的消费特点，卖家了解不同市场买家的消费特点才能更好地制订营销策略，为买家创造高品质的购物体验，从而提升自身竞争力。

（一）欧美市场

1. 物流需求

欧美尤其是美国网络消费者最期待更快的物流，50%的消费者期待隔日或2日送达，49%的消费者愿意为当日送达支付额外费用。加拿大消费者希望3天到货，30%的客户愿意为货到付款或者到货保证支付额外费用。

2. 热销产品

美国在线销售最多的产品种类依次为科技电子、日用品、服装、美容、个人护理、婴儿用品。

加拿大在线销售最多的产品种类依次为家庭家具用品、珠宝首饰类、保健营养品、体育用品类、配件类、游戏玩具类、电子产品类、科技产品类。

英国最受欢迎的商品类别为34%的用户最喜欢购买服装和体育用品，29%的用户喜欢购买旅游用品，28%的用户热爱购买电脑软件，8%的用户喜欢购买食品和杂货。

法国最受欢迎的产品种类依次为服装、旅游、运动、游戏、电子玩具、时尚产品。

土耳其最受欢迎的产品类目为家具及电器产品、媒体产品、服装和鞋类、电子产品等。

3. 购买力

欧洲电商购买力较强的国家是英国、法国、德国，其次是西班牙、意大利、荷兰等。

4. 网购渠道

60%的美国人使用网页端，40%的美国人偏好移动端。25%的加拿大消费者偏好移动端，75%的加拿大消费者偏好网页端。74%的加拿大消费者有从海外购买商品的行为，且一个月至少网购2次。

英国人最喜欢在网上购物，无论是网购人数，还是人均网购消费金额，都是欧洲最高的。87%的英国消费者曾在网上购物。超过70%的法国人在过去一年中有过网购，超过90%的法国消费者表示他们在实际购买产品前会在网上先做研究。中东人更喜欢使用手机，他们拥有高收入，对国际品牌了如指掌。阿联酋的互联网普及率达到62%，移动端渗透率达到47%。

5. 消费偏好

欧美买家的购物行为趋于理性，高质量、高价值的产品将成为全球尤其是欧美跨境电商买家的消费偏好。法国人喜欢网购高品质的时装、箱包、配饰、香水；德国人在网购时对商品品质要求很高，德国买家的退货率也是最高的，无论是商品质量还是外包装，都必须是高标准的。总体来说，欧美跨境电商买家的偏好消费趋势如下：

（1）健康及个人护理产品　自我保健成为海外买家关注的焦点。随着全球形式的持续变化，越来越多的买家更加关注自己和亲友的健康，健康和个人护理产品也成为买家购物的重要选项。自我保健领域已发展到烹饪、冥想、睡眠质量检测、运动休闲等方面。光疗仪等家用护肤设备、护发护肤品、家用健身器材、智能马桶、冥想碗等产品也将成为热门产品。

（2）环保产品　近年来，海外买家越来越重视环境保护。根据亚马逊的调查，超过一半的美国和欧洲买家表示，愿意花更多的成本购买更可持续的产品；超过70%的买家表示，无法忍受品牌忽视环境保护。依靠可持续性的概念来提高产品和品牌价值正成为当前的营销趋势。服装、玩具、包装和其他由可再生和可回收材料制成的产品受到买家的青睐。

（3）户外用品　帐篷、露营桌椅、睡袋、燃烧器具、炊具等露营产品，以及自行车、电动自行车等健康环保的交通工具受到买家的欢迎。此外，户外运动的衍生品，如车顶架、运动服和运动鞋、防护头盔等也成为具有购买潜力的产品。

（4）家具家居用品　买家对升级更新生活环境产品的需求将持续。人们开始适应和规划长期的家庭生活方式，渴望有一个真正代表他们独特个性的家庭环境。因此，时尚、实用、个性化的家具和家居产品正成为当前的流行趋势。

（5）家庭娱乐用品　数据显示，67%的美国买家希望花更多的时间与家人在一起，对家庭娱乐设备的需求正在上升。对电子设备、庭院用品、亲子玩具、聚会用品等需求将增加。

6. 平台选择

欧洲超过1/4的人会将跨境电商作为购物的首选，Amazon、AliExpress、eBay、Wish这些跨境电商平台在欧洲有较高的普及度，欧洲还有很多本土电商平台，如Cdiscount、Otto、Fnac和Zalando。Otto是德国最大的电商平台，优势类目是服装服饰和生活用品，该平台的买家覆盖了约45%的德国家庭。Cdiscount是法国最大的电商平台，其买家接受度仅次于Amazon，商品涵盖日用品、食品、电子产品、家用电器、母婴、箱包等，目前已经向中国卖家开放入驻。Fnac是法国知名的文化产品和电器产品的线下零售商，2009年启动线上销售，目前是法国本土第二大电商平台。

7. 市场策略

入驻美国市场，就要加强建立客户忠诚度，持续强化品牌战略，制订平台销售渠道策略，并配合网络销售以及包括商务函电在内的传统销售渠道；在进入美国市场之前，一定要了解产品空间和竞争者，建立合理的定价和推广策略；同时，借助第三方电子商务平台，掌握各渠道优势，了解当地消费特点，以满足当地消费者的需求。

入驻加拿大市场，则需要撰写丰富精彩的营销文案，提供具有竞争力的价格，透过促销或策略合作提升品牌知名度，提供便利、高效的运输服务。

入驻英国市场，可从以下着手：选择正确的平台展示产品，提供更好的产品和曝光度；为当地用户提供更好的购物体验；拥有电话或在线客服都会有效增加转化率。

（二）东南亚市场

东南亚地区的电商将会在接下来的几年中快速发展，其庞大的人口、年轻化的人口结构、不断攀升的移动互联网使用率，为电商行业提供了良好的发展环境。阿里巴巴投资的 Lazada、腾讯投资的 Shopee、新加坡本土平台 Carousell、印度尼西亚本土平台 Tokopedia 等十几个电商平台正以各自的方式迅速开拓东南亚市场。东南亚跨境电商市场有以下趋势：

1. 线上购物日常化

移动端使用时长持续增加，线上购物日常化。从东南亚国家人口在移动端的活跃度来看，印度尼西亚、马来西亚、菲律宾和泰国位列"全球移动端网络最活跃国家"榜单的 Top10。此外，东南亚地区的移动端用户平均每天花费在手机上的时间达到了 4 小时，东南亚完全具备了发展移动购物的条件，也将在未来的几年中迎来彻底的爆发。同时，线上店主与买家交流黏性增强，社交娱乐数字化；直播场次攀升，商家看准线上流量；消费者偏好发生改变，电子支付普及；印度尼西亚、泰国等国家的消费者开始热衷于工作日购物，无现金付款偏好更为明显。

2. 用户画像

东南亚的市场上跨境电商的女性用户依旧是消费者的主流，比例远超50%。化妆用具、化妆品如口红、香水和护肤品等都是东南亚地区的热销品类。同时，居家用品、健康保健等类目的产品也均为女性用户的高偏好品类，作为家庭购物主要决策者的女性群体，在此类目中有很强大的消费潜力。

3. 消费能力分析

东南亚地区包括印度尼西亚、菲律宾、越南、泰国、马来西亚、新加坡等 11 个国家。其中，印度尼西亚人口最多，是整个东南亚地区的主要消费力量。电商在印度尼西亚发展的难点是物流派送，岛屿多、居民居住地分散，增加了物流派送的成本。新加坡作为东南亚地区最重要的金融中心和国际贸易中转站，人口虽然不多，但其经济发达，消费能力强，有着极高的互联网和智能手机普及率，是东南亚地区最成熟的电商市场。

（三）拉丁美洲市场

拉丁美洲主要的电商市场有巴西、墨西哥、阿根廷等。巴西是拉丁美洲最大的国家，也是人口最多、电商购买力最强的国家，曾经是全球速卖通平台最大的购买国之一。巴西女性喜欢购买服装和配饰。

Mercado Pago 和 Boleto 是巴西买家最常用的两种付款方式。Mercado Pago 是 MercadoLibre 旗下类似于支付宝的在线支付平台。MercadoLibre 是拉美地区最大的电商平台，主要针对中高端消费群体，目前已经覆盖包括巴西、墨西哥、智利等 18 个国家。

【任务拓展】

有个温州鞋厂曾经想去开发非洲市场，老板先派了小李去非洲调研。小李到了非洲待了几天发现没有人穿鞋，举目所见都是赤脚的非洲人，他颇为颓丧，马上给老板打电话，告诉老板非洲人都是赤脚的，不穿鞋，这里没有市场，于是他便打道回府。随后老板又派了小王来开发非洲市场，他同样看到了非洲人都是赤脚的，马上给老板打电话。他告诉老板，非洲市场特别大，有利可图，让老板赶紧生产鞋子，把鞋子运过来肯定会有很大的利润空间。毕竟，在环境恶劣的非洲，一双物美价廉的鞋子会成为他们的"奢侈品"。

这个故事告诉我们，思路决定出路，努力会有收获，通过积极正面的思考和开创性的逆向思维，发掘潜在的市场，你会发现沙漠中的油田和荒芜中的生机。

【任务操作】

课后请查阅相关市场营销的经典案例，并与同学分析相关营销策略，形成调研报告。

三、具体国别市场调研

（一）美国

1. 起步较早，市场成熟

北美电商起步早、成熟度高，除我们熟知的 Amazon、AliExpress、eBay、Wish 平台外，Walmart、Newegg、Bestbuy、Overstock 等本地老牌的零售商品牌也都有电商平台。北美市场长期以来一直充满活力，拥有旺盛的购买力。美国人倾向于将自己定义为"寻求交易者"，美国拥有成熟的电子商务模式和消费市场，美国的消费者代表着最大和最发达的电子商务市场之一。

2. 追求品质，注重体验

美国人十分看重商品质量和包装，在美国市场中，高、中、低档商品的差价较大。美国消费者讲究自由和物质增长，注重效率和实用主义，看重物质享受，喜欢有创意的商品，追求生活体验，喜欢户外运动、园艺、宠物、DIY 等，在穿着方面则以舒适休闲为主。

3. 看重价格，注重实效

价格通常是美国消费者考虑的最重要的因素，其次是免费的配送，当消费需要支付配送运费时，许多人将放弃购买。美国人比较注重效率，希望下订单后能够尽快收到商品。因此，卖家在设置运费模板时，最好使用高效的物流方式。折扣或是促销、产品的供应、产品规格、用户评论、交货速度是否快速、预计交货的日期和时间、跨店的价格比较也是考虑的因素。

4. 节日促销，换季抢购

美国人喜欢在传统节日、退税季节和换季促销时购物。例如，美国初秋升学季，很多美国人会大量购买学生日常用品；11—12 月的圣诞时期恰逢退税季节。每年的六大节日（圣诞节、情人节、复活节、母亲节、父亲节、万圣节）都是购物高峰，感恩节之后的"黑色星期五"是传统零售打折促销的狂欢购物节。除此之外，每年还有各类大型活动也会带动周边商品的销售，比如超级碗、NBA、美国职业足球大联盟、奥斯卡、格莱美等。美国人会抓住这些良机购买一些生活用品和圣诞礼物，所以卖家要充分利用节日和换季时进行推广与营销。美国消费者愿意为自己喜欢的文化和潮流买单，做北美市场的卖家要经常关注北美的社会热点和文化潮流，从中发掘商机，打造爆款。

（二）俄罗斯

1. 爆炸式增长

从市场数据来看，俄罗斯的电子商务市场正在呈现出"爆炸式"增长。俄罗斯市场商机无限，一半以上的俄罗斯在线消费者在国际在线商店购买商品。规模较小的城市消费者在国际零售商尤其是中国零售商的电商平台下单的可能性更大。

2. 追求休闲

俄罗斯人的生活方式和消费观念是追求休闲，注重生活品位，服装消费成为热点。俄罗斯人喜欢旅游，并喜欢购买奢侈品，包括时装。俄罗斯季节温差较大，商品营销的季节性较强。俄罗斯的冬季十分寒冷，注重保暖，围巾、手套、帽子成为必备品，尤其对于女性来说，她们热衷于购买保暖性较强的大衣。

俄罗斯女性喜欢化妆和打扮，美容类商品在俄罗斯的销路很好。俄罗斯是一个热爱运动的国家，人们经常购买专门的运动鞋、运动衣和运动配件类商品。俄罗斯人有去海滩度假的习惯，所以会经常购买海滩用品，如泳装、沙滩鞋等。此外，俄罗斯人热衷于送礼，在新年、圣诞节、情人节、妇女节、洗礼节等节日，都要准备礼物。

（三）英国

1. 追求品质，注重礼仪

英国是具有绅士风度的国度，很讲究礼仪，对品质、礼仪等都有较高要求，卖家与他们打交道，要注重礼貌，否则会影响交易的成功率。对个人以及家庭用品的品质要求也较为苛刻，从外观到品质都要求完美。

2. 注重成本和交货期限

英国人喜欢讨价还价，省钱和节约在英国深入人心，英国人消费，必需品买最好的，不吝啬钱；非必需品买最少的，不浪费钱。他们很少会放弃省钱的机会，人们热衷简单、质朴的生活。在英国，时尚和体育用品是比较畅销的商品品类，其次是家居和旅游用品等。英国人对交货期限的要求较严格。此外，物廉价美的商品，特别是生活用品很受英国人的喜爱，例如镜子、灯具有较为广阔的市场前景。

（四）巴西

1. 消费力旺盛

巴西是一个拥有约 2 亿人口的大国，是南美最大国家和唯一的葡语国家，目前是世界第九大电子商务零售市场，也是拉丁美洲唯一跻身前十大零售业的国家。巴西居民消费率连续数年都保持在 75% 以上，新的"中产阶级"消费力旺盛，足以成为经济可持续性增长的可靠动力。巴西人不仅热衷消费，还对购置耐用消费品极其热心。巴西人平时购买较多的商品是服装配饰、手机、化妆品、家具、运动用品。对于服装，巴西人追求时尚，喜爱色彩冲击力较强的服装，偏爱休闲大方的产品。另外，巴西人还非常注重商品的耐用性及售后服务。

2. 喜欢分期付款

巴西人喜欢分期付款，当地超市标价的时候也会体现分期付款的价格。巴西人很重视传统节日，节日期间，各种商品的促销活动很受欢迎。

3. 物流效率低

在巴西做跨境电商，会遇到物流效率低下的问题。巴西买家在全球速卖通平台下了订单后，一般要等 1 ~ 3 个月才能收到货，原因是包裹在海关清关的速度和出关以后的配送速度都非常慢，而且丢包率很高。巴西是全球最难清关的国家之一，巴西海关规定，寄给当地私人的物品，相同的货品数量不能超过 3 件。

（五）意大利

1. 热衷线上购物

电子商务平台是意大利人最主要的购物渠道，意大利社交媒体大多是国际性网站，本土特色并不明显。意大利消费者的跨境购物率为 51%，高于欧洲平均水平，并且非常喜欢来自中国的产品。意大利网购人群的年龄分布集中在 18～44 岁。

2. 偏好电子产品

从意大利市场热度来看，在意大利人购买的商品中，53% 为实物商品，47% 为虚拟商品或服务，电子产品和家居一直受到意大利买家的喜爱，主要是付费音像资源、旅游服务等。意大利消费者偏好天然纤维织物，如全棉织物，而对混纺织物的需求日趋减少。消费者对品牌、包装有一定的要求，女士服装和男士服装在九月会迎来一场狂欢。骑行行业市场潜力巨大，相关商品的搜索量及销量很高，自行车品类的重点商品为自行车零配件、骑行服等。3D 打印机在意大利也颇受欢迎，市场前景广阔。近几年，意大利人的消费习惯有较大的转变，科技商品消费增多，通信支出比例增长，而汽车、服装和食物平均花费减少。

（六）加拿大

加拿大是世界知名的贸易大国，也是我国跨境贸易的重要市场之一，相对较低的物流费和汇率使加拿大人跨境购物热情高涨。加拿大人生活水平较高，对商品品种的需求也多，从普通的纺织品、轻工、服装、日化用品到家电类商品都是他们的购买目标。商品价格是加拿大在线购物者考虑的重要因素。

加拿大冬季较长，所以对冬季类商品的需求量较大，如滑雪服、羽绒服、冰鞋板等，在加拿大有很好的销路。在夏季，加拿大人喜欢游泳、骑自行车、登山露营、养花和垂钓，所以运动鞋、山地车、帆船、气垫船、鱼线轮、鱼竿及园艺工具等都是加拿大市场的热销商品。加拿大不少城市的居民喜欢购买宠物用品，宠物用品可作为跨境电商卖家的重点投放和推广类目。

此外，加拿大是一个热爱运动的国家，参与体育活动的加拿大人占全部总人口的 54%，备受加拿大人喜欢的四项体育活动分别为冰球、高尔夫球、棒球、篮球，加拿大人对体育用品需求较大。

【实训活动】

活动一：填一填

1. _____ 和 _____ 是巴西买家最常用的两种付款方式。

2. _____ 是德国最大的电商平台，优势类目是服装服饰和生活用品，该平台的买家覆盖了约 45% 的德国家庭。

3. _____ 是法国最大的电商平台，其买家接受度仅次于 Amazon。

4. 国际市场调研的内容比较广泛，从跨境电商的角度来看，国际市场调研主要包括国际市场环境调研、_____、国际市场营销情况调研和 _____ 等。

5. 国际市场环境调研包括国外 _____ 环境、政治和法律环境和 _____ 环境。

活动二：说一说

1. 简述东南亚市场的市场调研状况。
2. 简述美国市场的调研状况。

【职业体验】

请在老师的组织下参观、调研本地跨境电商企业，了解该企业的目标市场概况，形成市场调研报告。

【五星工匠】

请各位同学以小组为单位，根据知识、技能、素养三维目标对自己的学习成效进行多元评价，并查漏补缺，提升市场调研能力。请点亮图中的星星，为自己做一下星级评鉴，评一评自己能够得到几颗星。

任务二　跨境电商选品

一、跨境电商选品的概念和作用

（一）跨境电商选品的概念

简单来说，选品是从供应市场中选择适合目标市场需求的产品。跨境电商选品是指帮助跨境店铺选择优秀的商品进行经营，商品是店铺运营推广的核心和基础，对于店铺的持久发展具有重要的意义。一个店铺的生意好不好取决于流量、客源、店铺页面装修，最关键的还是产品要好，有市场前景，符合目标群体需求。

（二）跨境电商选品的作用

跨境电商选品在跨境电商经营中起到非常重要的作用，所有店铺入驻跨境电商平台，都离不开选品。有一句话说得非常好：七分产品，三分运营。选对商品，不仅能为店铺带来可观销量，取得丰厚利润，提高店铺的核心竞争力，还能促进店铺的可持续发展。如果选错商品，不仅错失良机，利润微薄，还可能导致店铺的整体流量下滑、库存积压、资金浪费。当然，选品不是一蹴而就的，而是应该建立在对商品和目标市场了解的基础上做出的综合判断。跨境电商选品的核心要求就是高质量的商品，具有价格优势，符合跨境销售特性和平台规则，满足目标市场需求，具有竞争优势，利润空间和潜力巨大。

二、跨境电商选品的原则

（一）平台规则

选择跨境商品时，首先要考虑的是产品一定要符合平台规则和目标市场的法律法规。选品前不仅要掌握各个平台的特点和相关规则、政策，清楚平台的商品搜索排序规则和禁售规则，还要清楚平台上哪些品类是热销品，哪些是平台大力扶持的商品。不要违反平台和目标市场的法律法规，特别是不能选择盗版或者违禁品，不仅不能赚钱，甚至会引起各种纠纷，付出法律代价。每个跨境电商平台的用户群体定位有所不同，因此，选品时一定要考虑平台的自身因素，充分做好平台调研和市场调研。

（二）目标市场

从市场需求出发，做好市场分析和需求分析。不同国家的消费者有着不同的文化背景、风俗礼仪和消费偏好。在选品之前，务必要对目标市场的买家需求进行分析和研究，了解当地消费群体的消费习惯和市场流行趋势，结合行业特点和国家特点，选择市场潜力大，比较热门的、个性化的、利润率较高的、具有差异化的特色产品，将某种商品打造成爆款。

（三）产品价格

产品价格也是选品的一个重要因素，跨国交易既要考虑产品成本也要考虑国际运费，产品的价格要有利润空间和优势。同时避免库存积压、造成资金浪费。

（四）物流运输

跨境物流运输是选品要考虑的重要因素之一，跨境物流费用较高、时间长、周转路线长，不确定因素多，运输途中可能遇到恶劣天气、海关扣留等情况。因此，要选择适合国际物流运输、保质期长、耐挤压、体积小、重量轻、不容易破碎的产品。

（五）产品定位

梳理自己已有的客户资源、产品资源、人脉资源，做好店铺定位和产品定位。

首先，要有自己的店铺特色和个性化核心竞争力，根据特定的目标市场，能够满足差异化的客户需求，比如有自己独立的产品设计和包装。

其次，还要从自己感兴趣的商品入手，选择自己喜欢的类别产品，多花费时间了解商品品质、功能、特性、用途、商品的优势、价值和目标消费群体，对商品有充足的认识和了解，根据市场行情和销售数据，做好优胜劣汰的选择。

再次，选择复购率高的商品，如日用品或快消品，最好是操作相对简单、售后服务成本相对较低的产品，买家可以反复购买，同时有足够的利润，且适合口碑传播。

最后，就是商品的供应链要稳定，市场容量够大，有较大的利润空间，足以支撑运营成本。在市场竞争中还要关注商品的生命周期，保持商品的竞争力。

（六）逻辑思路

选品要有清晰的逻辑，拓宽自己的思路，既要专业、精准，又要坚持创新。卖家在选品时一定要做好数据调研和市场分析，从自己的兴趣出发，做到有的放矢，借助大数据分析工具多维度搜集各类数据，对商品进行精挑细选和反复筛选，选择能够创造较高利润的、适合自己店铺的类目和产品。同时，选品是一项需要长期坚持的工作，不能半途而废，既要持之以恒，又要改革创新，为后续经营做准备。

三、跨境电商平台选品方法

选品的方法有很多，常用的跨境电商选品方法为数据分析法、平台热搜词、行业动态分析法、商品组合分析法和消费习惯分析法。

（一）数据分析法

1. 评价数据分析法

评价数据分析法是指卖家通过收集并分析买家对商品的评价数据进行选品的方法，包括好评数据分析法和差评数据分析法。

好评数据分析法是指卖家通过分析各个跨境电商平台上的热卖商品的好评数据，挖掘买家对商品的需求点，从而开发让买家满意的商品。

差评数据分析法是指卖家深入分析买家对商品的差评数据，分析差评的原因，并进行改良升级，从而满足买家的需求。差评数据分析以抓取移动平台上热卖商品的差评数据为主。

2. 站内数据分析法

站内数据是指跨境电商卖家在经营过程中产生的数据，以及第三方跨境电商平台提供的数据分析工具中的数据。卖家根据跨境电商平台自身的情况，结合一定的数据分析，可以选择自己要经营的行业及具体类目下的商品。

如全球速卖通的"生意参谋"工具中的"市场"功能，可为卖家选品提供相应数据参考，帮助卖家从行业、类目与属性等角度进行选品。如借助市场大盘，了解某个行业的市场情况，通过行业趋势、行业构成等了解某个行业的市场发展动态和该行业在不同国家的市场表现。

3. 站外数据分析法

站外数据是市场上第三方数据分析工具提供的数据。如卖家可以借助 Google Trends、KeywordSpy 等工具进行数据调研和分析，为选品工作提供更多、更有效的数据参考。

（1）Google Trends　Google Trends 是一款用来判断关键词在谷歌网页搜索中的趋势走向的工具。通过分析 Google 全球数十亿计的搜索结果，告诉用户某一搜索关键词某段时间在 Google 被搜索的频率和相关统计数据，其功能如下：

关键词功能：Google Trends 的特色是允许比较两个或者两个以上的搜索词的相对热门程度，以及反映随着周期变化的趋势。了解关键词流量，可提供与业务相关的关键词更准确的数据，获得内容营销思路。

衡量品牌知名度：尝试在 Google Trends 中输入公司名、产品或者服务、供应商，可以看出品牌的实力。

确定新市场：获知搜索趋势的相对受欢迎程度，可确定在哪个新市场上优先开展促销活动。

跟踪科技趋势：可以显示科技趋势随着时间推移的热度变化。

（2）KeywordSpy　KeywordSpy 是一款能在线搜索关键字竞价信息，有效跟踪和检测竞争对手在搜索引擎上的关键字竞价的工具。该工具提供的实时统计报告能为用户描述竞争对手每小时、每天、每周、每月的搜索引擎广告活动表现。通过强大的搜索选项获取所需的确切数据，了解竞争对手的 PPC 和 Organic 活动策略，轻松发现竞争格局。使用竞争对手的关键词以及访问相关和类似术语或短语的海量数据库，精确定位竞争对手的盈利关键词和广告文案组合，构建有利可图的关键词列表。

（二）平台热搜词

1. 通过跨境平台热搜词选品

利用跨境电商平台作为搜索入口进行选品，是目前大部分新手商家会选择的做法，即通过平台搜索框查看热门词，再把这类热门词放在第三方工具上分析，确定好热销产品。虽然不同跨境电商平台有着差异化的选品搜索方式，但这种做法几乎适用于所有的跨境电商平台。

2. 通过国外网站选择热销产品

通过搜索工具搜索海外市场网站，浏览海外行业网站，了解海外网站的热销排行，查看哪些产品最受欢迎，尤其是新款和爆款。

同时，可以去借鉴跨境电商平台上做得好的商家，进入店铺之后，可以通过买家页面去研究选品的技巧，研究产品的标题、关键词、市场定位、市场活跃度以及店铺产品的盈利能力，有助于自身店铺产品的选择与定价。

3. 通过社交媒体的热词选品

随着社交平台的快速发展，社交媒体逐渐成为市场的风向标，聚集了大量的终端客户，社交平台从最初的社交属性迈向网络营销，可以通过著名社交软件了解市场信息和终端客户，关注社交媒体热词，了解消费者的习惯和爱好。

（1）Facebook　Facebook 是目前全球最大的网络社交通信平台，已成为跨境电商主要的营销平台之一。Facebook 具有互动性，商家可以与粉丝建立紧密的联系，加强双方的互动沟通。

（2）Instagram　Instagram 是一款在移动端上运行的社交软件，又称照片墙，以一种快速、美妙和有趣的方式将图片进行分享，粉丝众多，成为在线营销和选品的重要阵地。

（3）YouTube　YouTube 是全球知名的视频网站之一，全球用户可以将视频上传、分发、展示、浏览和分享。视频内容包括产品介绍、产品特色、客户评价等，因此也是选品的宝地之一。

（4）Twitter　Twitter 是全球访问量较大的网站之一，具有社交娱乐功能和店铺推广引流功能，也是选品和市场营销的重要平台。

（5）LinkedIn　LinkedIn 是一个面向职场的社交平台。该网站为广大客户提供公司信息、行业新闻和市场活动，是一款社交网络工具，也是选品的重要场所。

（三）行业动态分析法

了解某个商品品类在跨境贸易中的市场规模和主要目标市场分布，对于选品具有一定的指导意义。

1. 第三方研究机构

通过第三方研究机构或贸易平台发布的行业或区域市场调查报告，系统了解行业信息或行业动态。

2. 行业展会和行业网站

行业展会是各大供应商为了展示新商品和技术、拓展销售渠道、传播品牌而进行的一种宣传活动。通过参加行业展会，卖家可以获得各个行业的最新发展趋势和市场动向。

在行业网站上，聚集着专业性较强的产品信息和产品款式，可以以目标国家相关行业网站的产品作为跨境选品的参考。

3. 供应商

卖家在开发新产品时，可以通过联系供应商，与供应商进行直接沟通，获得有价值的市场信息和产品信息。

（四）商品组合分析法

商品组合分析法是指用商品组合的思维进行选品的方法。任何一个跨境店铺，不可能只销售几个产品，需要选择合适的产品分类和产品线。正确的商品组合必须以客户群的需求来决定，产品组合既要有宽度又要有深度，既要选择合适的产品、正确的数量、适当的时间，又要有质量保证、正确的状态以及有竞争力的价格。每类商品，既要有利润，又要有销量，还要有流量。如可以根据消费季节、节日特点或节日天数进行商品组合，根据消费的便利性、商品用途进行组合等。因此，卖家在建立产品线时，要合理规划各类商品在整个产品线中所占的比例。通常来说，在产品线中，小众化、利润高的核心商品约占20%，用来获取高额利润；热门的爆款商品约占10%，用于获取流量；性价比较高的基本商品约占70%，用于配合销售。

此外，卖家在选品时要兼顾不同买家的需求，同一种商品，拥有不同价格和不同品质才能更好地满足不同买家的需求。

（五）消费习惯分析法

卖家要对目标市场的消费习惯、消费偏好、消费行为特点、风俗习惯、购买动机、节假日安排等各方面有所了解，统计分析目标市场消费者习惯性购买行为变化。同时了解不同跨境电商平台的特点、规则、政策，清楚在各个平台上哪些品类是热销品，哪些品类是该平台大力扶持的，还要清楚各个平台的商品搜索排序规则，让选品有的放矢，然后在此基础上开发新品。

（六）选品规避

卖家在选品时应当有效地规避禁售类的产品，应该及时了解平台的相关禁售限售规则，避免因为选品问题而影响出售。

【任务拓展】

Ministry of Supply——太空男装，是一个男士服装品牌，它将太空科技融入布料，给男装带来了巨大变革。他们的旗舰产品叫作阿波罗衬衫，采用的是太空服材料，可以帮助调节身体体温。该品牌曾发起过两次众筹，获得了数百万美金的融资。

第一次众筹——科技＋流量：旗舰产品阿波罗衬衫是该公司首款主打"科技"的服装产品，宇航服材料充满了浓浓的科技感和故事感，并选择了和科技主题相关的小型博主和出版商合作。由于他们的创新颇具吸引力，时尚博主和航空类博主都愿意在社交媒体上推广他们的衬衫，主流科技媒体也主动找上他们，对他们的产品进一步宣传曝光，他们的第一次众筹取得了不错的效果。

第二次众筹——科技＋创新：一年后，Ministry of Supply 发布了第二款产品——Atlas Socks。和阿波罗衬衫一样，这款袜子也融入了大量的高科技，采用咖啡豆提炼物，可以有效地去除异味，解决了客户很多脚部问题的困扰，客户非常喜欢在社交网络上介绍该公司的袜子。最终，他们的融资达到了预期。

开发产品策略分享：

1）产品充满科技感和时尚感，足够酷，并能解决人们实际中遇到的困扰。

2）充分利用流量进行推广，社交分享和口耳相传更有影响力。

3）关注市场上的真实反馈，并且迅速做出调整。

【任务操作】

对于产品的开发和选品，你有哪些奇思妙想？登录社交媒体，查看时下流行的爆品有哪些、它们有哪些潮流属性。

（七）开发产品

1. 开发产品的含义

开发产品是指把一款产品从众多产品中筛选出来，对其进行重新定义、定型、定位，并进行优化和创新，促使产品成为爆款。开发产品对于店铺运营具有十分重要的作用，开发一款好的产品就好比是创造新生命的过程，它为店铺中注入了新鲜血液，如果没有开发产品这个环节，店铺将有可能陷入一种跟卖的运营模式。

2. 开发产品的几种模式

开发产品的模式有数据筛选与挑选、自主选品、自主开发。

数据筛选与挑选、自主选品是在直接数据支持下进行的开发，这两种开发方式都是正向开发，基于已有的经验开发产品，对产品进行改良升级，具备产品的稳定性和一定销量，但利润获得会较少。自主开发属于逆向开发，立足潜在市场，对产品进行研究和创新，成为新产品的创造者。开发产品一定要立足数据和需求。

四、跨境电商主流平台选品方法

（一）亚马逊平台选品方法

1. 站内榜单选品

亚马逊跨境电商平台的卖家可以通过后台和前台查看三级目录，深挖更多产品：单击排名中的"See Top 100"按钮即可查看当前产品所在类目最畅销的前 100 名商品的列表。对这些列表中所包含的产品认真统计、分析，并结合自己当前的资金、资源做综合考虑，可以评估出是否可以运营这些热卖产品。

2. 类目深挖选品

为使产品在市场上保持长久竞争力，可以对产品类目进行深挖，形成对产品市场需求以及品质的敏感度。

3. 榜样店铺新品跟进

卖家如果对选品没有方向和目标，可以选取学习和效仿的榜样店铺，多学习借鉴。

4. 价格区间选品

资金不足的卖家，可以集中选择单价稍低、重量轻、体积小、易发货的产品。尤其是价格介于 10～50 美金的产品，这个区间的产品，最容易让买家产生购买冲动。

5. 供应商新品推荐

在选品过程中，要多关注供应商传递过来的信息，及时创新，寻找最能满足消费者购买欲望的产品。

6. 国外社交媒体选品

浏览 Facebook、YouTube、Pinterest、Instagram 等国外社交媒体可以获取最新爆品或同行发布的新品。

7. 规避禁售限售产品

在亚马逊平台首页搜索想要售卖的产品，如果没有产品的列表，或者没有跟卖的选项，就代表着这个产品可能属于亚马逊平台的禁售类产品，卖家应当规避。

（二）全球速卖通平台选品方法

越来越多的卖家做跨境电商选择全球速卖通平台，那么，全球速卖通平台该如何做好选品？选品方法有很多，可以按照最新或者最畅销的热门产品查看，找到合适的选品；也可以直接搜索关键词，定位爆款或畅销商品。关键词的市场分析，主要分析同类产品的特点以及价格和销售情况。还可以根据趋势进行选品，通过全球速卖通后台的行业情报，了解各个行业的流量和交易转换，从而分析相关的潜力行业和具体的产品类别。

1. 站内选品

进入全球速卖通首页，单击"Bestselling"，可以选择"Hot Product"或"Weekly Best-selling"查看平台里卖得好的产品。继续往下拉，可以选择类目查看各个类目的热销品。站内选品的优点是根据后台的商铺流量来源分析和商品分析去选择商品，容易发现引流款、活动款等对目标客户具有较强吸引力的品类。根据平台产品，还可以寻找供应商或是一手货源。

2. 站内选品——按类目查找热销品

打开平台首页，在 Categories 找到店铺的类目，把鼠标放在所选的类目上查看各个二级类目的产品。单击其中一个感兴趣的类目，会出现这个类目下卖得好的产品。单击 Orders 后可查看该产品的交易记录。单击 Sort by Latest 更新到最新数据，查看近三天销量总数，算出日均销售来预估一个月可以达到的销量。

3. 数据纵横—选品专家—热销品

数据纵横是全球速卖通选品的好助手，通过数据分析可以进行选品。打开全球速卖通后台的数据纵横，选择选品专家，单击热销，选择店铺的主营行业，选择国家和时间，分析当前行业哪些品类更有市场优势。

4. 数据纵横—选品专家—热搜品

热搜的入口和热销的入口基本一致，选择自己的行业、国家和时间，即可抓取到热搜词。

5. 分析搜索词

打开后台数据纵横，选择搜索词分析，单击热搜词，选择店铺主营行业，分析当前行业哪些搜索词品类是买家大量搜索且竞争小的品类。

6. 数据纵横—实时概况—实时商品 / 商品排行榜

打开数据纵横，选择实时概况，单击实时商品，分析哪些产品浏览量比较高，但是出单较少，可以挑选出来打折或者用直通车推广。

7. 直通车选品

直通车选品根据产品的流量以及转化进行数据分析，带动整个店铺的发展。

（三）eBay 平台选品方法

eBay 可以直接通过 Watchcount 和 Topratedsller 两个工具查找销售比较火的产品，Watchcount 是按照条件筛选出热卖产品，Topratedsller 是按照销量排名进行选品的。

（四）Wish 选品方法

Wish 选品，一是看流行趋势，二是看 Bestselling，大致确定出热门产品。还可以根据用户喜好、性别和年龄进行选品。根据产品的特征、潜力、流量等进行选品也是其方法之一。

【实训活动】

活动一：选一选

1. 简单来说，（　　　）是从供应市场中选择适合目标市场需求的产品。<单选>

    A. 促销　　　　　　　B. 推销　　　　　　　C. 选品　　　　　　　D. 营销

2. （　　　）以抓取移动平台上热卖商品的差评数据为主？<单选>

    A. 差评数据分析法　　　　　　　　B. 商品组合分析法

    C. 搜索引擎趋势分析法　　　　　　D. 对比分析法

3. 开发产品的模式包括（　　　）。<多选>

    A. 数据筛选与挑选　　　　　　　　B. 自主选品

    C. 自主开发　　　　　　　　　　　D. 厂家购买

4. 评价数据分析法是指卖家通过分析买家对商品的评价数据进行选品的方法，包括（　　　）。<多选>

    A. 好评数据分析法　　　　　　　　B. 差评数据分析法

    C. 社交媒体分析法　　　　　　　　D. 商品组合分析法

活动二：说一说

1. 简述跨境电商平台的选品方法。

2. 简述几个著名社交媒体。

3. 简述开发产品的几种模式。

【职业体验】

以小组为单位，通过跨境电商平台搜索或社交媒体关键词搜索，搜集时下流行的爆品，并分析其成为爆品的原因。

【五星工匠】

请各位同学以小组为单位，根据知识、技能、素养三维目标对自己的学习成效进行多元评价，并查漏补缺，提升营销和选品意识。请点亮下图中的星星，为自己做一下星级评鉴，评一评自己能够得到几颗星。

跨境电商店铺开通与产品发布

【知识目标】

- 掌握全球速卖通平台产品发布的基本流程
- 熟悉如何开通全球速卖通网店
- 熟悉运费模板的设置

【技能目标】

- 能对店铺进行装修并管理产品
- 能对店铺进行明确定位

【素养目标】

- 培养学生耐心、细心、诚实守信、认真负责的品德
- 培养规则意识、团队协作意识

【思维导图】

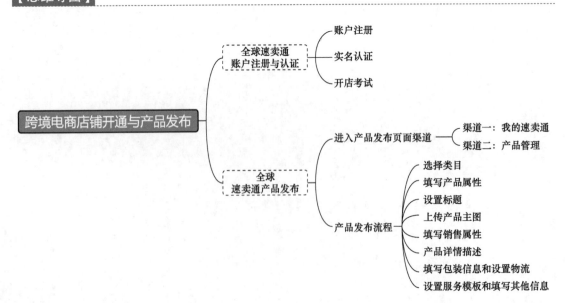

李明同学的淘宝店铺现在开得不错，于是他考虑是否可以另拓思路，在其他平台销售产品。如今跨境电商正蓬勃发展，李明也想把产品卖到国外去。那么到底选哪一个跨境平台比较好呢？通过观察和学习，李明决定选择同是阿里巴巴旗下的全球速卖通作为试水跨境的平台，全球速卖通被称为国际淘宝，在国际贸易上的影响力越来越大，操作难度也不是很大。所以他准备入驻全球速卖通跨境平台。同时，开设微店也很流行，李明也想尝试一下。那么接下来，我们就一起来学习如何在全球速卖通平台上开展跨境贸易，帮助李明解决店铺拓展的问题。

通过本项目的学习，可以了解如何在全球速卖通平台上进行账户注册和认证，并能够简单准确地在平台发布外贸产品。

任务一　全球速卖通账户注册与认证

一、全球速卖通账户注册

首先，打开全球速卖通卖家网站 http://seller.aliexpress.com，单击"立即入驻"，进入账户注册页面，如图 5-1 所示。

图 5-1　全球速卖通账户注册页面

第一步：设置用户名，如图 5-2 所示。

填写注册的电子邮箱。这个电子邮箱可以作为账号进行登录，所以在设置时最好用国际性邮箱，如雅虎、谷歌等邮箱。填写完邮箱之后，按住滑动块，拖动到最右边。

图 5-2　设置用户名

单击"下一步"，全球速卖通会向注册的邮箱发送一封验证信，如图 5-3 所示。

图 5-3　发送注册验证信

进入注册的邮箱，找到验证邮件，单击"完成注册"，如图 5-4 所示。

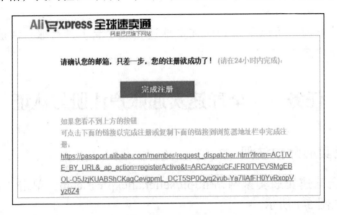

图 5-4　完成邮箱注册

第二步：填写账户信息，如图 5-5 所示。

设置好注册账号之后，接下来就是填写账户信息。按照要求，逐项填写。特别要注意登录密码的设置并牢记登录密码。手机号码应填写自己正在使用的手机号码。信息填完之后单击"确定"。

图 5-5　填写账户信息

平台会向注册的手机发送一条注册信息。填入手机收到的校验码，并单击"确定"，如图 5-6 所示。

图 5-6　信息手机验证

二、全球速卖通账号实名认证

账号注册完成之后，全球速卖通平台会要求进行实名认证，如图 5-7 所示。

图 5-7　实名认证

目前，全球速卖通平台只接受企业认证，不支持个人认证。单击"企业认证"，填写企业信息和法人信息，输入企业支付宝，如图 5-8 所示。

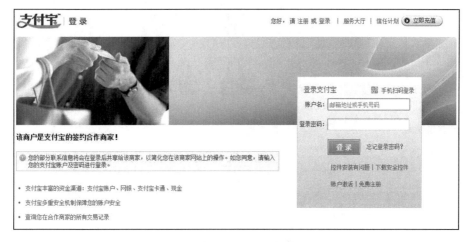

图 5-8　企业支付宝认证

第一步：把支付宝授权给全球速卖通平台，如图 5-9 所示。

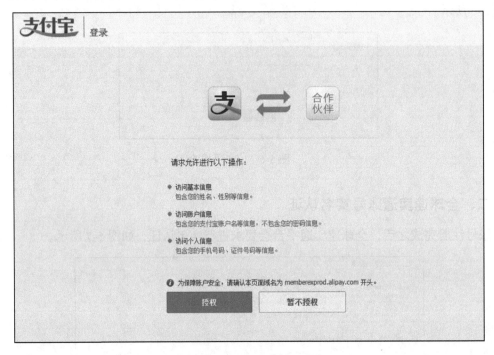

图 5-9　企业支付宝授权

第二步：填写企业法人和企业相关资质信息，单击"提交审核"，如图 5-10 所示。

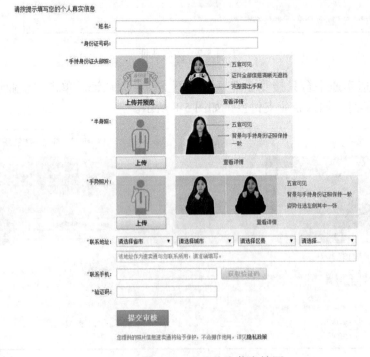

图 5-10　企业法人信息填写

三、全球速卖通开店考试

一般情况下，平台在一个星期内会对信息进行审核。审核无误后，会提示还需进行开店之前的考试，如图 5-11 所示。

图 5-11　开店考试

通过考试，在拥有或者代理一个品牌资质后，缴纳技术服务年费，店铺就正式开张了，如图 5-12 所示。

图 5-12　店铺开张

【任务拓展】全球速卖通新店运营思路

1. 打破原有思路,优化产品结构。在新形势下,一定要做到优化产品结构,重点打造核心产品,而不是盲目铺货,轻率上新。

2. 提高产品质量,精选高质量产品,只有高质量的产品才有出路。

3. 努力做好店铺优化。店铺优化包括图片美工、店铺页面装修、关联营销、打折促销等。要充分结合各方面因素,打造出美观有吸引力的店铺。

4. 充分利用平台活动。全球速卖通平台是众多电商平台中活动最多的。每次大促活动的引流耗资巨大,成交量也明显提高。作为卖家,一定要充分利用平台的各种规则,把流量引入自己的店铺,进而转化为实际销量。

5. 重视好评率,重视客户体验。在新规中,客户体验所占的搜索权重逐步提升,这就意味着,店铺的客户体验越好,好评率越高,可以获得的曝光量和流量才会越多,成交的概率才越大。

【实训活动】

活动一:选一选

1. ( ) 在整个跨境电商中比重最大,约占整个电商出口的 90%,( ) 虽只占跨境电商总量的 10% 左右,却是增长最为迅速的部分。<单选>

　A. B2B,B2C　　　B. B2C,B2B　　　C. C2C,B2C　　　D. B2C,C2C

2. 分属不同关境的交易主体,通过电子商务的方式完成进出口贸易中的展示、洽谈和交易环节,并通过跨境物流送达商品、完成交割的一种国际商业活动,称为( )。<单选>

　A. 电子商务　　　B. 农村电商　　　C. 跨境电商　　　D. 国际贸易

3. 阿里巴巴国际站和环球资源都是中国主流的国际 B2B 平台,但阿里巴巴与环球资源不同之处在于阿里巴巴国际站的目标客户定位于( )。<单选>

　A. 中小企业　　　B. 中国制造企业　　　C. 大型企业　　　D. 外贸企业

活动二:说一说

1. 新卖家入驻全球速卖通的几个基本要求是什么?

2. 请列出新卖家入驻全球速卖通的步骤。

【职业体验】

请同学们在 1688、淘宝、福步论坛做好产品选品工作,根据开店步骤开设属于自己的店铺。

【五星工匠】

请各位同学以小组为单位,根据知识、技能、素养三维目标对自己本单元的学习成效进行多元化评价,并查漏补缺,提升岗位胜任能力。请点亮下图中的星星,为自己做一下星级评鉴，评一评自己能够得到几颗星。

任务二　全球速卖通产品发布

产品发布是开网店的一个极其重要的步骤。规范、合理、准确的产品发布能给网店带来更多的流量和订单。全球速卖通是阿里巴巴旗下唯一面向全球市场打造的在线交易平台，被广大卖家称为"国际版淘宝"。卖家把产品编辑成在线信息，发布到海外。客户下单后，卖家通过邮政大小包、国际快递和国际专线等国际物流方式把产品直接寄送到国外客户手里。这种在线小额批发业务，首先要有适宜通过网络销售的商品。适合网上销售的商品基本符合下面的条件：

1）体积较小，方便快递运输，降低国际物流成本。

2）附加值较高，价值低过运费的单件商品不适合单件销售，可以打包出售，降低物流成本占比。

3）具备独特性，在线交易业绩佳的商品需要独具特色，才能不断刺激买家购买。

4）价格较合理，在线交易价格若高于产品在当地的市场价，就无法吸引买家在线下单。

根据以上条件，目前适宜在全球速卖通销售的商品主要包括首饰、数码产品、电脑硬件、手机及配件、服饰、化妆品、工艺品、体育与旅游用品等。

举一个简单的例子，商家李明想在全球速卖通平台上发布产品，先在淘宝平台上做了一些市场调研，发现淘宝平台销售的山核桃很畅销，李明想在全球速卖通平台上进行销售。这类农产品作为全球速卖通的销售产品是否合理呢？李明也咨询了有相关经验的商家，商家告知他这类农产品还是要慎重。

首先，这类农产品附加值较低，没有利润空间。

其次，这类农产品单位重量较大，导致物流费较高，有一定的地域局限性。

最后，很多国外的客户对此类产品可能并不了解。

基于以上原因，李明还是选择了棒球帽这种大众化的日常生活消费品作为全球速卖通平台主打产品进行发布和销售。

一、进入产品发布页面渠道

进入全球速卖通后台之后，有两种方法进入产品发布页面。第一种是在"我的速卖通"进入发布产品页面，如图 5-13 所示。

图 5-13　我的速卖通

第二种是在"产品管理"下面进入产品发布页面，如图 5-14 所示。

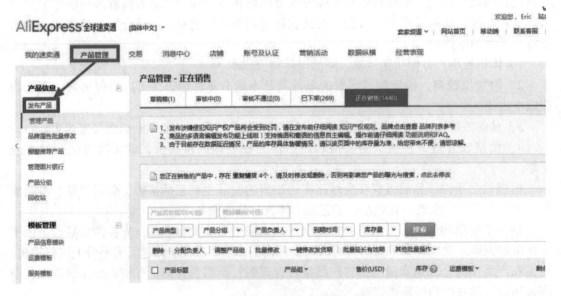

图 5-14　产品管理

二、产品发布流程

全球速卖通产品的发布基本包含以下流程：选择类目；填写产品属性；设置标题；上传产品主图；填写计量单位、价格和库存等销售属性；产品详情描述；填写包装信息；设置物流；设置服务模板；填写其他信息，如图 5-15 所示。

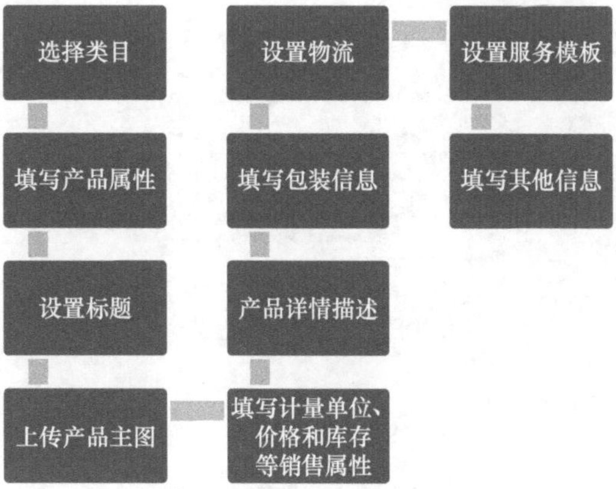

图 5-15　产品发布流程

（一）选择类目

首先把要发布的产品放到正确的平台产品归类中。这样，如果国外客户通过产品类别来寻找需要购买的产品，就可以找到我们发布的产品。例如，我们要发布一款棒球帽，就要找到属于帽子的正确类别，如图 5-16 所示。

图 5-16　选择类目

（二）填写产品属性

根据这款帽子的具体真实产品细节，逐一选择或者填写产品属性。属性填写率最好能达到 100%，如图 5-17 所示。

图 5-17 填写产品属性

（三）设置标题

产品标题是产品属性和关键词的组合。标题的 128 个字符尽最大可能填满，如图 5-18 所示。

图 5-18 设置标题

（四）上传产品主图

产品主图图片格式只能是 JPEG，文件大小不超过 5MB。图片可以从本地计算机选取，也可从图片银行选取。主图尽量展示产品的全貌和最主要的细节卖点，如图 5-19 所示。

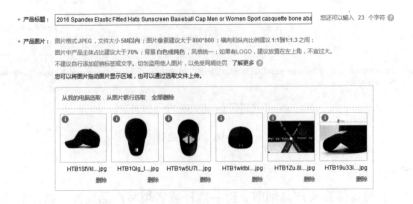

图 5-19 上传产品主图

（五）填写计量单位、价格和库存等销售属性

产品的销售属性包括最小计量单位、销售方式、颜色、尺寸、零售价和批发价、库存和发货期等。可以根据产品的具体详情，灵活自由地设置不同颜色、尺寸的产品，以及销售方式和价格，使产品最大化体现其性价比和特色优势，如图 5-20 所示。

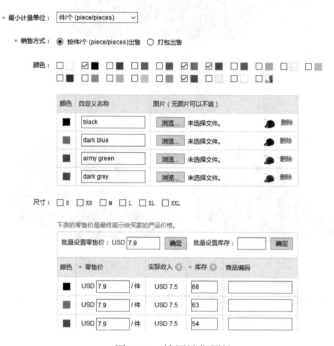

图 5-20　填写销售属性

（六）产品详情描述

产品详情页面可以图文并茂，多方面、全方位地对产品进行描述，包括产品具体参数属性描写、尺寸表、颜色分类、产品细节图片、产品认证、工厂车间、买家秀以及售后服务等。卖家可根据产品实际情况，选择性地进行产品的个性化展示。一般来说，详情页包含以下三个基本内容：

1）产品属性的基本描述，如图 5-21 所示。

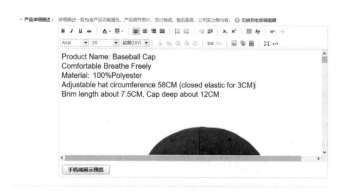

图 5-21　产品属性基本描述

2）产品多张图片展示，如图 5-22 所示。

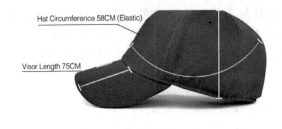

图 5-22　产品多张图片展示

3）产品的物流及售后服务，如图 5-23 所示。

About Payment:
1. We accept Alipay, West Union, TT. All major credit cards are accepted through secure payment processor ESCROW.
2. Payment must be made within 15 days of order.
3. If you can't checkout immediately after auction close, please wait for a few minutes and retry.
About Shipment:
1. WORLDWIDE SHIPPING. (Except some countries and APO/FPO)
2. Item are shipped within 5 business days once full payment is settled.
3. If the parcel weight is below 2kgs,we ship it through Aliexpress Standard Shipping (by air). If above 2kgs, we may ship by partial parcels or by EMS/TNT.
4. We only ship to confirmed order addresses. Your order address MUST MATCH your Shipping address.
5. If you have not received your shipment within 30 days from payment, please contact us. We will track the shipment and get back to you as soon as possible with a reply.
6. Due to the shipping time. our system automatically extend your purchase protection time for the longest. It's good to protect your purchase.
About Warranty:
1. If you can't get your items in time,please contact with us first. We wil check and solve it for you soon.
2. If you receive any defective items, do not open a dispute. Please contact with us firstly. We will compensate for the defective protection.
About Feedback:
We maintain high standards of excellence and strive for 100% customer satisfaction! Feedback is very important. Please contact us immediately BEFORE you give us neutral or negative feedback, so that we can satisfactorily address your concerns.
It is impossible to address issues if we do not know about them!
Contact Us:
We will reply your mail within 24 hours normally. sometimes have a little delay due to the weekend or holiday.If you can't get our mail after 48 hours,please check your spam or contact to us with other mail address. Skype: cxjsophia

图 5-23　物流及售后服务

（七）填写包装信息和设置物流

产品详情描述完成之后，继续填写产品包装后的重量、尺寸，选择产品运费模板，如图 5-24 所示。

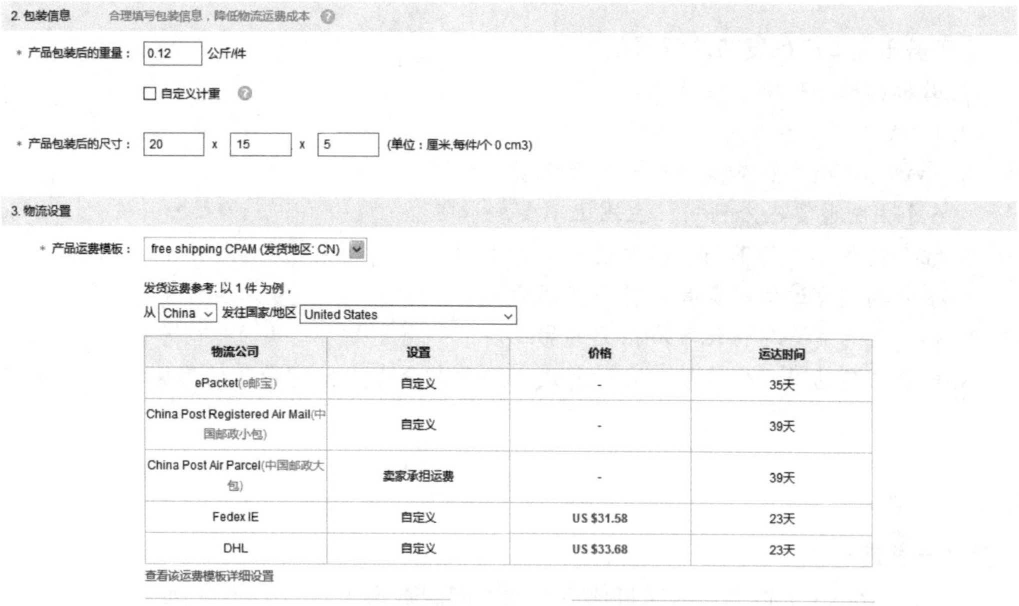

图 5-24 填写包装信息和设置物流

（八）设置服务模板和填写其他信息

接着设置服务模板（一般为"新手服务模板"），选择所发布的产品组、产品有效期等，如图 5-25 所示。最后预览发布页面进行检查，确认无误再提交，这样产品发布就完成了。

图 5-25 设置服务模板和填写其他信息

【任务拓展】产品发布注意事项

1. 必填属性一项都不要缺失。

2. 10 项自定义属性要充分利用。

3. 标题 128 个字符尽量一个也不要浪费。

4. 6 个主图也要充分利用，主图上不要加水印。

5. 注意销量单位的不同，填写的价格也不同。

6. 发货期填写过短极易导致"成交不卖"。

7. 详情页的质量对转化率有很大的影响。

8. 包装信息的准确性直接决定运费成本，要充分考虑抛货带来的影响。

【实训活动】

活动一：选一选

1. 在 AliExpress 平台上，买家群体占比最高的国家是（   ）。＜单选＞

A. 西班牙　　　　　　　B. 俄罗斯　　　　　　　C. 美国　　　　　　　D. 巴西

2. 关于全球速卖通，以下说法错误的是（   ）。＜单选＞

A. 上线于 2010 年 4 月

B. 阿里巴巴旗下唯一面向全球市场打造的在线交易平台

C. 主要面向大客户

D. 被称为"国际版淘宝"

3. 关于在阿里巴巴国际站上发布产品，如下描述正确的是（   ）。＜单选＞

A. 产品类目要选择准确　　　　　　　B. 产品名称必须包含买家搜索词

C. 简要描述相当于产品的广告词　　　D. 以上都不对

4. 为了成功发布优质产品，需要做到产品标题、（   ）、简要描述、详细描述四重匹配。＜单选＞

A. 销售信息　　　　B. 属性　　　　C. 关键词　　　　D. 运费模板

活动二：说一说

1. 全球速卖通产品标题制作的基本要求有哪些？

2. 全球速卖通上的产品定价要考虑哪些方面的费用？

【职业体验】

请在自己的虚拟店铺中选择产品并按照上传步骤发布产品。

【五星工匠】

请各位同学以小组为单位，根据知识、技能、素养三维目标对自己本单元的学习成效进行多元化评价，并查漏补缺，提升岗位胜任能力。请点亮下图中的星星，为自己做一下星级评鉴，评一评自己能够得到几颗星。

跨境电商营销推广

【知识目标】

- 熟悉跨境电商主要平台站内营销推广类型
- 掌握跨境电商主要平台站内营销推广的方式与技巧
- 熟悉利用主要社交媒体进行日常运营和推广
- 掌握主要社交媒体的营销方式与技巧

【技能目标】

- 能根据产品特点以及各个跨境电商平台优势，选择合适的平台，制订合理的营销策略，提升营销推广效果
- 能根据海外不同社交媒体的推广方案，注册账号；根据产品特点，发布适合社交平台的内容，吸引粉丝，扩大海外影响力

【素养目标】

- 培育社会主义核心价值观
- 培养诚实守信、遵纪守法的职业道德，精益求精的工匠精神
- 培养跨境思维、创新意识

【思维导图】

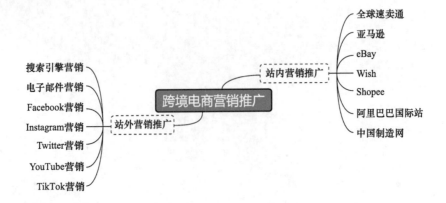

【任务背景】

杭州西秀服饰有限公司主营女士服装，于 2016 年涉足跨境电商，通过自身的影响力，陆续在各个跨境电商平台开花结果，其中不乏全球速卖通等热门跨境电商平台。在最巅峰时期，西秀服饰的全球速卖通活跃数可以高达 4000 以上。而且西秀服饰所面向的市场并不狭窄，主要有美国、俄罗斯等收入较高的国家。

在运营初期，商品上架曝光量不足，于是西秀的运营者为商品投放了推广广告，效果立竿见影，商品的曝光量较投放商品推广广告之前增长了 5 倍，两周内投放广告的商品排名和流量相对稳定，转化率逐步提升，经过逐步优化后，很多商品成为爆款。在投放商品推广广告的第一个月，投放了推广广告的商品销售额在总销售额中占比达 60%。

在运营过程中，西秀非常重视商品推广广告的投放。运营者会根据商品的曝光量、单击率、订单的数量、广告投入产出比及公司利润情况，在当年第四季度制订了次年全年的推广预算计划，凭借投放商品推广广告，西秀的商品销量稳步提升。

➤ **任务探讨**：在当前的国际市场环境中，卖家要想在激烈的市场竞争中占据优势，开展营销推广是必不可少的环节，而为商品投放推广广告就是提高商品曝光量的有效方式之一。卖家应该重视营销推广在店铺运营中的作用，合理规划营销推广的资金投入。

【任务实施】

大家好，跨境电商只是提供了一个寻找客户的平台，要想高效地达成交易，离不开运营，下面请结合任务背景，进入到跨境电商营销推广的学习。

任务一　跨境电商站内营销推广

各大跨境电商平台站内营销推广是各个平台最直接的营销方式之一，卖家可以借助站内的付费营销工具，让自己的商品在站内得到直接的展示，让更多的买家看到商品，从而为商品和店铺引流推广。

一、全球速卖通

全球速卖通平台为卖家提供的主要营销推广项目有平台活动、店铺活动、直通车、联盟营销等，如图 6-1 所示。

图 6-1　全球速卖通营销推广项目

（一）平台活动

平台活动是指由平台组织、卖家参与的主题营销活动，以促进销售为主要目的。通常，活动期间的买家流量和下单数量会显著增加，参加活动的卖家在活动期间成交订单量会激增。

1. 天天特价活动

天天特价活动流量非常高，参加该活动的商品要求近30天全球销量在30件以上，参加活动的价格是近30天的最低价，要求至少设置俄罗斯、美国、英国、西班牙、法国免邮。

2. 俄罗斯团购

俄罗斯团购是针对俄语系市场的营销活动，参加该活动的商品必须对俄罗斯、乌克兰、白俄罗斯包邮，而且该商品近30天在俄语系国家的销量要 ≥ 4件。

3. 平台促销

平台促销活动主要包括每次的大促、中促和日常促销活动，参加平台促销可以提高产品曝光量，获得大流量，快速出单，提高转化率。全球速卖通每年最主要的大促是"328"周年大促和全球"双11"大促。

（二）店铺活动

全球速卖通店铺活动主要有限时限量折扣、全店铺打折、满立减、店铺优惠券、购物券和店铺互动。在店铺运营过程中，卖家可以有策略地使用这些营销工具。

1. 限时限量折扣

限时限量折扣可以增加店铺人气、活跃气氛，调动客户的购买欲望，还可以向定向人群（如新客户或关注店铺的客户）设置专享优惠。限时限量折扣活动适合推新款、打造爆款、清库存和优化排名。

2. 全店铺打折

全店铺打折是店铺自主营销最重要的手段之一，对于新店铺效果明显，能快速提高店铺销量和信用，增加店铺综合曝光率。可根据不同折扣力度设置营销分组，将折扣相同的产品添加到同一组中。

3. 满立减

满立减功能的主要作用是提高客单价和关联商品的转化率。可以设置多梯度满减，在设置之前应对店铺以往的客单价有充分的了解，从而合理设置折扣力度。

4. 店铺优惠券

使用店铺优惠券可以提高客单价，刺激买家下单，为店铺引流。优惠券金额的设置比较灵活，可以设置小金额的优惠券，也可以设置使用门槛。

5. 购物券

购物券是平台发起、卖家参与的。平台在大促活动中向买家发放一定金额的购物券，卖家可以认领其中一部分购物券，买家在领取购物券后只要满足使用门槛即可使用，可以在一家店使用，也可跨店使用。

6. 店铺互动

店铺互动活动及互动游戏，卖家可设置"翻牌子""打泡泡""收藏有礼"三种互动游戏，其中活动时间、买家互动次数和奖品都可自行设置，设置后放入粉丝的帖子中，可给店铺引流。

（三）直通车

直通车又称为"竞价排名"，即卖家通过自主设置全方位的关键词，以竞争出价的方式获得网站有利排名位置展示商品信息，通过大量曝光商品吸引潜在买家。直通车是一种按效果付费的广告，简称 P4P（Pay for Performance），按照单击付费，展示不需要付费，买家单击该商品后卖家才需要支付广告费。

1. 直通车展示位

直通车展示位的展示效果和自然排序展示位的展示效果无明显区别，但是直通车展示位在右下角会有"AD"符号。直通车展示位位于主搜页和搜索页底部的智能推荐位，商品详情页底部的推荐位置也会出现参加直通车的产品。

2. 直通车推广计划类型

直通车有两种推广计划：重点推广计划和快捷推广计划。两者的特点、优势以及适用的商品，见表 6-1。

表 6-1 重点推广计划和快捷推广计划对比

推广计划	特点	优势	适合的商品
重点推广计划	卖家最多可以创建 10 个重点推广计划，每个计划最多包含 100 个单元，每个单元可以选择 1 个商品	具有独特创意推广等功能，可以帮助卖家更好地打造爆款	适用于重点商品的推广管理，建议卖家优先选择市场热销或自身有销量价格优势的商品进行推广（可参考商品分析中的成交转化率、购物车、搜索点击率等数据）
快捷推广计划	卖家最多可以创建 30 个快捷推广计划，每个计划最多容纳 100 个商品、20000 个关键词	批量选词、出价等功能，可以帮助卖家更加快速地创建自己的计划，捕捉更多的流量	适用于普通商品的推广

（四）联盟营销

联盟营销通常指网络联盟营销，是一种站外引流的营销产品，由专业的联盟营销机构将各类网站上的广告资源组织起来，为卖家提供全网范围内的广告推广。卖家参加联盟营销，联盟会将卖家的商品投放到 App、社交、导购网站等站外渠道进行推广，若有买家通过联盟营销的链接进入店铺购买商品并交易成功，卖家需要支付佣金给联盟，是一种"按效果付费"的推广模式。

二、亚马逊

在亚马逊平台上，为卖家提供的营销推广工具主要有付费广告、平台活动、秒杀、优惠券等，如图 6-2 所示。

图 6-2　亚马逊营销推广工具

（一）付费广告

亚马逊站内付费广告推广也称为"关键字广告"，是一种利用关键词匹配用户搜索、精准定向展示商品的广告形式，包括商品推广、品牌推广、品牌旗舰店和展示型推广四种。

1. 商品推广

商品推广适用于推广单个商品，当用户搜索关键词时，系统会推送和该关键词匹配的商品，这些商品广告会显示在搜索结果页顶部和商品详情页中。商品推广适用于专业卖家、图书及其他供应商、直接出版平台作者和代理商。

2. 品牌推广

满足商品推广的要求，并且已经进行亚马逊品牌备案，就可以使用品牌推广广告。品牌推广广告会展示品牌 Logo 及三件商品，和商品推广相比更有助于提高品牌认知度。品牌推广广告展示在搜索结果页顶部，并且可以将用户引导至品牌方的商品集合页面，或者特定的商品详情页。

3. 品牌旗舰店

进行过品牌备案的卖家还可以创建定制化多页面品牌旗舰店。卖家不需要具备编码或设计技能，可使用亚马逊提供的模板，通过拖曳即可制作属于自己品牌的专业网站。在品牌旗舰店中，卖家可以展示自己的商品，也可以使用图片或视频讲述品牌故事。对创建品牌旗舰店的卖家来说，品牌旗舰店是一个宣传品牌的有效渠道。卖家可以使用亚马逊平台上的推广广告和其他营销活动（如社交媒体和电子邮件）提升品牌旗舰店的流量。

4. 展示型推广

展示型推广是一种自助式广告，不需要卖家投入太多的预算，也不需要卖家创建广告素材。卖家只需要选择广告受众、设置竞价和每日预算、选择要推广的商品，然后创建广告活动即可。展示型推广为卖家提供了浏览定向、商品定向和兴趣定向三种选择，卖家根据自身需求合理选择定向。三种定向的具体介绍见表 6-2。

表 6-2　展示型推广的三种定向选择

项目	浏览定向	商品定向	兴趣定向
特点	帮助卖家再次吸引查看过卖家的商品详情页或相似商品详情页的受众	帮助卖家在积极浏览卖家的商品或类似商品和品类的受众中推广卖家的商品	向新受众介绍卖家的商品，这些受众的购物行为表明他们可能对卖家的商品感兴趣
适用情形	卖家的目的是针对高意向受众进行再营销	卖家的目的是提升买家的购买意向或提高关联营销的效果	卖家的目的是提高品牌认知度和知名度

（续）

工作原理	吸引在过去30天内查看过卖家的商品或类似商品的详情页但并未购买商品的受众	使用出现在相关商品详情页上的广告来定位相似或互补的商品和品类	吸引在过去90天内浏览或访问过属于特定兴趣细分的商品详情页的受众
卖家身份要求	供应商、在 Amazon 品牌注册中登记过的卖家	在 Amazon 品牌注册中登记过的供应商和卖家	供应商
广告展示位置	Amazon 网站外（包括第三方网站和应用程序）	Amazon 网站内商品详情页或其他与推广商品相关的页面上	Amazon 网站内商品详情页或其他与推广商品相关的页面上
扣费规则	每次点击费用（CPC）	每次点击费用（CPC）	每次点击费用（CPC）

（二）平台活动

亚马逊平台全年活动有很多，其中最重要的促销活动有针对会员日的 Prime Day、"黑色星期五"和"白色网络星期一"。此外，比较重要的促销节日还有感恩节和圣诞节。在促销活动开始前，卖家应提前准备好促销计划，确保促销商品有充足的库存，最大限度地引流，提升转化率，增加产品订单。

（三）秒杀

秒杀是亚马逊的一种限时促销工具，参与秒杀的产品会在亚马逊"Z秒杀"页面（亚马逊上的热门页面）上特别展示几小时。秒杀只需少量的费用，短期内能够迅速吸引流量，增加曝光量，有机会让新客户发现卖家的产品，提高产品销量。同时，秒杀也可以用来清理库存，尤其是即将需要支付长期库存仓储费的商品。

秒杀出现在亚马逊访问量最大页面之一的促销页面上，且秒杀产品在搜索结果中带有标记，可吸引买家的注意力。在秒杀活动结束后有短时期的连锁效应，即买家留有印象并持续关注该产品，增加产品的搜索和销售量。

（四）优惠券

优惠券是亚马逊的一款帮助卖家增加站内曝光量的工具，可以通过优惠券设置一定的折扣比例或者折扣金额，从而增加产品的销售量。一般新品都可以使用，还可以通过买家定位精准投放，减少无效曝光，提高转化率。

三、eBay

eBay 平台站内推广主要是站内广告和促销工具，如图 6-3 所示。

图 6-3　eBay 平台站内推广

（一）站内广告

站内广告即 Promoted Listing，是 eBay 的一种站内付费广告推广方式，它能够帮助卖家提高商品的曝光率。设置 Promoted Listing 后，eBay 会根据买家的搜索将卖家的相关商品推送到买家面前，或者让商品出现在搜索结果页面的醒目位置，从而提高商品的可见性，并会打标 "sponsored"，物品将仅在发布的国家或地区的 eBay 网站上进行促销。

与单击付费广告不同，Promoted Listing 是以业绩为导向的。买家单击了广告，并在30 天内购买了商品，平台才会收取相应的广告费用，而且多次单击，或者是修改了广告费率，也只会收取卖家在 30 天期限内首次单击促销发布时适量的费用。

（二）促销工具

eBay 平台上的促销工具主要有降价活动、扩大订单、优惠通道、批量购买折扣。

1. 降价活动

降价活动即 Sale event + Markdown，这是一种最直接的促销方式，使用最广泛，直接在原价的基础上减价，用于推广所有的打折商品，方便买家购买。降价活动可将价格优惠的商品自动显示在打折页面，同时每件打折商品在主要的购物页面上都有链接，吸引买家访问此页面，还可将买家经常一起购买的商品或补充商品进行分组促销，有助于提高订单转化率。

2. 扩大订单

扩大订单即 Order Discount，用于促销整个店铺、一个商品分类或一组商品。扩大订单是一种操作简单的促销方式，可为买家在购买多件商品或一笔交易消费超过一定金额时提供一些折扣，还可给买家赠品或赠品加折扣（如买一送一再优惠 50%），引导买家购买多件商品。Order Discount 本质上也是一种降价活动，但是与 Markdown 又有很大不同。Order Discount 的折扣活动在搜索结果页面是无法看到的，只有点进去产品详情页，才能看到这个活动。这个活动最大的作用是可绑定不同的产品，例如用爆款产品带动新品的销售或者清仓库存。另外，在一些促销节日，例如 "黑色星期五" "白色网络星期一"，也可以设置这个活动来促销。

3. 优惠通道

优惠通道即 Codeless Coupon，这个活动是设置一个专属的虚拟折扣券，通过优惠券吸引买家。优惠券可通过电子邮件以链接方式发送给买家，也可发布到社交媒体网站和店铺中等。优惠信息不会出现在自然搜索中，只有单击链接的买家才会看到。

4. 批量购买折扣

批量购买折扣即 Volume Pricing，是一种新型的折扣方式，当买家购买同一件产品的时候选择不同的购买数量会有相应的折扣，薄利多销，买得越多实惠越多。比如同一个产品，买一件是 5.99 美元，买两件是 5.69 美元 / 件，买三件是 4.54 美元 / 件。

四、Wish

Wish 是一款移动端购物 App，有其独特的商品推送原理，卖家在 Wish 平台上的销售、运营和其他平台有一些区别。Wish 平台上没有大促、周年庆等活动，平台官方活动也几乎不存在，只有卖家自己为店铺去做一些推广和优惠活动进行引流。Wish 平台上最主要的付费推广方式是商品广告，即 Product Boost，简称 PB。

PB 是 Wish 卖家主要的站内推广引流工具，主要针对买家在 Wish 客户端的搜索和相关产品页面的展示。PB 会根据买家搜索的关键词和产品的广告关键词进行匹配之后进行展示，对于新手卖家来说，可以更快为产品找到精准的潜在群体，提升转化率。PB 主要采用展示付费的竞价方式，通常是产品展示 1000 次之后，无论买家是否单击或者购买，都会收取相应的关键词价格。

五、Shopee

Shopee 平台共有三种站内付费广告推广方式，分别是关键词广告、关联广告和商店广告，如图 6-4 所示。

图 6-4 Shopee 平台站内付费广告

（一）关键词广告

关键词广告是指卖家为店铺里的商品设置关键词，当买家进入 Shopee 平台输入关键词搜索商品时，若买家搜索的关键词与卖家设置的关键词一致，商品就有可能得到展示。关键词广告有利于增加商品曝光量和商品流量。

关键词广告按每次单击付费，当买家搜索某个关键词并单击该关键词的广告商品，平台才会收费，同一 IP 在一定时间内多次单击，平台只收取一次费用。

（二）关联广告

关联广告的展现位置是在首页的"每日推荐"和商品详情页中的"相似商品"和"猜你喜欢"中。关联广告是一种低成本、高回报的广告类型，新卖家必须拥有卖家评分才能开启使用，如果店铺商品在价格和评价上领先竞品，可尝试投放。

（三）商店广告

投放了商店广告的店铺会出现在搜索结果页面的最上方，以贴片的形式来展现。如果买家单击了商店广告，将会进入卖家的店铺页面。商店广告有利于加深买家对店铺、品牌的印象，刺激他们在产生购买需求时能想到卖家的店铺或品牌。

商店广告适用于有一定品牌知名度的卖家，主要面向优选和品牌卖家，部分市场逐步开放给销售表现优秀的卖家。

六、阿里巴巴国际站

阿里巴巴国际站站内营销推广主要有直通车和顶级展位两种形式，如图 6-5 所示。

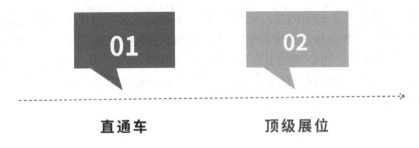

图 6-5　阿里巴巴国际站站内营销推广

（一）直通车

直通车即 P4P（Pay for Performance），是阿里巴巴国际站为卖家提供的按单击扣费的营销推广工具，卖家可以自主选择充值金额，自主设置推广预算，自主设置推广方案。

直通车作为国际站历史最悠久的广告，一直以来都是国际站卖家使用最为广泛的一种推广模式。直通车发展到今天分为搜索广告和推荐广告两种。

1. 搜索广告

搜索广告，即所谓的人找货，它的价值在于通过提升产品信息位次，赢得海量免费曝光，让买家优先看到产品。搜索广告通过实时竞价，提升产品信息排名，让卖家的产品和服务从众多同行中脱颖而出，帮助卖家获得更多展现机会和精准流量。外贸直通车，除了在阿里巴巴国际站上展现，还有机会获得 Google 等其他网站的展示机会。搜索广告曝光再多都不会产生费用，只有当产品信息被单击了之后才会产生费用。常见的搜索广告类型有关键词推广、定向推广、快速引流、测品测款，以及爆品助推。

1）关键词推广最为灵活，不论是在词、品、出价还是匹配方式等众多变量上，都可以自己任意组合，随着推广的进行，也可不断调整。唯一不足的是，在四星级以下，它无法进行溢价，无法对推广区域进行侧重和取舍。

2）定向推广可对地域／人群进行溢价，也就是可对细分受众进行侧重推广，不需要设置商品与关键词，也不需单独设置出价和时段，计算机系统会自动进行设置，但也存在关键词设置不精准、与卖家所需要的词不匹配等问题。

3）快速引流，也就是旧版的全店推广，它的推广方式更加简单，不仅仅将词交给了系统来打理，甚至连品都交给了系统打理。推广哪些产品也不用商家来操心，完全地交给计算机系统。计算机系统会自动抓取商铺中质量最好的产品信息，自动匹配相关性最优、买家热搜的关键词，还会平均分配投放时段，获得更久的主搜展示机会。快速引流是流量的补充，推广的大都是系统匹配的相对冷门的一些词，相当于帮助找漏网之鱼，大多数情况下是配合其他推广使用的。

4）测品测款基于平台大数据，借助系统均匀获取流量，通过对比的方式区分出哪些产品表现好、哪些产品表现不好，同时得出一套关于关键词和产品的细分数据，为产品智能匹配关键词，进行智能出价，从而达到测品测款的目的。在使用中需要针对多款产品进行测试，测出产品在网站的表现情况，测试出的优质产品及时加入爆品助推。

5）爆品助推的核心重点在于用数据表现好的产品去抢占更多的流量，将核心产品重点维护，借势而起，集中打爆品。

2. 推荐广告

推荐广告，即所谓的货找人，是在"猜你喜欢""跨店推荐""App 消息推送""购物车"等推荐场景中穿插原生形式信息流推广产品。基于阿里巴巴大数据推荐算法，帮助商家精准找到对自己产品感兴趣的买家。如果说前面提到的搜索广告是满足国外买家"搜"的需求的话，那推荐广告则是满足采购商"逛"的需求。

在推荐广告中常见的类型有搜索人群再营销，也是国际站中最常用的推荐广告，针对曾经"搜索过、单击过、浏览过我或者同行"的买家，在推荐场景里进行二次营销。

（二）顶级展位

顶级展位是一款拥有丰富样式和互动形式的产品。当买家在阿里巴巴网站上搜索产品关键词时，如果该关键词已经被卖家成功购为顶展关键词，则买家在搜索后会在阿里巴巴搜索结果第一页的第一位看到卖家产品图文并茂的信息，并且产品信息上会有"皇冠"的标志。被卖家成功购买到的顶级展位投放期间其他商家无法再购买，由顶展词带来的所有曝光和单击都不会再产生任何费用。

顶级展位可以锁定第一名，精准曝光，买家第一眼关注的就是第一位的产品，不会错失目标买家，这是顶级展位产品的一个优势。产品信息锁定第一位，在众多竞争对手中易脱颖而出，不过资源也是稀缺的，每个关键词仅开放一个位置。同时，顶级展位拥有子链、视频子链、视频以及经典 4 大创意类型，提供多样化的设计需求。4 大创意样式，满足了顶展样式的多样化、互动形式视屏化、产品多样化，大大提升了商品的曝光量，拉长了买家的停留时长。

七、中国制造网

中国制造网作为第三方 B2B 电子商务服务平台，是一个面向全球提供中国产品的电子商务服务平台。它专注于服务全球贸易领域，致力于为国内中小企业开展国际营销，构建展示平台和交流渠道，帮助供应商和海外采购商建立联系，挖掘全球市场商业机会。

中国制造网的费用分为平台年费和广告位费用两部分。年费是必需的，广告费根据产品展示的位置不同，词的级别不同，价格也不同。常用的广告如首页前十的广告，一个词只卖十个位置，可以一年时间排在第一页前十位。但是中国制造网与阿里巴巴国际站不一样，没有单击付费，所有的广告排名都是包年的，成本可控。

【实训活动】

活动一：选一选

1. 下列营销方式中属于按每次单击付费的是（　　）。< 单选 >
   A. 电子邮件营销　　　　　　　　B. 全球速卖通直通车
   C. eBay Promoted Listings　　　　D. 亚马逊品牌旗舰店
2. 在亚马逊各类广告中，可以显示卖家品牌 Logo 的广告是（　　）。< 单选 >
   A. 商品推广　　　　　　　　　　B. 品牌推广
   C. 品牌旗舰店　　　　　　　　　D. 展示型推广
3. 下列不属于 Shopee 平台为卖家提供的营销广告的是（　　）。< 单选 >

A. 关键词广告   B. 关联广告

C. 商品广告   D. 商店广告

4. 下列关于全球速卖通直通车重点推广计划的说法正确的是（　　　）。< 多选 >

A. 卖家最多可以创建 10 个重点推广计划，每个计划最多包含 100 个单元，每个单元可以选择 1 个商品

B. 具有批量选词、出价等功能，可以帮助卖家更快速地创建自己的计划，捕捉更多的流量

C. 适用于重点商品的推广管理

D. 具有独有创意推广等功能，可以帮助卖家更好地打造爆款

5. 亚马逊展示型推广广告为卖家提供了（　　　）定向选择。< 多选 >

A. 浏览定向   B. 商品定向

C. 人群定向   D. 兴趣定向

活动二：译一译

1. Promoted Listing

2. Order Discount

活动三：想一想

1. 简述全球速卖通站内主要的营销推广项目。

2. 简述阿里巴巴国际站主要的营销推广项目。

【职业体验】

请在老师的组织下走访、参观、调研本地跨境电商企业，了解跨境电商企业选择的主要跨境电商平台，以及选用的付费推广方式、推广成效，提升职业体验。

【五星工匠】

请各位同学以小组为单位，根据知识、技能、素养三维目标对自己的学习成效进行多元评价，并查漏补缺，提升对跨境电商平台付费推广的认识。请点亮下图中的星星，为自己做一下星级评鉴，评一评自己能够得到几颗星。

任务二　跨境电商站外营销推广

借助站外营销工具开展引流推广、提高转化率是跨境电商卖家必须掌握的营销手段。跨境电商卖家常用的站外营销推广方式包括搜索引擎营销、电子邮件营销、Facebook 营销、Instagram 营销、Twitter 营销、YouTube 营销和 TikTok 营销。

一、搜索引擎营销

搜索引擎营销是指企业利用搜索引擎工具，根据用户使用搜索引擎的方式，利用用户检索信息的机会，配合一系列技术和策略，将更多的企业信息呈现给目标客户，从而获得盈利的一种网络营销方式。搜索引擎营销除了能带来大流量的单击率、提升销售，还能达成一般互联网广告所能达成的营销目的，如提升品牌认知度和在线广告认知度、加强信息关联、提升品牌喜好度、达成购买意向等。而且，由于搜索引擎营销的技术优势和科学性，还能通过关键词锁定用户的兴趣和需求倾向，更精准定位目标客户群。

搜索引擎有很多，如 Google、Yahoo、MSN 等，都可以成为搜索引擎营销的平台。Google 是全球最大的搜索引擎之一，在全球大部分国家和地区提供搜索服务，并在搜索市场中占据较大的市场份额，对于中国外贸企业来说，通过 Google 提供的广告，可以将我们的产品广告信息向全球大部分国家的用户投放，为我们带来大量的询盘以及订单，是外贸企业进行海外推广的重要工具。下面以 Google 为例，介绍具体的搜索引擎营销。

（一）Google Ads

Google Ads 是 Google 开发的广告服务产品，广告客户可以在其中通过竞价向网络用户展示产品、服务或视频等。它可以将广告展示在 Google 搜索的结果中，也可以展示在非搜索网站、移动应用和 YouTube 视频中。Google Ads 提供了多种广告类型，可以从中选择最适合自己的一种。

1. Search（搜索广告系列）

通过投放搜索广告，可以让潜在客户在搜索相应服务和产品时，注意到广告主的品牌、考虑广告主的产品或服务并采取行动。

2. Display（展示广告系列）

当潜在用户在浏览网页、观看 YouTube 视频、查收 Gmail 邮件、使用移动设备和应用时，展示广告会让用户在合适的时机看到广告主的业务。

3. Shopping（购物广告系列）

购物广告系列可帮助零售商推广在线和本地商品目录，增加网站的流量或本地店面的客流量并获得更优质的潜在客户。不论目标客户是在家里、在外出途中还是在实体店内，购物广告都可以精准把握关键时机，将产品呈现在他们面前。

4. Video（视频广告系列）

视频广告能够大规模吸引用户的注意力、催生用户对产品或服务的需求，有效提升用户对品牌的认知度。当潜在客户在 YouTube 上观看或搜索视频时，可实时看见广告主投放的视频广告，而且只有当他们表现出兴趣时，广告主才需要付费。

5. Discovery（应用广告系列）

通过投放应用广告系列，可以精准找到会对广告主的移动应用感兴趣的用户，应用广告能在 Google 搜索、YouTube、Google Play 等众多投放网络上宣传广告主的 iOS 或 Android 版应用。

（二）Google Ads 的特点

1. 全球优质覆盖，网络潜在客户

Google Ads 及其广告联盟覆盖全球 88% 的互联网网民，在欧洲、拉丁美洲和亚太各主要市场均占有市场份额，覆盖广泛的高质量客户人群。

2. 按效果付费，避免资金浪费

广告只呈现在对产品和服务感兴趣的潜在客户面前，他们将单击进入网站了解更多信息。只需要为每次单击支付费用，避免资金浪费。

3. 广告精准投放，上门客户更优质

关键词广告可根据潜在客户特质进行精准投放，确保将广告推送到目标人群面前，由此产生的潜在客户意向性更强。

4. 灵活自主控制预算，广告应需而变

关键词广告提供预算控制、目标定位和广告优化修改等工具，令广告投放更加灵动，配合市场策略调整，令企业得以在市场竞争中赢取先机。

二、电子邮件营销

电子邮件营销是指在目标受众事先许可的前提下，卖家借助电子邮件软件向其发送电子邮件，传播有价值信息的一种网络营销方式。电子邮件软件有多种用途，可以发送电子广告、商品信息、销售信息、市场调查问卷、市场推广活动信息等。电子邮件营销方式具备极高的投资回报率，所以备受跨境电商卖家的青睐。

（一）电子邮件营销的基本流程

要想开展高效的电子邮件营销，卖家需要把握好每个环节的工作。通常来说，电子邮件营销的流程包括以下五个环节。

1. 创建目标受众数据库

要想进行一次高效精准的邮件营销，首先就要收集大量目标客户的邮箱地址。并且，在收集邮箱地址的时候，要收集那些和卖家的产品与服务相关性高、需求性强的用户邮箱。创建目标受众数据库是为后期开展高效的电子邮件营销做铺垫，邮箱地址是否精准将直接影响邮件营销的效果。

2. 分类筛选数据库

针对电子邮件营销的需要，卖家可以将目标受众数据库按照受众的地域、产品特点以及兴趣爱好等维度进行分类，并对创建的目标受众数据库进行筛选。

3. 设计电子邮件内容

根据预设的目标受众，设计规范的电子邮件内容，包括邮件的标题、内容等，电子邮件内容越贴近目标受众的心理需求，营销效果就越好。

4. 投放电子邮件

电子邮件的投放是一个既简单又困难的环节，因为它关系到制作的电子邮件是否能够准确到达目标受众手中，还是被丢入垃圾箱中。为了保证电子邮件投放的到达率和精准度，需要选择优质的电子邮件营销工具进行投放。

5. 分析及优化电子邮件数据

要想不断提升邮件推广的效果，就要及时对邮件营销的各项数据进行分析，如邮件的打开率、单击率、转化率等数据，通过对这些数据的分析，可以不断优化邮件营销的内容和发送技巧，实现营销效果的最优化。

（二）电子邮件的撰写

邮件内容可以分为两个部分：一是邮件标题，另一个是邮件内容。

1. 标题要有创意

邮件标题对于整个邮件营销来说非常重要，一个有创意的标题会吸引收件人打开邮件，只有打开了邮件，收件人才能看到邮件的内容，因此标题的撰写需要多下功夫。

2. 确保内容质量

从根本上说，邮件内容决定了电子邮件的营销价值，高质量邮件内容的构建是一项长期而复杂的工作。如果邮件内容质量不高，用户会选择退订，或者根本不阅读邮件。电子邮件的内容应该对用户有价值，这是一个基本原则。除了要避免邮件内容的缺失之外，邮件还应该有特定的主题和方向，并且发送的每封邮件之间有明显的系统性，这样用户才会对电子邮件印象深刻，逐渐提高用户的忠诚度。

除了内容价值，还需要合理选择格式和布局，善用图片。这不仅是为了好看，邮件内容的设计也直接关系到营销效果。另外，邮件的主题、内容、发件人、收件人等都是电子邮件营销的基本要素，不能省略。

三、Facebook 营销

Facebook 目前作为全球最大的网络社交通信平台之一，已成为跨境电商最主要的营销推广方式，而且卖家使用 Facebook 营销能够让自己的商品或服务更容易被买家搜索到，相当于为网店创建一个交流社区，可以更直接地推广自己的商品。Facebook 具有互动性，可与粉丝建立紧密的关系，加强双方的交流沟通，有利于营销推广。

（一）Facebook 账户类型

（1）个人账户 免费开通个人账户是 Facebook 的基础，只需要在官网依次填写姓名、电子邮件等信息就能完成注册。个人账户可以创建主页和管理多个商业主页。

个人主页：注册了个人账户后，就有了个人主页。个人主页代表单个社交媒体用户，讲述该用户自身的故事，可以添加朋友、家人并分享自己的照片、视频及生活状态等。个人主页不允许投放广告，否则账号容易被封，但是正常的主页更新、发帖子还是可以的。

商业主页：商业主页是供品牌、商家、组织和公众人物在 Facebook 平台打造影响力的地方。Facebook 营销大部分都是基于主页来完成的，使用主页可以进行很多营销活动，如发布最新动态、图片、声音和视频，投放广告、宣传品牌等。

（2）商业广告账户 主要用于打广告扣款。Facebook 严禁国内用户使用个人账户投放广告，而要求使用商业广告账户投放广告。商业广告账户通过代理商开通或者自行开通，一个公司目前可以开通两个商业广告账户。商业广告账户不像个人账户一样可以登录，而是通过商务管理平台来管理的。

（二）Facebook 营销方式

1. 群组

Facebook 群组有两种方式，一种是参加公共群组或是加入私人群组。这些群组都是由行业人员组成，在加入感兴趣的群组后，你可以在群组中讨论有趣的话题、分享经验和方法等。通过在群组里面提高账号的活跃度，你的名字就会被更多人所熟悉，并成为行业内的领导者和专业知识的代名词。另外一种是自己创建群组。如果找不到适合你行业的 Facebook 群组，你可以自己创建一个群组，在群组中发布文章、进行讨论，并邀请其他人员加入。当你给群组成员服务时，他们就会意识到你的产品的价值，并且购买。

但无论是加入公共群组、私人群组还是自己创建群组，在输出内容时一定要围绕品牌和产品价值发表内容。

2. 直播

可以利用 Facebook 的直播功能来展示公司的文化、主持有关行业主题群组讨论，并利用你所在行业的专业知识进行讲解。此外，还可以通过直播进行活动公告、独家专访等，让活动成员了解部分内容信息，提高用户的参与感。

3. 发帖

在 Facebook 上做推广营销需要与粉丝建立紧密的关系，想让你的 Facebook 有更多的粉丝，就需要发布对用户有价值的内容。

照片和视频是媒体营销中经常会使用到的，妙趣横生的照片或视频的传播效果胜过千言万语。在发布内容的时候，可以适当发布一些照片或者视频。

在 Facebook 的主页中还可以召集品牌社区的粉丝参加线上或线下活动。在主页的状态更新中选择"活动、大事件 +"，添加活动，然后再邀请你的好友、生意伙伴等参加活动，提高粉丝活跃度。

4. 广告

Facebook 广告是以人为本的精准营销策略，通过收集、整合跨平台的大数据，对真实用户的人口统计资料、兴趣、使用方式及消费习惯等信息进行分析，从而达到精准的受众定位，发掘最具价值的客户，最大化广告投资回报率。

Facebook 的广告形式分为照片广告、视频广告、轮播广告、精品栏广告等多种广告形式，用不同的形式投放广告会收到不同的广告效果，所以在投放广告时一定要选择合适的广告形式，充分考虑受众用户的心理，才能收到比较好的宣传效果。

照片广告：照片广告（Photo Ads）具有简洁明了的特点，可用于展示富有吸引力的图片和文案。这种广告能让企业利用高品质图片或插图展示品牌及业务。

视频广告：视频广告（Video Ads）可通过动态画面和声效体验讲述品牌故事。这种格式可采用各种长度和风格，包括可随时观看的动态消息类短视频和更适合坐下来慢慢观看的长视频。

即时体验广告：即时体验广告（Instant Experiences Ads）以前称为全屏广告（Canvas Ads），适合移动设备，响应快速，而且具有深度的沉浸式体验。即时体验广告非常适合直复营销和品牌推广活动，能为观众提供丰富的视觉体验，并且在突出品牌和产品时，提升和保持他们的参与度。

Messenger：Messenger 广告（Messenger Ads）方便用户发起与商家的对话。这种广告可助商家与现有或潜在客户建立密切联系，且广告体验中可增加互动或自动功能。

轮播广告：轮播广告（Carousel Ads）可在单条广告中展示多达10张图片或10段视频，且不同的图片或视频可设置独立的链接。这种格式可用于突显不同的商品或跨多张轮播图讲述品牌故事。

幻灯片广告：幻灯片广告（Slideshow Ads）是类似于视频的广告，由动态画面、声音和文本组成。这些轻量级视频片段有助于商家在任何网速下和各种设备上呈现精彩的品牌故事。

精品栏广告：精品栏广告（Collection Ads）让用户可以发现、浏览和购买商家的商品或服务。用户轻触精品栏广告后，即可进入快速加载的广告体验，详细了解具体商品。

线索广告：线索广告（Lead Ads）就是表单广告，可以在Facebook平台内创建信息收集表，线索广告可用于邀请用户订阅电子期刊、提供估价、接听跟进电话以及接收商家信息等。这一过程中，不但能获得自己需要的信息，也能找到优质的潜在客户。

动态广告：动态广告（Dynamic Ads）可根据用户在网站、应用或其他网络平台表现出的兴趣，自动向他们推广相关库存。外观而言，动态广告与Facebook中的其他单图片广告、轮播广告或精品栏广告并无不同，但动态广告无须针对每种推广商品单独创建广告，相反，可以创建一个广告模板，让模板自动调用待推广商品目录中的图片和信息。

关于广告出价，Facebook提供了CPC、CPM、OCPM三种出价类型，广告客户可以决定他们愿意为哪种结果支付费用，选择适当的广告出价类型。

CPC（Cost Per Click）表示单次单击成本，指的是每次用户单击后广告客户愿意支付的最高价格。只要用户单击广告，广告客户就需要向Facebook支付费用。同一个用户单击两次广告，需要支付两次单击费用。对于广告展示，Facebook则不会收取任何费用。

CPM（Cost Per Mile）是指每1000次的浏览成本，即只要有1000人看过该广告就需要支付的成本，与是否单击或与广告产生互动无关。CPM的受众覆盖人数最多，适用于提高在Facebook上的曝光率和知名度，多数用于发布新产品或活动。

OCPM（Optimized-CPM，优化的CPM）本质上也是CPM，它是一种自动优化展示的出价类型。换句话说，广告客户无须自己设置广告出价，Facebook代替广告客户自动调整出价，目的是让广告获得更多的单击或者更多的展示。

四、Instagram 营销

Instagram又称照片墙，是一款在移动端上运行的社交软件，以一种快速、美妙和有趣的方式将随时抓拍的图片进行分享，用户多以年轻人为主，现今俨然已成为在线营销的宝地。

为了能够以新颖独特的方式推广品牌，确保品牌获得最大的曝光率，以吸引更多的潜在关注者，卖家在做营销推广时，可以采用以下营销策略。

（一）创建品牌店铺

创建品牌店铺之前，需要创建Instagram的商业账户，商业账户有诸如添加营业时间、地址等功能。另外，它还增加了推广和成效分析的功能，可以对客户做一些简单的数据分析，例如互动账户数量、覆盖账户数和粉丝的增长概况等，提升工作效率和专业度。

有了商业账户，就可以创建品牌店铺。发布的帖子的右上角会有店铺的标志，点进去可以看到该帖子和普通帖子的区别：一张图片上可以标 5 个产品，一个帖子的多张图片最多可以标 20 个产品。同时，还可以看到有"查看商品"的标志。单击图片上标的产品和"查看商品"就可以查看此产品的具体情况。单击逛店铺，就能看到该账号设置的店铺。对于用户来说这个功能缩短了他们的购买时间，比普通的购买方式要便捷很多。

（二）发布高质量图片

Instagram 主打强项就是图片，进行的是图片社交，讲究分享"美好生活"，卖家在设计图片时，不仅仅是普普通通的产品陈列，而要有创意。拍摄的图片不仅要精美，而且最好选择能展示商品使用场景的图片，即将商品和配件放在现实的环境中进行展示，更能吸引潜在的关注者。除此之外，还可以拍摄产品细节、幕后花絮，为照片加入故事、生活的元素。

（三）有效利用主题标签

主题标签的作用是让卖家发布的推广内容被更多的目标客户发现。卖家尽可能地使用那些与自身业务相关且有趣、符合自身所在行业属性的主题标签。标签本质上是免费广告，每当有人使用这个标签发布照片时，就等于把该品牌展示给了他们的粉丝。

每个照片最多可以添加 30 个标签。虽然可以这样做，但不意味着一定要添加这么多标签。在照片上添加过多的标签会使得评论冗长无趣，也令用户不愿意阅读。尽量每张照片使用 2～3 个标签。添加的标签需要与照片主题相关，因为这样才能够在用户搜索相关内容时显示。

（四）增强与粉丝的互动

Instagram 是一个以年轻人为主的社交平台，年轻一代的显著特征就是喜欢互动，与粉丝保持有效的互动，是社交媒体营销推广必不可少的一环。

当品牌方在 Instagram 上发帖后，要及时关注评论区。评论区的粉丝少，就挨个给他们回复；粉丝多就选择比较有趣的评论与其互动。与粉丝进行真正的一对一沟通，不仅能提高粉丝与品牌互动的积极性，也能培养粉丝对品牌的忠诚度。当与品牌互动的粉丝越来越多时，还可以发起投票或者有奖竞猜活动，定时给粉丝送福利，增强粉丝黏性，提升粉丝的购物热情。

当品牌与粉丝互动成为习惯，粉丝在购买品牌产品后，也会在 Instagram 上发帖表达产品使用感受，通过粉丝自主创建的产品介绍内容，会更容易吸引潜在客户下单尝试。

五、Twitter 营销

Twitter 是全球访问量较大的网站之一，它不仅有社交娱乐功能，对于跨境电商卖家而言，更是一个可以为店铺引流的绝佳渠道之一，甚至还可以帮助店家获取销售线索，并与成交客户或者潜在客户获取联系。

（一）Twitter 广告类型

Twitter 提供了三种广告类型，即推荐推文、推荐账户和推荐趋势。每种广告各具优势，卖家可以根据自己的营销需求选择适合自己的广告形式。

1. 推荐推文

推荐推文就是卖家在 Twitter 上购买普通推文，这个推文会被标上"推荐"标志，目的是接触更广泛的用户群体或从现有关注者中引发更多的参与。这种推文可以转发、回复、点赞等。如果卖家想宣传推广店铺的某个活动，可以选择使用推荐推文，通过吸引访问者单击推文提升自己店铺内的流量。此外，卖家还可以在推文中为访问者提供优惠券，以提升店铺的转化率。

2. 推荐账户

推荐账户是指将某个账户推荐给尚未关注该账户的用户。卖家使用推荐账户功能可以有效提高自己 Twitter 账号的粉丝增长率。

在 Twitter 上持续增长关注者将推动购买产品，发掘潜在客户，因为只有用户关注了账号，才有可能更深入地了解品牌以及产品。当在账号上发布有价值的内容时，粉丝通过转发与朋友分享，提高品牌覆盖面，提高品牌知名度和口碑共享。同时，推荐账户显示在平台多个位置，包括主页时间线、关注谁和搜索结果等位置。因此，如果卖家希望有更多人关注自己的品牌和商品，可以选择使用此类广告。

3. 推荐趋势

Twitter 上热门话题是社交网络上最受关注的话题，出现在页面的左侧，在"发现"标签和 Twitter 应用中。推荐趋势允许在该列表的顶部宣传一个主题标签。随着人们看到该标签，并自行开始使用，就可以获得更多的曝光，增加广告系列的覆盖面。

（二）Twitter 营销技巧

有大量的追随者并不意味着 Twitter 营销已经大获成功。卖家要想借助 Twitter 更成功地推销和推广自己的品牌和店铺，最好的方式就是在 Twitter 上发布高质量的内容。卖家可以采用以下技巧：

1. 巧用图片

Twitter 每条推文限制在 140 个字符内，但只要利用好图片，就能传递出复杂、抽象的内容，给人留下深刻的印象。一条配有图片的推文也确实比纯文字的图文得到更多关注。单图文、四宫格图文、GIF 图文、"单视频 + 文字"这四种形式，是目前 Twitter 上使用最多也是最能吸引粉丝注意力的方式。

2. 善用话题标签

无论微博在国内发展得多么火热，我们都无法否认 Twitter 才是话题标签（#）使用的先驱。而这一功能在 Twitter 沿用至今，乃至衍生到众多国内外平台都在使用，足以证明用户对这一功能的热爱。如果想在 Twitter 吸引新粉丝，那就应该在推文中尽量多添加与推文主题相关的话题标签。

3. 定期更新优质推文

卖家要坚持定期更新优质推文，每天坚持发布两三条推文，这样才能吸引用户的关注，避免被遗忘。

4. 在适当时机发布推文

卖家在发布推文时要注意合理安排推文发布的时间，以提高推文的互动率。Twitter 推文有两种模式，一种是推送排名最高的推文，另一种则是推送最新的推文。对于中小卖家来说，抓住适当的时机发布推文，是扩大推文影响力的最佳方法。上午 9 点到下午 3 点是 Twitter 的最佳发布时间，尤其是中午，午休时间是人们在社交媒体平台上最活跃的时刻之一。

六、YouTube 营销

YouTube 是全球知名的视频网站之一，系统每天要处理上千万个视频片段，为全球用户提供高水平的视频上传、分发、展示、浏览和分享服务。YouTube 主打视频，在制作视频时，需要包括产品介绍、产品使用教程、产品亮点表现、客户评价等，通过对产品的一系列介绍，加深用户对产品的印象，从而促成交易。

（一）YouTube 广告类型

YouTube 提供了多种广告类型，有探索式广告、首页广告、插播式广告、展览式广告、覆盖式广告以及缓冲广告。

1. 探索式广告

探索式广告与谷歌的搜索广告比较相似，同样是关键词触发原则。当 YouTube 用户搜索的关键词与卖家投放的关键词相匹配时，卖家的视频就会出现在搜索结果的前列，并附带 AD 的标签。虽然投放的视频内容不一定要与关键词相关，但相关性越高，流量的精准度也越高。

2. 首页广告

首页广告会出现在 YouTube 首页最上方，能够迅速抓住每一个用户的眼球。曝光率高，但同时价格也非常昂贵，所以比较适合大企业、大卖家以及有充足预算的卖家。

3. 插播式广告

插播式广告又有可跳过的和不可跳过的插播式视频广告。这两种广告类型比较相似，都是在常规视频中出现。二者最大的区别就在于用户是否有选择权。前者用户在观看 5 秒后即可跳过，而后者则要求用户必须把广告看完。

4. 展览式广告

展览式广告是图像型广告，它通常会出现在推荐视频列表的上方。展览式广告可以是静态图片，也可以是 GIF 动图，相对来说后者更容易吸引用户的注意力。

5. 覆盖式广告

覆盖式广告会以半透明的形式出现在视频下方 20% 的区域，类似于弹窗广告。虽然它能够关闭，但毫无疑问会影响用户的观看体验，运用不当反而容易引起用户反感。

6. 缓冲广告

缓冲广告的时间非常短暂，只有 6 秒，卖家需要在极短的时间内吸引住用户的注意力，难度较高，所以转化率也比较低，但也因为如此，缓冲广告的费用也比较低。缓冲广告比较适合预算较低，却有极好广告创意的卖家。

（二）YouTube 营销技巧

庞大的受众群体是跨境电商强有力的资源，想要把受众群体转化为顾客，以下技巧可以借鉴。

1. 介绍短片

许多 YouTube 自频道在页面顶部会有一个介绍短片，访客到来时自动播放。频道短片展示了独立站品牌最具代表性的信息，可以截取过去视频短片中较精彩的部分拼接在一起，制作一个介绍视频,简明扼要、突出价值点,尽量保持在两分钟以内,确保在前3秒内吸引观众继续观看下去。介绍短片放置首页展示,让新访客快速了解频道主旨。

2. 视频缩略图符合频道主题

某些时候,视频缩略图比标题更能吸引人们单击视频。YouTube 视频一般以静态缩略图展示,想让观众一目了然愿意单击,不仅要运用大胆的视觉效果,还要确保它们与主题内容的一致性,因为这会让频道看起来条理更清晰。虽然 YouTube 允许用户选择视频中的画面作为缩略图,但相比之下,自己设计会更好。

3. 创建播放列表

播放列表是用户整理 YouTube 播放内容的好方法,这些列表将有机会出现在 YouTube 的搜索结果中。如果内容足够多的话,建议将它们组成播放列表,这不仅可以将视频进行有效分类,还能选择下一个播放给观众的视频,而不是随着 YouTube 自动播放其他创作者的视频。

4. 与其他视频发布者合作

YouTube 视频发布者之间相互合作的事例并不罕见,这是吸引全新观众的绝佳方式。一个常见的做法是视频发布者相互出现在对方的视频中,这样两个人都有在其他创作者的观众面前获得认可的机会。

5. 交互式卡片免费宣传

在视频中添加交互式卡片,是 YouTube 极具特点的宣传方式,能够起到引导消费者单击相关内容的作用。交互式卡片可以设置在任意时间点出现,并且除可添加 YouTube 平台内部视频、播放列表、频道以外,独立站商家还可以把自己的独立站网址链接添加进来,起到引流和促销的作用。

七、TikTok 营销

TikTok 是海外版的抖音,是一个用户表达自我、记录美好生活的短视频平台,是当前发展速度最快、潜力最大的新形态内容电商。跨境电商卖家又将迎来一场不可多得的市场机遇。

(一)TikTok 账号类型

TikTok 账号可分为个人账号、创作者账号、企业账号、企业蓝 V 账号和仅企业使用的广告账号五种类型。

1. 个人账号

个人账号,即 Personal Account,也是初始默认的账号,适合个人,仅用于查看,不用于发布作品。个人账号不方便营销,因为没有办法选择类别,也无法填写邮箱和网址。创作者基金也是没有的。如果有 1000 个以上粉丝,个人账号就有主页直链的功能。

2. 创作者账号

创作者账号,即 Creator Account,适合内容创作者、公众人物、艺术家和有影响力的网红。这个类型有个人也有企业。创作者账号有数据分析功能,这对于创作者来说是非常有用的。通过创作者账号的数据后台可以看到视频的流量来源,以及每个国家流量的占比。通过数据分析用户画像、用户行为、用户爱好等,再根据用户的各种行为来优化视频的内容,从而获得更好的变现。

3. 企业账号

企业账号，即 Business Account，适用于公司。它适合品牌、零售商、组织和服务提供商，所以它所用到的音乐、道具都是商用的，在版权上会有所限制，有部分音乐无法使用。

4. 企业蓝 V 账号

企业蓝 V 账号，即 BA with Blue V，除了有邮箱，也有分析工具、置顶、下载外链和主页链接等功能。企业蓝 V 账号主要是用来运营品牌的。企业的主账号为蓝 V 账号，其他账号仅为普通企业号。

企业蓝 V 账号能保证品牌账号的唯一性、官方性和权威性，为品牌提供固定的营销平台，有助于最大限度提升投放效果。企业蓝 V 账号还能通过定制化主页内容，帮助企业充分发挥品牌影响力，通过持续的内容进行全面展示，更有助于企业抓住流量，树立更好的品牌形象、传递精准的品牌信息、有效地整合品牌资产以及实现品牌价值的传播。

5. 仅企业使用的广告账号

广告账号是虚拟账号，不需要注册 TikTok 账号就可以进行广告投放，但开户要求有一定的金额预存。

（二）TikTok 主流变现模式

1. 广告红人

很多明星、演员、音乐人、网红纷纷入驻 TikTok，与品牌方谈好合作项目以后拍摄视频，将产品融入短剧、开箱测评、优惠活动和优惠券码等，通过广告植入赚取广告费。

2. 直播带货

销售自己的产品对于任何类型的内容都是很好的变现方式。任何创作者都可以制作商品出售给他们忠实的粉丝。TikTok 在部分国家和地区开通了直播带货功能。相对国内直播带货，国外的直播带货只处于试水和培养用户的阶段。TikTok 的直播还处在蓝海时期，直播带货还没有像国内抖音那么完善，但是其变现能力非常有潜力。

3. 引流

很多国内跨境电商卖家会把 TikTok 当作一个引流平台，向 TikTok 官方允许的独立站引流卖货变现。即通过 TikTok 视频引流用户到其他第三方网站，然后通过销售产品赚取利润。

4. 创作者基金

创作者基金，即 TikTok Creator Fund，是为回馈优质创作者而设立的。这种模式是 TikTok 官方为了吸引更多的内容创作者而设置的激励扶持基金。创作者基金是基于有一定的播放量才会有的奖励，需要创作者本身对 TikTok 运营有一定的经验。

【实训活动】

活动一：选一选

1. YouTube 是全球知名的（　　　）网站之一。＜单选＞

    A. 视频　　　　　　B. 图片　　　　　　C. 通信　　　　　　D. 求职

2. TikTok 是海外版的（　　　）。＜单选＞

    A. 微信　　　　　　B. 微博　　　　　　C. 抖音　　　　　　D. 快手

3. 下列属于 Twitter 营销的广告类型的是（　　　）。< 多选 >

 A. 推荐推文   B. 推荐账户   C. 推荐趋势   D. 推荐视频

4. TikTok 的主流变现模式主要有（　　　）。< 多选 >

 A. 广告红人   B. 直播带货   C. 引流   D. 创作者基金

活动二：译一译

1. CPC

2. CPM

活动三：想一想

1. 简述 Facebook 的主要营销方式。

2. 简述 TikTok 的主要营销方式。

【职业体验】

结合产品实际情况，根据各个社交媒体的特点，选择适合的社交媒体，尝试进行账号注册，进行产品营销。

【五星工匠】

请各位同学以小组为单位，根据知识、技能、素养三维目标对自己的学习成效进行多元评价，并查漏补缺，提升跨境电商营销推广的岗位胜任能力。请点亮下图中的星星，为自己做一下星级评鉴，评一评自己能够得到几颗星。

第三部分

强 业 务

扫码看视频

项目七

跨境电商订单管理

【知识目标】

- 了解收集订单信息的重要性和必要性
- 掌握各种交易磋商信函的内容和格式
- 掌握相关的重点短语和句型

【技能目标】

- 理解各种跨境电商 B2B 交易磋商信函
- 用专业用语按照格式撰写商函

【素养目标】

- 培养学生细心、耐心、诚实守信、认真负责的专业精神
- 培养规则意识、团队协作意识

【思维导图】

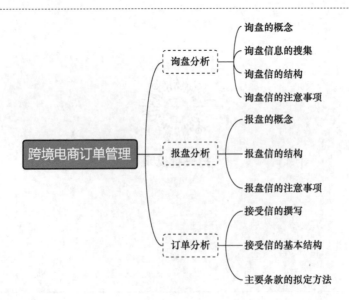

【任务背景】

国际贸易是跨国界的贸易活动。买卖双方分别处于不同的国家，选择合适的贸易对象直接关系到交易的成功与否，因此要审慎对待。在当前信息化时代，双方通常通过互联网以函电方式进行贸易洽谈。

李明最近负责了棒球帽的跨境业务。该公司的客户主要来自欧美国家，大部分通过网络电子商务平台和各类交易会取得联系，进而开展贸易。

➤ **任务探讨**：如果你和李明一样，想在网上开发客户，你会找哪些跨境电商平台？

【任务实施】

在本项目的学习中，大家跟随李明的业务书信往来感受跨境交易磋商的过程吧。

任务一 询盘分析

一、询盘的概念

一笔买卖成交，一般要经过询盘（Enquiry）、发盘（Offer）、还盘（Counter Offer）和接受（Acceptance）四个环节，买卖双方以口头或者函电形式，就贸易合同中的交易条件——质量、数量、价格、包装、运输、付款、保险条款等，根据惯例进行商谈以达成协议，这个过程称为交易磋商。询盘（Enquiry）也叫询价，是指交易的一方准备购买或者出售商品，向对方询问买卖该商品的有关交易条件。询盘的发起者可以是买方也可以是卖方，通常买方居多。询盘只是探询交易条件，对对方没有约束力，在法律上称为"邀请要约"。在实际业务中，无论是出口方还是进口方都可以通过写询盘信，来表达合作愿望。

二、询盘信息的搜集

了解客户需求要从能正确整理客户询盘信息入手，从询盘信中，我们需要完成询盘信息整理表（见表7-1）的内容。在下面的文章中我们可以完善信息表的内容，比如询盘的源国家（Country）、公司名称（Name of Company）、写信人的名字（Name）、职位（Position）、产品（Products）。

操作示范：整理客户询盘信，厘清重要信息。

Model: Collecting Enquiry Information from ABC Company

Dear Ms.Li,

Thank you for your letter of Jan. 10th, from which we know you are a leading exporter of various caps.

Baseball caps for men&women are increasingly popular in America for the time being, so we consider importing some of them.We will be glad if you can airmail us some samples covering your full range of products. Meanwhile, quotation as well as discount is needed if the quantity is over 5,000 pieces.

We anticipate our long-term cooperation.

Yours sincerely,
Wendy Brown

表 7-1　询盘信息整理表

Country	
Company	
Name	
Position	
Products	

三、询盘信的结构

一篇询盘信一般分为三部分：开头部分直切主题，告知对方信息来源，表明做某种商品交易的意愿。若是初次向对方发出询盘，要做简单的自我介绍，让对方了解自己公司的业务和信誉情况。中间部分紧扣主题：向对方说明所感兴趣的商品，向对方索取商品的目录、价目表、样品，或者了解有关贸易条件。结尾部分强调主题：请对方尽快回信，反馈所需要的信息。

四、询盘信的注意事项

（一）询盘回复的时间

1）当天的询盘当天回复。

2）我国香港、台湾的询盘应该在 2 小时以内回复。

3）欧洲的询盘务必在下午 3 点前回复。

4）美国的询盘需要在下班前回复，这样客户第二天能及时收到回复。

（二）撰写询盘信的注意事项

1）利用电子邮件写询盘信时，语气可以稍显轻松，做到询问具体、语句简洁、措辞得体即可。

2）当购买任务紧迫时，询盘信可以开门见山，直截了当地说明订购打算，希望对方给予一定优惠。但大多数情况下，询盘信仅仅用来征询信息，不轻易许下订货诺言，以免最终未订购，反倒为日后的再次交往设置障碍。

【任务拓展】询盘信的种类

询盘信可以分为两种：一般询盘和具体询盘。一般询盘主要是想了解感兴趣的商品的总体情况，是试探性的；因而大多不会涉及付款方式、保险、装运、折扣等交易条件。具体询盘的目的是找到能立即达成交易的对象，希望对方能明确告知商品的各项具体交易条件。

【实训活动】

活动一：选一选

1. Thank you for your enquiry and your interest _____ our products. ＜单选＞
　　A. for　　　　　　B. to　　　　　　C. in　　　　　　D. with

2. Please give us detailed information _____ CIF Guangzhou prices and discounts. ＜单选＞
　　A. on　　　　　　B. for　　　　　　C. with　　　　　　D. of

3. We have received the pillowcases _____ the Contract No. 233. ＜单选＞
　　A. for　　　　　　B. under　　　　　　C. of　　　　　　D. on

4. If you find business possible，please _____ us through fax for offers. ＜单选＞
　　A. get in touch to　　B. approach to　　C. get on with　　D. contact

活动二：仿一仿

按照所学询盘信的结构，根据业务背景材料撰写询盘信。

1. 关于你方 2019 年 2 月 6 日的来信，我方很高兴得知贵方在文具方面希望和我方建立业务关系。

2. 按照你方的要求，我方航邮目录一本，并附小册子一套，供你方参考。

3. 如果目录中的任何商品令你方感兴趣，请毫不犹豫地联系我方。

4. 若蒙早复，不胜感激。

【职业体验】

在福步外贸论坛网站中挖掘外贸客户，建立业务关系，并选择合适的产品开启跨境电商之旅。

【五星工匠】

请各位同学以小组为单位，根据知识、技能、素养三维目标对自己本单元的学习成效进行多元化评价，并查漏补缺，提升询盘分析的岗位胜任能力。请点亮下图中的星星，为自己做一下星级评鉴，评一评自己能够得到几颗星。

任务二　报盘分析

一、报盘的概念

报盘（Offer）也叫报价，是卖方主动向买方提供商品信息，或者是对询盘的答复，其内容可包括商品名称、规格、数量、包装条件、价格、付款方式和交货期限等。

➤ **操作示范**：从范文中学会搜集报盘信息（报盘信息整理表见表 7-2）。

Dear Wendy,

Thank you for your enquiry for our caps dated Feb.10，2020.

As requested，we are now making you the following offer，subject to your reply reaching us within 10 days.

Article No.	DK001
Quantity	5,000 PCS
Unit price	USD 5/PC CIF New York，USA
Payment	By confirmed irrevocable L/C payable by draft at sight

As there is a huge stock in our warehouse，there is no need to worry about supply. In most cases，delivery can be made in two weeks after receipt of your L/C. Meanwhile，we can allow you a 10% discount if your order exceeds 8,000 PCS.

We are looking forward to our first cooperation.

Yours sincerely,

Ming Li

表 7-2　报盘信息整理表

Supplier		Email
Product	Article No.	Unit price
MOQ（minimum order quantity）		Payment

二、报盘信的结构

（一）报盘信的开头部分

报盘信的开头部分我们通常对对方来函询盘表示感谢。

1）Thank you for your enquiry dated June 10th for our cotton piece goods.

2）We are in receipt of your enquiry dated June 10th for our cotton piece goods.

3）Thank you for your e-mail of June 10th enquiring for our textiles.

（二）报盘信的中间部分

报盘信的中间部分明确交易条件。报盘信需要包含交易的主要条件，如货品名称、数量、规格、具体价格、折扣条件、付款方式、装箱及发货时间等。在这个部分要尽量吸引客户，报盘信可以提及商品的优势及市场上热销状况以吸引客户下单。另外，也可以介绍客户可能感兴趣的其他产品来增加合作机会。

常用的短语有 sell well，enjoy fast sales，have a good market。

（三）报盘信的结尾部分

报盘信的结尾部分：期盼订单，激励对方订货。

常用的句型：Looking forward to your early order.

We hope you will find these terms satisfactory and expect your order to come soon.

三、报盘信的注意事项

报盘分为实盘（Firm Offer）和虚盘（Non-firm Offer）。实盘须规定有效日期，而且实盘一旦被接受，报盘人不能撤回；虚盘即无约束力的报盘。一般情况下，多数报盘为虚盘，虚盘不规定报盘的有效日期，一般包含"报价以我方最后确认为准"（subject to our final confirmation）和"报价仅供参考"（for your reference）等保留条款。

撰写报盘信的注意事项如下：

1）收到询盘后，回复要及时、有礼貌，且有针对性地提供对方要求的资料。

2）报盘信要使对方感觉产品有吸引力，且服务态度好。尤其是针对初次询盘的客户一定要谨慎认真对待。

3）在实际业务中，一般初次报盘，我们也可以用形式发票来报盘或者代替报价单。

总之，报盘是交易的核心，是成交非常重要的环节。我们可以采取免费提供样品、给予优惠的交易条件（折扣、佣金、付款便利等），在激烈的贸易竞争背景下，用精准的报盘信开发客户，进而达成交易。

【任务拓展】形式发票

形式发票（Proforma Invoice）又称预开发票。出口商有时应进口商的要求，将准备出口货物的名称、规格、数量、单价、估计总值等开立一种非正式的参考性发票，以供进口商向其本国金融或外贸管理当局申领进口许可证（Import License）和核批外汇（Foreign Exchange）之用。在国际贸易中，卖方通常用形式发票来报盘或者代替报价单。

【实训活动】

活动一：选一选

1. Our quotation keeps valid _____ one weeks only. ＜单选＞

    A. at   B. on   C. for   D. till

2. Please _____ us your most favorable prices for the goods we need. ＜单选＞

    A. make   B. quote   C. supply   D. enquire

3. Thanks for your enquiry and we are now sending you our _____. <单选>

  A. offer   B. order   C. inquiry   D. acceptance

4. If you order 5,000 pieces or more, we _____ you a discount of 5%. <单选>

  A. allow   B. allowed   C. allowing   D. will allow

5. We can provide samples _____ of charge, but you have to pay for the courier service. <单选>

  A. make   B. agree   C. quote   D. free

活动二：仿一仿

请根据公司价目表和报盘信的写信思路代业务员向对方写一封报盘信。报盘信主要信息点见表 7-3。

表 7-3　报盘信主要信息点

产品名称	Leisure chair
货号	DK002
单价	每把 15 美元
贸易术语	CFR 伦敦
支付方式	保兑不可撤销即期信用证
装运时间	收到信用证以后一个月
发盘有效期	仅限 11 月

【职业体验】

小李所在公司的产品质优价廉，深受全球客户的欢迎。美国的 ABC 公司来函询价公司的女士汉服。针对新客户的询盘，回函报盘。

Dear Ms. Li,

Thank you for your letter of Jan 10th, from which we know you are a leading exporter of various textiles.

Chinese costumes for ladies are increasingly popular in America for the time being, so we are considering importing some of them. We will be glad if you can airmail us some cuttings covering your full range of products. Meanwhile, quotation as well as discount is needed if the quantity is over 3,000 pieces.

We anticipate our long-term cooperation.

                Yours sincerely,

                Wendy Brown

【五星工匠】

请各位同学以小组为单位，根据知识、技能、素养三维目标对自己本单元的学习成效进行多元化评价，并查漏补缺，提升报盘分析的岗位胜任能力。请点亮下图中的星星，为自己做一下星级评鉴，评一评自己能够得到几颗星。

任务三　订单分析

一、接受信的撰写

在国际贸易中，达成交易时买卖双方都会通过签订合同或订单的方式来确认交易磋商时的各项交易条件。

接受信示例如下：

PURCHASE CONTRACT

CONTRACT NO.: BCD1802　DATE: MAR.5, 2019　SIGNED AT: NINGBO, CHINA

BUYER: ALEXANDER TRADING COMPANY

ADDRESS: 1202 QUEEN VICTORIA STREET, NEW YORK, USA

SELLER: BCD TRADE COMPANY

ADDRESS: 21 YINFENG ROAD, NINGBO, CHINA

THE SUPPLIER AGREES TO SELL AND THE BUYER AGREES TO BUY THE UNDER-MENTIONED GOODS ON THE TERMS AND CONDITIONS STATED BELOW:

NAME OF COMMODIYT	QUANTIYT	UNIT PRICE	TOTAL VALUE
BASEBALL CAPS	5,000 PCS	USD5/PC CIF NEW YORK	USD25,000

TOTAL AMOUNT: SAY US DOLLARS TWENTY FIVE THOUSAND ONLY

COUNTRY OF ORIGIN: CHINA

PACKING TERM: IN EXPORT STANDARD PACKING

DELIVERY TIME: TO BE SHIPPED ON BOARD NOT LATER THAN MAY 25, 2019

PORT OF SHIPMENT: NINGBO, CHINA

PORT OF DESTINATION: NEW YORK, USA

PAYMENT: BY CONFIRMED IRREVOCABLE L/C PAYABLE BY DRAFT AT SIGHT

INSURANCE: TO BE EFFECTED BY THE SELLER AS USUAL

二、接受信的基本结构

（一）开头部分

买方感谢卖方的报盘，表示愿意订购某商品，或者卖方确认买方需求等。常用的句型有：

After consideration，we are pleased to place an order with you ...

Thank you very much for your order of May 5 for 5,000 cases canned beef. We are pleased to confirm our acceptance as shown in the enclosed Sales Contract.

（二）中间部分

明确所订购货物的主要条款，一般包括以下内容：

1）the name and address of exporter and importer；

2）catalogue number；

3）quantities ordered；

4）a full and accurate description of the commodities（such as name，type，size，color）；

5）price of commodities，including unit price and total value；

6）packing and marketing；

7）shipping company，shipping method，time of shipment，port of loading，port of destination；

8）terms of payment；

9）other necessary information，including order number，order types，validity of the order，etc.

（三）结尾部分

关于寄出订单或购货确认书 / 合同，并强调希望卖方尽快会签、发货等愿望。常见句型：

We have pleasure in informing you that we have booked your order No.123. We are sending you our Sales Confirmation No.1 in duplicate，one copy of which please sign and return for our file.

三、主要条款的拟定方法

（一）价格（Price）

价格分为单价（Unit Price）和总价（Total Value）。我们先来看看单价的例子：

Unit Price: USD5 / PC CIF NEW YORK

单价包括四个部分：货币名称（USD）、数字（5）、销售单位（PC）、贸易术语（CIF NEW YORK）。贸易术语又称价格术语，说明了产品价格的组成内容，这里 CIF 包括了产品的国内成本、产品到美国纽约的运费以及到纽约的保险费。

Total Value：USD25,000（SAY USD TWENTY FIVE THOUSAND ONLY）

总价书写中，开头用 "SAY"，结尾用 "ONLY"。

（二）包装条款（Packing）

包装条款包括包装方式、规格、包装材料。

常见的句式为 in+packing material，如 in cartons（纸箱装）、in wooden cases（用木箱装）。

要说明内包装的小件数，常见的句式为 in...of...each，如 in wooden cases of 12 pcs each（用木箱装，每箱 12 件）。

（三）装运（Shipment）

装运包括三个部分：装运时间，是否允许分批装运，是否允许分批转船。

装运时间常见的表达句式为 in+month（几月份装运）、before+date（在某个日期前装运）、not later than+date（不迟于某个日期装运）。

允许分批装运表达方式为 partial shipment allowed in two equal lots（分两批等量装运）。

允许在香港转船的表达方式为 transshipment allowed via Hongkong。

（四）保险条款（Insurance）

保险条款常见句式为 to be covered by sb. against some risk for some amount（按照多少金额由某方投保什么险别）。例如：

Insurance: To be covered by the seller against A.R. and W.R. for 110% of invoice value.

（五）付款条件

付款常用句式为 "by+ 付款方式"。

常见付款方式为汇付（Remittance）+ 托收（Collection）+ 信用证（L/C）。

【任务拓展】国际贸易合同

国际贸易合同又称进出口货物买卖合同，是指营业地处于不同国家或地区的当事人就商品买卖所发生的权利和义务关系而达成的书面协议。依法签约后，国际贸易合同是解决贸易纠纷，进行调节、仲裁与诉讼的法律依据。

【实训活动】

活动一：选一选

1. We hope to book _____ you an order _____ the following items. ＜单选＞

    A. from ; for   B. for ; of   C. with ; for   D. / ; with

2. If the first order is _____ executed，we shall place further orders with you. ＜单选＞

    A. satisfy   B. satisfactorily   C. satisfaction   D. satisfactory

3. We confirm _____ your order for 2,000 sets of Forever Brand Bicycles. ＜单选＞

    A. booked   B. booking   C. having booked   D. have been booked

4. We will arrange to ship the goods _____ S.S "Red Star" On March 10th，2020. ＜单选＞

    A. ex   B. on   C. per   D. of

5. Payment: _____ irrevocable L/C payable by draft at sight. ＜单选＞

    A. in   B. by   C. on   D. with

活动二：仿一仿

按照所学的主要条款的拟定方法，结合销售合同信的结构要求，根据中文提示撰写合同信。

货号：第 049 号全棉男式衬衫

数量：2000 件

单价：每件 35 美元 CFR 洛杉矶，美国

总价：70000 美元

装运：收到信用证后 15 天内

保险：由买方办理

支付方式：不可撤销即期信用证

【职业体验】

根据业务背景以卖方身份撰写信函。信函内容：卖方已收到买方订单为 RM344 的购买床单的订单，对此深表感谢。现特寄给买方缮写的销售合同一式两份。请会签并返回一份供我方存档。同时请通过卖方接受的银行及时开立信用证。卖方将在收到贵公司开来的信用证后立刻安排床单的交货。

【五星工匠】

请各位同学以小组为单位，根据知识、技能、素养三维目标对自己本单元的学习成效进行多元化评价，并查漏补缺，提升订单管理的岗位胜任能力。请点亮下图中的星星，为自己做一下星级评鉴，评一评自己能够得到几颗星。

跨境电商单据制作

【知识目标】

- 掌握国际贸易合同、信用证的解读
- 熟悉信用证分析表、订舱单、商业发票、装箱单、海运提单、汇票的填制方法

【技能目标】

- 掌握信用证分析表、订舱单、商业发票、装箱单、海运提单、汇票的制作

【素养目标】

- 培育社会主义核心价值观
- 培养诚实守信、遵纪守法的职业道德，精益求精的工匠精神
- 培养认真严谨的制单态度

【思维导图】

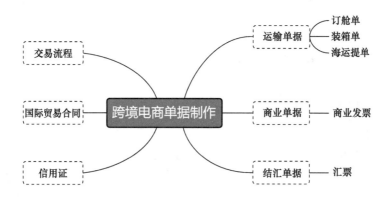

【任务背景】

2020 年 6 月 30 日，李明作为金华奥力集团（Jinhua Aoli Group）的业务员，与日本 NACHA 贸易公司（Nacha CO., LTD.）的业务代表在跨境电商平台阿里巴巴国际站经过

磋商谈判后，初步达成一笔出口 5000 双女式皮鞋的协议，李明负责该笔业务的交易磋商、审证、制单、审单、交单和归档等一系列工作，现李明代表金华奥力集团制作此笔出口合同和全套单据。

➢ **任务探讨**：请以李亮的身份，完成相关单据制作。

【任务实施】

大家好，欢迎来到跨境电商的世界，请结合任务背景，开启我们的跨境旅行，快速进入跨境电商单据制作的学习。

任务一　解读合同

一、跨境电商的交易流程

（一）跨境电商的参与主体

跨境电商的参与主体很多，主要有以下几个：

1）自建网站或通过第三方平台进行跨境电商经营的企业。这类主体又可以分为以下四种类型：拟涉足线上业务的传统外贸企业、拟向跨境业务发展的国内电商企业、以内贸为主的传统制造业企业、新创业的中小微企业。

2）从事跨境电商活动的个人。该主体经过平台注册，采用身份证、邮箱或营业执照等作为注册核实依据。

3）跨境电商的第三方平台（含信息平台、交易平台、外贸综合服务平台）。

4）跨境电商的通关服务、管理平台。

5）海关、保税区域的监管区域经营者。

6）物流企业。

7）银行。

（二）跨境电商的交易流程

跨境电商的交易流程如图 8-1 所示。

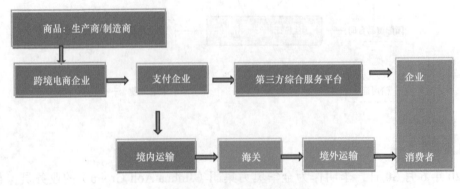

图 8-1　跨境电商交易流程

二、国际贸易合同概述

（一）国际贸易合同的含义

国际贸易合同在跨境电商交易中具有非常重要的地位。在进行跨境交易时，尤其是采用跨境 B2B 模式交易时，国际贸易合同对于确保交易顺利进行具有至关重要的作用。国际贸易合同明确了买卖双方的权利和责任，减少了交易风险，掌握国际贸易合同的相关知识，对于从事跨境交易具有重要的意义。

国际贸易合同在国内又称为外贸合同或进出口贸易合同，是营业地处于不同地区的当事人就商品买卖所发生的权利和义务关系而达成的书面协议。国际贸易合同受国家法律保护和管辖，是对签约各方都具有同等约束力的法律性文件，是解决贸易纠纷，进行调节、仲裁与诉讼的法律依据。

（二）国际贸易合同的形式

国际贸易合同有口头形式、书面形式和其他形式。

1. 口头形式

口头形式是指当事人双方用对话方式表达相互之间达成的协议。当事人在使用口头形式时，应注意只有能及时履行的经济合同，才能使用口头形式，否则不宜采用此种形式。

2. 书面形式

书面形式是指当事人双方用书面方式表达相互之间通过协商而达成的协议。书面形式主要指合同书、信件和数据电文（包括电传、电报、传真、电子数据交换和电子邮件）等可以有形表现所载内容的形式。书面形式便于当事人履行，便于管理和监督，便于举证，是合同当事人使用的主要形式。

3. 其他形式

其他形式即口头形式和书面形式以外的合同订立形式，是指当事人未用语言、文字表达其意思，而用实际行为达成的具有法律效力的合同形式。

（三）国际贸易合同的主要内容

国际贸易合同种类较多，各类合同内容都不尽相同，它们都有各自特点，也有其共同点，不论采取何种形式，基本内容通常包括约首、基本条款和约尾三个组成部分。

1. 约首部分

约首部分一般包括合同名称、合同编号、缔约日期、缔约地点、缔约双方的名称和地址以及合同序言等。

2. 基本条款

基本条款（见图 8-2）是合同的主体部分，具体列明各项交易条件和条款。一般包括数量条款、品质条款、包装条款、价格条款、支付条款、装运条款、保险条款和其他条款。其他条款又包括检验检疫、索赔、不可抗力、仲裁、违约处理等内容。

图 8-2　国际贸易合同基本条款

3. 约尾部分

约尾部分是合同的结束部分，一般包括合同的份数、附件、使用文字及其生效日期与双方的签字等。

开头和结尾部分规定了合同的效力范围和有效条件的主要问题，全称为效力部分。基本条款部分是合同内容的主要部分，规定了合同买卖双方的权利与义务。

如何判断合同是否成立，有不同的规定。《中华人民共和国民法典》规定，"承诺生效时合同成立。""当事人采用合同书形式订立合同的，自当事人均签名、盖章或者按指印时合同成立。""当事人采用信件、数据电文等形式订立合同要求签订确认书的，签订确认书时合同成立。"根据《联合国国际货物销售合同公约》规定，合同成立的时间有两个标准：一是有效接受的通知到达发盘人时；二是受盘人做出接受行为时，接受生效的时间实际上就是合同成立的时间。

（四）制作合同

金华奥力集团的李明学习了合同的相关知识之后，针对本次跨境电商平台阿里巴巴国际站的交易，制作了销售确认书，如下所示：

金华奥力集团

JINHUA AOLI GROUP

252 ZHONGSHAN ROAD，JINHUA，ZHEJIANG，CHINA

POST CODE: 321000 FAX: +86（0579）88437868 TEL: +86（0579）88437869

销售确认书

SALES CONFIRMATION

To Messrs：NACHA CO.，LTD.   S/C NO.: G2023017

NO. 286-9, CHIGASAKI, CHUO, TSUZUKI-KU, YOKOHAMA, JAPAN   DATE: JUNE 30, 2023

谨启者：兹确认售予你方下列货品，成交条款如下：

Dear Sirs,

We hereby confirm having sold to you the following goods on terms and conditions as specified below:

1. 唛头 SHIPPING MARK	2. 商品名称、规格 DESCRIPTION OF GOODS	3. 数量 QUANTITY	4. 单价 UNIT PRICE	5. 总价 TOTAL AMOUNT
NACHA S/CG2023017 YOKOHAMA NO.1-100	WOMEN'S LEATHER SHOES ITEM NO. 2126 ITEM NO. 2127 In cartons of 50 pairs each	2,500 PRS 2,500 PRS	USD20.00/PR USD20.00/PR	CIF YOKOHAMA USD50,000.00 USD50,000.00
TOTAL		5,000 PRS		USD100,000.00

6. 装运期限：不迟于 2023 年 8 月 25 日，允许分批装运和转运。

TIME OF SHIPMENT：Not later than August 25th, 2023, allowing transshipment and partial shipment.

7. 装运港：中国宁波。

PORT OF LOADING: Ningbo，China

8. 目的港：日本横滨。

PORT OF DESTINATION：Yokohama，Japan

9. 付款条件：100% 不可撤销的保兑的即期信用证应由买方及时开出并在 2023 年 8 月 5 日当天或之前到达卖方，该信用证在装运日期后 20 天内在中国议付有效。如信用证迟到，卖方对延迟装运不承担任何责任，且卖方有权撤销本合同或提出损害赔偿。

TERMS OF PAYMENT: By 100% irrevocable and confirmed Sight Letter of Credit to be opened by the Buyer in time to reach the Seller on or before August 5, 2023 and to be available for negotiation in China until the 20th day after the date of shipment. In case of late arrival of the L/C，the Seller shall not be liable for any delay in shipment and shall have the right to rescind the contract and/or claim for damages.

10. 保险：由卖方根据中国保险条款按 CIF 发票金额的 110% 投保一切险。

INSURANCE：To be effected by the Seller for 110% of the CIF invoice value covering All Risks only as per China Insurance Clauses.

11. 检验：由中华人民共和国海关总署出具的品质 / 重量证书作为装运品质 / 重量证明。

INSPECTION: The Inspection Certificate of Quality/Weight issued by GACC shall be taken as basis for the shipping quality/weight.

12. 索赔：货物运抵交货地点后，买方应立即检验货物并在货物到后 30 日内向卖方提出书面索赔通知。如未提出通知，表示买方无争议地接受货物并根据本合同条款支付货款。

CLAIM: Upon the arrival of the goods at place of delivery，the Buyer shall immediately inspect the goods and shall give written notice of any claim to the Seller within 30 days after their arrival. The failure to give such notice shall constitute irrevocable acceptance of the goods by the Buyer，and he shall be bound to pay the price of the goods in accordance with the terms of the Agreement.

13. 不可抗力：如自然灾害、战争或其他不可抗力致使卖方对本确认事项下的整批或者部分货物不能装运或延迟装运，买方对此不负责任，但卖方应立即通知买方于 15 天内以航空挂号函件方式将中国国际贸易促进委员会出具的证明发生此类事件的证明书发给买方。

FORCE MAJEURE: The Seller shall not be held liable for non-delivery or delay in delivery of the entire lot or a portion of the goods thereunder by reason of natural disasters，war or other causes of Force Majeure. However，the Seller shall notify the Buyer as soon as possible and furnish the Buyer within 15 days by registered airmail with a certificate issued by the China Council for the Promotion of International Trade attesting such event(s).

14. 仲裁：凡因执行本合同所发生的或与本合同有关的一切争议应通过友好协商解决，协商无法解决，争议应提交中国国际经济贸易仲裁委员会，根据其仲裁规则进行仲裁。仲裁地点在上海。仲裁裁决是终局的，对双方都有约束力。

ARBITRATION: All disputes arising out of the performance of or relating to this contrast shall be settled amicably through negotiation. In case no settlement can be reached throngh negotiation，the case shall then be submitted to the China International Economic and Trade Arbitration Commission for arbitration in accordance with its arbitral rules. The arbitration shall take place in Shanghai. The arbitral award is final and binding upon both parties.

15. 特别条款：（如特别条款与印刷条款有抵触时，应以此特别条款为准。）

SPECIAL CONDITIONS:（These shall prevail over all printed terms in case of any conflict.）

卖方：
THE SELLER:
李明
JINHUA AOLI GROUP

买方：
THE BUYER:
Gante Gaka
NACHA CO.，LTD.

【实训活动】

根据以下业务背景，填制相关合同。

2023 年 3 月 2 日，跨境公司 JINHUA DATA CO.，LTD. 与客户 EARTH MUSIC & ECOLOGY CO.，LTD. 达成一笔交易，我方经理王华与外商代表 BASUHARU 先生签订了一份编号为 GM-CA200646 的合同。交易货物为女士牛仔夹克（LADIES' JEAN JACKET），其中，型号为 602 的夹克出口 1000 件，每件 13 美元；型号为 603 的夹克出口 2000 件，每件 15 美元。贸易术语为 CIF，包含 3% 的佣金。货物包装为一件装一个塑料装，20 件装一个纸箱，包装费用由卖方承担，运输标志由卖方决定。装运期为 2023 年 8 月份，装运港为中国宁波，目的港为日本横滨（YOKOHAMA），允许分批装运，不允许转运。保险金额为发票金额的 110%，按照中国人民保险公司海洋运输货物保险条款投保一切险和战争险。付款方式为不可撤销保兑信用证，在开证行指定的付款行处 60 天延期付款。

SALES CONTRACT

To:（1）

S/C No.: GM-CA200646

DATE: MAR.2, 2023

We hereby confirm having sold to you the following goods on terms and conditions as stated below:

COMMODITY & SPECIFICATIONS	QUANTITY	UNIT PRICE	AMOUMT
（2）		（3）	
（4）	（5）	（6）	（7）
（8）	（9）	（10）	（11）
TOTAL:	（12）		（13）
TOTAL CONTRACT VALUE:（14）			

SHIPPING MARK:（15）

PACKING:（16）   20PCS TO A CARTON

PORT OF SHIPMENT: NINGBO，CHINA

PORT OF DESTINATION:（17）

TIME OF SHIPMENT:（18）

TRANSSHIPMENT: ALLOWED

PARTIAL SHIPMENT: ALLOWED

TERMS OF PAYMENT: BY（19） L/C TO BE AVAILABLE BY（20）

AT（21） SIGHT IN PAYING BANK DESIGNATED BY ISSUING BANK

INSRUANCE: TO BE COVERED BY THE SELLER FOR（22） AGAINST（23）

AS PER（24） OF（25） DATED 01/01/2010

Signed by:

THE SELLER:（26）   THE BUYER:（27）

【职业体验】

以小组为单位，到本地跨境电商企业进行技能实践，并根据企业实际工作任务和真实案例制作一份国际贸易合同。

【五星工匠】

请各位同学以小组为单位，根据知识、技能、素养三维目标对自己的学习成效进行多元评价，提升合同解读能力。请点亮下图中的星星，为自己做一下星级评鉴，评一评自己能够得到几颗星。

任务二　解读信用证

一、国际商务单证的概念

国际商务单证是指外贸结算中应用的各种单据、证书与文件，包括信用证和其他有关单据和证书，用以处理货物的交付、保险、运输、商检、结汇等工作。国际商务单证包括审证、制单、审单、交单和归档五个环节，贯穿于外贸业务的成交、运输、收汇的全过程，具有工作量大、涉及面广、时间性强和要求高等特点。

国际商务单证适用惯例有《跟单信用证统一惯例》（UCP600）、《关于审核跟单信用证项下单据的国际标准银行实务》（ISBP）、《〈跟单信用证统一惯例〉电子交单补充规则》（eUCP）、《国际备用信用证惯例》（ISP98）。

二、认识信用证

（一）信用证的含义

信用证（Letter of Credit，L/C）是开证银行根据进口商的要求和提示或代表其自身开给出口商（受益人）的，在单证相符的条件下承诺支付汇票或发票金额的文件。

（二）信用证的特点

1. 开证行负首要付款责任

信用证支付方式是一种银行信用，只要受益人提交符合信用证条款的单据，开证行必须履行付款承诺。

2. 信用证是一项自足文件

信用证不依附于买卖合同，与国际贸易合同彼此独立。信用证的开立以国际贸易合同为依据，但信用证一经开出，就成为独立于国际贸易合同以外的另一种契约，不受国际贸易合同的约束。

3. 信用证业务处理的是纯单据

按照 UCP600 的规定，银行处理的是单据，而不是单据所涉及的货物、服务或其他行为。因此，信用证业务是一种纯粹的单据业务。信用证是凭单付款，不以货物为准，只要单据相符，开证行就应无条件付款。

（三）信用证基本当事人

信用证的当事人包括开证申请人、开证行、通知行、受益人、议付行（或者交单行）、付款行。

1. 开证申请人（Applicant）

开证申请人是向银行提交申请书申请开立信用证的人，它一般为进出口贸易业务中的进口商。

2. 开证行（Opening Bank / Issuing Bank）

开证行是接受开证申请人的开证申请开立信用证的银行。

3. 通知行（Advising Bank）

通知行是受开证行的委托，将信用证通知给受益人的银行，它一般为开证行在出口地的代理行或分行。

4. 受益人（Beneficiary）

受益人是开证行在信用证中授权使用和执行信用证并享受信用证所赋予的权益的人，受益人一般为出口商。

5. 议付行（或者交单行）（Negotiating Bank）

议付行是根据开证行在议付信用证中的授权买进受益人提交的汇票和单据的银行。

6. 付款行（Paying Bank / Drawee Bank）

付款行是开证行在承兑信用证中指定并授权向受益人承担（无追索权）付款责任的银行。

（四）信用证其他当事人

偿付行（Reimbursing Bank）：偿付行是指开证行的代理人接受信用证开证行的委托，

代开证行偿还议付行垫款的第三国银行。

保兑行（Confirming Bank）：保兑行是应开证行或信用证受益人的请求，在开证行的付款保证之外对信用证进行保证付款的银行。

（五）当事人之间的关系

开证申请人与受益人之间签订有买卖合同，并约定以信用证的方式付款，于是开证申请人向开证行提出开证申请，与开证行签订开立信用证的合同，向开证行交纳开证保证金或相关的抵押物，并保证在开证行收到受益人提交的与信用证相符的单据后，保证对开证行付款，以换取受益人提交的单据。

开证行接受开证申请人的申请，并在开证申请人对开证行履行相关开证手续后，以开证行自己的信誉作为担保，向受益人开立一个有条件的付款承诺的书面文件——信用证，并在受益人交单相符的情况下，保证对受益人付款。

三、信用证项下出口单证工作流程

（一）业务流程

1）备货。

2）货、证、船的衔接。

3）缮制商业发票和包装单据。

4）缮制出口货物报关单。

5）缮制保险单证。

6）缮制提单。

7）缮制装船通知。

8）审单与交单兑用。

（二）信用证支付流程

1）买卖双方在贸易合同中规定使用跟单信用证支付。

2）买方通知进口地银行（开证行）开立以卖方为受益人的信用证。

3）开证行请求另一银行通知或保兑信用证。

4）通知行通知卖方，信用证已开立。

5）卖方收到信用证，并确保其能履行信用证规定的条件后，即装运货物。

6）卖方将单据向指定银行提交。该银行可能是开证行，或是信用证内指定的付款、承兑或议付银行。

7）该银行按照信用证审核单据。如单据符合信用证规定，银行将按信用证规定进行支付、承兑或议付。

8）开证行以外的银行将单据寄送开证行。

9）开证行审核单据无误后，以事先约定的形式，对已按照信用证付款、承兑或议付的银行偿付。

10）开证行在买方付款后交单，然后买方凭单取货。

四、信用证种类

（一）按照是否附有货运单据划分

信用证以信用证项下的汇票是否附有货运单据划分为跟单信用证及光票信用证。

跟单信用证（Documentary Credit）是凭跟单汇票或仅凭单据付款的信用证。此处的单据指代表货物所有权的单据（如海运提单等），或证明货物已交运的单据（如铁路运单、航空运单、邮包收据等）。

光票信用证（Clean Credit）是凭不随附货运单据的光票（Clean Draft）付款的信用证。银行凭光票信用证付款，也可要求受益人附交一些非货运单据，如发票、垫款清单等。

在国际贸易的货款结算中，绝大部分使用跟单信用证。

（二）按照开证行所负的责任为标准划分

不可撤销信用证（Irrevocable L/C）指信用证一经开出，在有效期内，未经受益人及有关当事人的同意，开证行不能片面修改和撤销，只要受益人提供的单据符合信用证规定，开证行必须履行付款义务。

可撤销信用证（Revocable L/C）指开证行不必征得受益人或有关当事人同意、有权随时撤销的信用证，应在信用证上注明"可撤销"字样。但《跟单信用证统一惯例》（UCP500）规定：只要受益人依信用证条款规定已得到了议付、承兑或延期付款保证时，该信用证则不能被撤销或修改。它还规定，如信用证中未注明是否可撤销，应视为不可撤销信用证。

最新的《跟单信用证统一惯例》（UCP600）规定银行不可开立可撤销信用证（**注：常用的都是不可撤销信用证**）。

（三）按照有无另一银行加以保兑划分

保兑信用证（Confirmed L/C）指开证行开出的信用证，由另一银行保证对符合信用证条款规定的单据履行付款义务。对信用证加以保兑的银行，称为保兑行。

不保兑信用证（Unconfirmed L/C）指开证行开出的信用证没有经另一家银行保兑。

（四）按照付款时间不同划分

即期信用证（Sight L/C）指开证行或付款行收到符合信用证条款的跟单汇票或装运单据后，立即履行付款义务的信用证。

远期信用证（Usance L/C）指开证行或付款行收到信用证的单据时，在规定期限内履行付款义务的信用证。

假远期信用证（Usance Credit Payable at Sight）指信用证规定受益人开立远期汇票，由付款行负责贴现，并规定一切利息和费用由开证人承担。这种信用证对受益人来讲，实际上仍属即期收款，在信用证中有"假远期"（Usance L/C Payable at Sight）条款。

（五）按照受益人对信用证的权利可否转让划分

可转让信用证（Transferable L/C）指当信用证是自由议付时，可要求信用证中特别授权的转让银行，将信用证全部或部分转让给一个或数个受益人（第二受益人）使用的信用证。转让行指信用证的受益人（第一受益人）可以要求授权付款、承担延期付款责任并承兑或议付的银行。开证行在信用证中要注明"可转让"（Transferable），且只能转让一次。

不可转让信用证（Non-transferable L/C）指受益人不能将信用证的权利转让给他人的信用证。凡信用证中未注明"可转让"，即是不可转让信用证。

红条款信用证（Red Clause L/C），此种信用证可让开证行在收到单证之后，向卖家提前预付一部分款项。这种信用证常用于制造业。

（六）按照作用来划分

1. 循环信用证（Revolving L/C）

循环信用证指信用证被全部或部分使用后，其金额又恢复到原金额，可再次使用，直至达到规定的次数或规定的总金额为止。它通常在分批均匀交货情况下使用。在按金额循环的信用证条件下，恢复到原金额的具体做法有：

（1）自动式循环　每期用完一定金额后，不需等待开证行通知，即可自动恢复到原金额。

（2）被动循环　每期用完一定金额后，必须等待开证行通知到达，信用证才能恢复到原金额。

（3）半自动循环　每次用完一定金额后若干天内，开证行未提出停止循环使用的通知，自第几天起即可自动恢复至原金额。

2. 对开信用证（Reciprocal L/C）

对开信用证指两张信用证申请人互以对方为受益人而开立的信用证。两张信用证的金额相等或大体相等，可同时互开，也可先后开立。它多用于易货贸易或来料加工和补偿贸易业务。

3. 背对背信用证（Back to Back L/C）

背对背信用证又称转开信用证，指受益人要求原证的通知行或其他银行以原证为基础，另开一张内容相似的新信用证，背对背信用证的开证行只能根据不可撤销信用证来开立。背对背信用证的开立通常是中间商转售他人货物，或两国不能直接办理进出口贸易时，通过第三方以此种办法来沟通贸易。原信用证的金额（单价）应高于背对背信用证的金额（单价），背对背信用证的装运期应早于原信用证的规定。

4. 预支信用证/打包信用证（Anticipatory Credit / Packing Credit）

预支信用证/打包信用证指开证行授权代付行（通知行）向受益人预付信用证金额的全部或一部分，由开证行保证偿还并负担利息，即开证行付款在前，受益人交单在后，与远期信用证相反。预支信用证凭出口人的光票付款，也有要求受益人附一份负责补交信用证规定单据的说明书，当货运单据交到后，付款行在付给剩余货款时，将扣除预支货款的利息。

5. 备用信用证（Standby Credit）

备用信用证又称商业票据信用证（Commercial Paper Credit）、担保信用证，指开证行根据开证申请人的请求对受益人开立的承诺承担某项义务的凭证。即开证行保证在开证申请人未能履行其义务时，受益人只要凭备用信用证的规定并提交开证人违约证明，即可取得开证行的偿付。它是银行信用，对受益人来说是备用于开证人违约时，取得补偿的一种方式。

五、信用证的标准格式

（一）跟单信用证的开立（MT700 格式）

108：编号 reference

113：优先级 priority

27：报文页次 sequence of total

40A：跟单信用证类型 form of documentary credit

20：跟单信用证号码 documentary credit number

23：预通知编号 reference to pre-advice

31C：开证日期 date of issue

31D：到期日 date of expiry　到期地点 place of expiry

51A：开证申请人银行——银行代码 applicant bank-BIC

50：开证申请人 applicant

59：受益人 beneficiary

32B：币别代号与金额 currency code，amount

40E：适用规则 applicable rules

41D：向银行押汇……押汇方式为 available with ... by ... name/address

42C：汇票汇款期限 drafts at...

42A：汇票付款人——银行代码 drawee-BIC

43P：分批装运条款 partial shipment

43T：转运条款 transshipment

44A：装船 / 发运 / 接受监管的地点 loading on board / dispatch/taking in charge

44B：货物发送最终目的地 for transportation to ...

44C：最迟装运日期 latest date of shipment

45A：货物 / 服务描述 description of goods and/or services

46A：单据要求 documents required

47A：附加条款 additional conditions

71D：费用负担 charges

48：交单期限 period for presentation

49：保兑指示 confirmation instructions

78：给付款行 / 承兑行 / 议付行的指示 instructions to pay/accept/negotiate bank

72：附言 sender to receiver information

（二）跟单信用证实例

ISSUING BANK: CYPRUS POPULAR BANK LTD.，LARNAKA

ADVISING BANK: BANK OF CHINA，SHANGHAI BRANCH

SEQUENCE OF TOTAL　　*27: 1/1

FORM OF DOC. CREDIT　*40A: IRREVOCABLE

DOC. CREDIT NUMBER　*20: 186/18/10014

DATE OF ISSUE　　　　31C: 180105

APPLICABLE RULES	*40E: UCP LATEST VERSION
EXPIRY	*31D: DATE180228 PLACE CHINA
APPLICANT	*50: LAIKI PERAGORA ORPHANIDES LTD.
	020 STRATIGOU TIMAGIA AVE.
	6046, LARNAKA CYPRUS
BENEFICIARY	*59: SHANGHAI GARDEN PRODUCTS
	IMP. AND EXP. CO., LTD.
	27 ZHONGSHAN DONGYI ROAD
	SHANGHAI, CHINA
AMOUNT	*32B: CURRENCY USD AMOUNT 8,265.00
POS./ NEG.TOL.（%）	39A: 05/05
AVAILABLE WITH/BY	*41D: BANK OF CHINA, SHANGHAI BRANCH
	BY NEGOTIATION
DRAFT AT...	42C: AT SIGHT
	FOR FULL INVOICE VALUE
DRAWEE	*42D: LIKICY2NXXX
	*CYPRUS POPULAR BANK LTD.
	*LARNAKA
PARTIAL SHIPMENT	43P: ALLOWED
TRANSSHIPMENT	43T: ALLOWED
PORT OF LOADING	44E: SHANGHAI PORT
PORT OF DISCHARGE	44F: LIMASSOL PORT
LATEST DATE OF SHIP.	44C: 180213
DESCRIPT. OF GOODS	45A: WOODEN GARDEN PRODUCTS AS PER S/C NO. 17SGP1201
	CFR LIMASSOL PORT
DOCUMENTS REQUIRED	46A:

+ COMMERCIAL INVOICE IN QUADRUPLICATE ALL
STAMPED AND SIGNED BY BENEFICIARY CERTIFYING
THAT THE GOODS ARE OF CHINESE ORIGIN
+ FULL SET OF CLEAN ON BOARD BILL OF LADING
MADE OUT TO ORDER OF SHIPPER AND BLANK 18
ENDORSED, MARKED FREIGHT PREPAID AND NOTIFY
APPLICANT 20
+ PACKING LIST IN TRIPLICATE SHOWING PACKING
DETAILS SUCH AS CARTON NO AND CONTENTS OF
EACH CARTON
+ CERTIFICATE STAMPED AND SIGNED BY
BENEFICIARY STATING THAT THE ORIGIAL INVOICE
AND PACKING LIST HAVE BEEN DISPATCHED TO THE

APPLICANT BY COURIER SERVISE ONE DAY BEFORE THE SHIPMENT

+ SHIPPING ADVICE TO THE CYPRUS INSURANCE COMPANY ON THE FAX NO 29125312 SHOWING THE OPEN POLICY NO 13-1203614 AND ALL SHIPPING DETAILS

ADDITIONAL COND.　　47A:

+ EACH PACKING UNIT BEARS AN INDELIBLE MARK INDICATING THE COUNTRY OF ORIGIN OF THE GOODS PACKING LIST TO CERTIFY THIS

+ INSURANCE IS BEING ARRANGED BY THE BUYER

+ AUSD80.00 DISCREPANCY FEE，FOR BENEFICIARY'S ACCOUNT，WILL BE DEDUCTED FROM THE REIMBURSEMENT CLAIM FOR EACH PRESENTATION OF DISCREPANT DOCUMENTS UNDER THIS CREDIT

DETAILS OF CHARGES　　71B: ALL BANK CHARGES OUTSIDE CYPRUS ARE FOR THE ACCOUNT OF THE BENEFICIARY

PRESENTATION PERIOD　48: WITHIN 15 DAYS AFTER THE DATE OF SHIPMENT BUT WITHIN THE VALIDITY OF THE CREDIT

CONFIRMATION　　*49: WITHOUT

INSTRUCTIONS　　78: ON RECEIPT OF DOCUMENTS CONFIRMING TO THE TERMS OF THIS DOCUMENTARY CREDIT，WE UNDERTAKE TO REIMBURSE YOU IN THE CURRENCY OF THE CREDIT IN ACCORDANCE WITH YOUR INSTRUCTIONS, WHICH SHOULD INCLUDE YOUR UID NUMBER AND THE ABA CODE OF THE RECEIVING BANK

（三）单据要求（Documents Required）

1. Draft（Bill of Exchange）（汇票）

1）available by draft at sight（凭即期汇票付款）。

2）draft to be drawn at 30 days sight（开立30天的汇票）。

3）sight draft（即期汇票）; time draft（远期汇票）。

2. Signed Commercial Invoice（已签署的商业发票）

1）signed commercial invoices in 5 copies issued in the name of the buyer indicating the merchandise，country of origin（以买方名义开具，注明商品名称、原产国，并经签署的商业发票一式五份）。

2）4% discount should be deducted from total amount of the commercial invoice（商业发票的总金额须扣除4%折扣）。

3. Bill of Loading（提单）

full set of clean on board bill of lading made out to order of shipper and blank endorsed, marked Freight Prepaid and notify applicant（全套清洁已装船提单，以托运人指示为抬头，空白背书，注明"运费预付"，通知开证申请人）。

4. Insurance Policy（or Certificate）（保险单）

1）free from particular average（F.P.A.）（平安险）。

2）with particular average（W.A.）（水渍险）。

3）all risk（一切险）。

4）total loss only（T.L.O.）（全损险）。

5）war risk（战争险）。

6）additional risk（附加险）。

7）from warehouse to warehouse clauses（仓至仓条款）。

8）theft，pilferage and nondelivery（T.P.N.D.）（盗窃、提货不着险）。

9）fresh water rain damage（淡水雨淋险）。

10）risk of shortage（短量险）。

11）strike（S.R.C.C.）（罢工）。

12）special additional risk（特殊附加险）。

13）the stipulations for insurance（保险条款）。

14）ocean marine cargo clauses（海洋运输货物保险条款）。

15）insurance policy or certificate covering F.P.A.and war risks as per ocean marine cargo clause of the People's Insurance Company of China dated 1/1/1981（保险单或凭证根据中国人民保险公司 1981 年 1 月 1 日的海洋运输货物保险条款投保平安险和战争险）。

16）insurance policy or certificate issued by an insurance Co. with W.P.A. clause covering the merchandise for about 10% above the full invoice value with claims payable at Singapore（由保险公司签发的保险单或凭证按发票总金额的 110% 投保水渍险，在新加坡赔付）。

5. Certificate of Origin（原产地证书）

certificate of origin of China（中国原产地证明书），showing（表明），stating（证明），evidencing（证明），specifying（说明），indicating（表明）。

6. Packing List and Weight List（装箱单和重量单）

1）packing list deatiling the complete inner packing specification and contents of each package（载明每件货物的内部包装规格和内容的装箱单）。

2）packing list detailing...（详注……的装箱单）。

3）weight list（重量单）。

4）weight and measurement list（重量和尺码单）。

7. Inspection Certificate（质检证书）

certificate of inspection certifying quality & quantity in triplicate issued by C.I.B.C.（由中国商品检验局出具的品质和数量检验证明书一式三份）。

【实训活动】

练一练：请解读下列信用证条款。

1. COMMERCIAL INVOICE IN QUADRUPLICATE ALL STAMPED AND SIGNED BY BENEFICIARY CERTIFYING THAT THE GOODS ARE OF CHINESE ORIGIN

2. FULL SET OF CLEAN ON BOARD BILL OF LADING MADE OUT TO ORDER OF SHIPPER AND BLANK ENDORSED, MARKED FREIGHT PREPAID AND NOTIFY APPLICANT

3. PACKING LIST IN TRIPLICATE SHOWING PACKING DETAILS, SUCH AS CARTON NO. AND CONTENTS OF EACH CARTON

【职业体验】

以小组为单位，到本地跨境电商企业进行实践，并解读实际工作中真实案例的信用证。

【五星工匠】

请各位同学以小组为单位，根据知识、技能、素养三维目标对自己的学习成效进行多元评价，并查漏补缺，提升信用证解读能力。请点亮下图中的星星，为自己做一下星级评鉴，评一评自己能够得到几颗星。

任务三 制作单据

一、信用证分析表的制作

（一）信用证分析表的含义

信用证分析表（Analysis of Letter Credit）是指把信用证的内容用表格形式进行业务分析的工作单（见表 8-1）。

表 8-1 信用证分析表

信用证号	（1）		合约号	（2）	受益人		（3）		
开证行	（4）				开证申请人		（5）		
开证日期	（6）	兑付方式		（7）	装运口岸		（11）	目的地	（12）
金额	（8）				可否转运		（13）	成交方式（19）	
汇票付款人	（9）				可否分批		（14）		
汇票付款期限	见票（10）天期				装运期限		（15）	唛头（20）	
					有效期		（16）		
					有效地点		（17）		
货物描述	（21）				提单日后（18）天内议付				

单证名称（22）	提单	副本提单	商业发票	海关发票	装箱单	重量数量单	尺码单	保险单	产地证	普惠制产地证	贸促会产地证	出口许可证	装船通知书	投保通知	寄单证明	寄样证明	品质证明书
提交银行																	
提交客户																	

注：在"提交银行"或"提交客户"对应的栏目中填写应提交的单据份数，信用证要求提交的单据没有注明份数，默认为 1 份。

提单	抬头	（23）		保险	险种（26）		
	被通知人	（24）					
运费支付方式（预付或到付）（25）					投保加成率	（27）	赔款地点（28）

（二）信用证分析表的填制

（1）信用证号（L/C NO.） 填写信用证号码，一般为 SWIFT 信用证代号"20"条款的内容。

（2）合约号（S/C NO.） 填写销售确认书（Sales Confirmation）或销售合同（Sales Contract）的编号。

（3）受益人（Beneficiary） 填写信用证中受益人的详细名称、地址，一般为 SWIFT 信用证代号"59"条款的内容。

（4）开证行（Issuing Bank/Opening Bank） 填写信用证中开证银行的名称，一般为 SWIFT 信用证开头部分内容或 SWIFT 信用证代号"51A"条款的内容。

（5）开证申请人（Applicant） 填写信用证中开证申请人的详细名称、地址，一般为 SWIFT 信用证代号"50"条款的内容。

（6）开证日期（Date of Issue） 填写信用证开证时间，一般为 SWIFT 信用证代号"31C"条款的内容。

（7）兑付方式（Available with） 根据信用证类型填写付款信用证、议付信用证或承兑信用证，一般参照 SWIFT 信用证代号"41A/41D"条款的内容。

（8）金额（Amount） 填写信用证的总金额，一般为 SWIFT 信用证代号"32B"条款的内容。

（9）汇票付款人（Drawee） 填写汇票付款人信息，一般为 SWIFT 信用证代号"42A/42D"条款的内容。

（10）汇票付款期限（Drafts at）：填写信用证下汇票的付款时间，有即期汇票和远期汇票两种类型，一般根据 SWIFT 信用证代号"42C"条款的内容填写。

（11）装运口岸（Port of Loading/Airport of Departure） 填写货物出境时港口或关境口岸的名称，一般为 SWIFT 信用证代号"44E"条款的内容。

（12）目的地（Port of Discharge/Airport of Destination） 填写出口货物运往境外的最终目的地，一般为 SWIFT 信用证代号"44F"条款的内容。

（13）可否转运（Transshipments） 填写出口货物对转运的要求，一般根据 SWIFT 信用证代号"43T"条款的内容填写。如果允许转运，则填"Allowed"或"Permitted"；反之，则填"Not Allowed"或"Prohibited"。

（14）可否分批（Partial Shipments） 填写出口货物对分批的运输要求，一般根据 SWIFT 信用证代号"43P"条款的内容填写。如果允许分批装运，则填"Allowed"或"Permitted"。

（15）装运期限（Date of Shipment） 填写信用证最迟装运日期，一般为 SWIFT 信用证代号"44C"条款的内容。

（16）有效期（Date of Expiry） 填写信用证规定的有效期，一般为 SWIFT 信用证代号"31D"条款的内容。

（17）有效地点（Place of Expiry） 填写信用证规定的到期地点，一般为 SWIFT 信用证代号"31D"条款的内容。

（18）提单日后多少天内议付（Period of Presentation） 填写信用证规定的议付有效期，一般根据 SWIFT 信用证代号"48"条款的内容填写。

（19）成交方式（Price Term） 填写价格条款中的贸易术语的性质，一般根据 SWIFT 信用证代号"45A"条款的贸易术语内容填写。

（20）唛头（Shipping Marks） 货物的运输标志，根据信用证或合同规定填写。

（21）货物描述（Description of Goods） 填写货物的名称、数量等信息，一般根据 SWIFT 信用证代号"45A"条款的内容填写。

（22）单证名称（Documents Required） 在信用证方式下，按单证提交给银行或客户的实际情况，填写所需单证的份数要求。一般根据 SWIFT 信用证代号"46A"条款的内容填写。

（23）提单抬头（Made out） 一般填写收货人名称。在信用证支付方式下，根据信用证规定，按不同的抬头形式分别填制。一般根据 SWIFT 信用证代号"46A"条款中对提单的要求填写。

（24）提单被通知人（Notify） 一般填写收货人名称。在信用证支付方式下，根据信用证的要求详细列明被通知人的名称和地址。一般根据 SWIFT 信用证代号"46A"条款的内容填写。

（25）运费支付方式（Freight Payment Term） 此栏列明运费的支付方式。在信用证支付方式下，一般根据 SWIFT 信用证代号"45A"条款中对贸易术语的规定填写。

（26）险种（Risks） 出口商根据不同的贸易术语，决定是否办理保险，填写投保险别和适用保险条款等内容。

（27）投保加成率（Margin for Insurance） 此栏根据办理保险的要求填写投保加成率。

（28）赔款地点（Claim Payable at） 此栏根据办理保险的要求填写赔款地点。

二、制作订舱单

（一）订舱单的含义

订舱单（Booking Note）也称订舱委托书，是发货人自行或委托货运代理公司向船舶公司或其代理人办理货物出口托运的委托文件（见表 8-2）。

表 8-2　订舱单

Shipper:（1）				订舱单	
Consignee:（2）			To:（4）		
Notify:（3）			合同号：（5）		
			运费：（6）		
			Vessel/Voyage:（7）		
Port of Loading:（8）		Port of Discharge:（9）	Transshipment:（10）		Partial Shipment:（10）
Marks & Numbers	Description of Goods		No. of Packages	Gross Weight	Meas.
（11）	（12）		（13）	（14）	（14）
Total No. of Containers or Packages:（15）					
客户要求（16） □送货　□产装　□代理报关　□代理报检　□投保					
产装信息（17）	产装地址及预计日期： 单位名称： 地址： 联系人： 电话：			订舱公司：（18） 联系人： 电话： 传真：	
特殊要求：（19）					

（二）订舱单的制作

1. 订舱单填制方法

（1）托运人（Shipper） 一般填写出口商。在信用证支付方式下应与信用证中受益人（Beneficiary）名称、地址一致。

（2）收货人（Consignee） 一般填写进口商。以信用证或合同的要求为准，to order，to order of ...

（3）被通知人（Notify） 一般填写进口商，必须有公司名称和详细地址，有时则是"Same as Consignee"。若在信用证方式下，以信用证要求为准。

（4）配舱信息（To） "To"后面填写货运代理联系人的敬称。"开船日"填写配验船的时间。"箱型、箱址"，若是集装箱运输，填写配载的集装箱箱型和个数；若是拼箱，注明拼箱，并填写货物的最大外包装个数。

（5）合同号（S/C NO.） 填写销售合同或销售确认书的号码。

（6）运费（Freight） 按进出口双方达成的贸易条件填写是预付还是到付。若双方按FOB，即填写运费到付；按CFR、CIF成交，则填写运费预付。

（7）船名航次（Vessel / Voyage） 填写所订舱位的船名与航次。

（8）装运港（Port of Loading） 填写货物起始装运港口，一般以合同或信用证为准。

（9）目的港（Port of Discharge） 填与货物最后卸货港口，一般以合同或信用证为准。

（10）转运（Transshipment）和分批装运（Partial Shipment）填写该批货物是否转运或分批装运。

（11）运输标志（俗称唛头）（Marks & Numbers） 按合同或由出口商自行设计。

（12）货物描述（Description of Goods） 填写商品的大类英文名称，需注明商品的中文品名以及商品编码。

（13）商品包装（No. of Packages） 填写商品最大外包装的种类和数量。

（14）总毛重、总体积（Gross Weight，Meas.） 按实际填写商品的总毛重和总体积。

（15）总集装箱数或总件数（Total No. of Containers or Packages） 用大写英文填写总的最大外包装数量。

（16）客户要求 出口商按需要选择货代提供的服务，并进行勾选。

送货：一般用于拼箱运输货物。货代完成订舱后给出口商一份进仓单，而出口商需要按进仓单上的内容，在规定的时间内自行安排将货物送达指定的仓库，并且自行承担运输过程中的费用和风险。

产装：一般用于整箱运输货物。货代安排车队拉集装箱到出口商指定地点装货，出口商自行安排人员将货物装于集装箱内，后由车队封箱，并运往出口口岸。

代理报关：出口公司委托货代代其办理货物报关手续。

代理报检：出口公司委托货代代其办理货物报检手续。

投保：当出口公司需要办理货物运输保险业务时，则可以委托货代代理。

（17）产装信息 如选择集装箱整箱运输，且需要产装，则出口商须填写名称、地点及详细的联系方式。

（18）订舱公司 一般填写出口公司名称、联系人、联系方式。

（19）特殊要求 供出口公司填写表格中没有列明的特殊要求。

2. 订舱单填制注意事项

1）货物的各项资料：唛头、件数、货名、重量、尺码等必须填全。

2）运费与附加费栏，请认真填写金额，如有协议 / 合约，则加填协议 / 合约号，请勿空着。

3）运费预付、到付栏不填的，一律按预付处理，是否中转及中转港口栏填写清楚。有的转运货物，一程运输费预付，二程运费到付，要分别注明；可否分批，以及装期、效期等均应按信用证或合同要求一一注明。

4）危险品货物，除填本单危险品一栏内容外，出运时还必须提供产品说明书，包装容器使用性能鉴定书。

三、制作商业发票

（一）认识商业发票

1. 商业发票的含义

商业发票（Commercial Invoice），是卖方开立的载有货物名称、数量、价格等内容的清单，作为买卖双方交接货物和结算货款的主要单证，是进口国确定征收进口关税的依据，也是买卖双方索赔、理赔的依据（见表8-3）。

表8-3 商业发票

Seller（1）	Commercial Invoice			
Buyer（2）	Invoice Date（3）		Invoice No.（4）	
	S/C No.（5）		S/C Date	
	L/C No.（6）		Price Term（18）	
	From（7）		To（7）	
Issued by	（8）			
Marks & Numbers	Description of Goods	Quantity	Unit Price	Amount
（9）	（10）	（11）	（12）	（13）
Total:（14）				
Total Amount in Words:（15）				
Declaration and Other Contents（16）				
			Signature（17）	

商业发票是一笔业务的全面反映，同时也是进口商办理进口报关不可缺少的文件，因此商业发票是全套出口单据的核心，在单据制作过程中，其余单据均需参照商业发票缮制。

2. 商业发票的内容

商业发票的内容一般包括：

1）商业发票须载明"发票"（Invoice）字样。

2）发票编号和签发日期（Number and Date of Issue）。

3）合同号码（Contract Number or Order Number）。

4）收货人名称地址（Consignee's Name and Address）。

5）出口商名称地址（Exporter's Name and Address）。

6）装运工具及起讫地点（Means of Transport and Route）。

7）商品名称、规格、数量、重量（毛重、净重）等（Commodity，Specifications，Quantity，Gross Weight，Net Weight，etc.）。

8）包装及尺码（Packing and Measurement）。

9）唛头及件数（Marks and Numbers）。

10）价格及价格条件（Unit Price and Price Term）。

11）总金额（Total Amount）。

12）出票人签字（Signature of Maker）等。

（二）商业发票的制作

1. 商业发票的填制方法

（1）出票人（Seller） 出票人的名称、地址应与合同的卖方或信用证的受益人的名称、地址相同。

（2）收货人（Buyer） 信用证支付方式下须按信用证规定的内容填制，一般是开证申请人。

（3）发票日期（Invoice Date） 一般晚于合同和信用证的签发日期，是结汇单据中最早签发的单据。除非信用证另有规定，否则开证行也接受早于开证日期的发票。

（4）发票编号（Invoice No.） 由出口公司根据实际情况自行编制，是全套结汇单据的中心编号。

（5）合同号码（S/C No.） 按合同号码填写。

（6）信用证号码（L/C No.） 信用证支付方式下填写信用证号码，否则空白。

（7）航线（From...To...） 填写货物实际的起运港（地）、目的港（地），如货物需经转运，应把转运港（地）的名称表示出来。

（8）开证行（Issued by） 信用证支付方式下填写开证行的名称，否则空白此栏。

（9）唛头及件号（Marks & Numbers） 凡是信用证上规定唛头的，应按信用证或合同规定的填制，并与其他单据的唛头相一致；如未作具体的规定，则填写 N/M 或 NO MARKS。

（10）货物描述（Description of Goods） 信用证支付方式下必须与信用证和合同的描述完全一致。

（11）数量或重量（Quantity） 根据信用证规定填写具体的数量或重量。数量或重量既要与实际装运货物相符，又要符合信用证规定。以件数计算价格的商品，发票要列明件数；以重量计算价格的，必须列出重量。如果货品规格较多，每种商品应小计数量，最后表示出总数量。计量单位如 pieces（件）、sets（套）、cartons（箱）、bags（包）、dozens（打）、pairs（双）、yards（码）、drams（桶）、cases（小箱子）、box（小盒子）等。

（12）单价（Unit Price） 完整的单价应包括计价货币、单位价格金额、计量单位和贸易术语四部分内容。如果来证要求分别扣除佣金和折扣列出净价格，也要照办。

（13）总金额（Amount） 根据信用证规定填写，发票总额不能超过信用证金额。如 USD5,000，注意币别。

（14）总计（Total） 在填制商业发票时，尤其是有多种商品规格时，为了使商品的总数量以及总金额更加清晰明了，都要在发票中予以总计。

单价和总值是发票的重点，特别要注意发票金额不超过信用证金额，发票的货币要与信用证相一致。

（15）大写总金额（Total Amount in Words） 大写总金额应由小写金额翻译而成，以"SAY"提示开始，货币名称写在数额前，大写金额后加"ONLY"。如 USD50,000，大写金额写为 SAY U.S. DOLLARS FIFTY THOUSAND ONLY。

（16）声明文句及其他内容（Declaration and Other Contents） 根据信用证的规定或特别需要在发票上注明的内容。

（17）出票人签章（Signature） 通常出票人签章是在发票的右下角打上出口公司的名称，并由负责人签名或盖章。

（18）价格条件（Price Term） 贸易术语＋港口。

2. 商业发票制作的注意事项

出口企业在制作商业发票时，应注意所有商品都应在《中华人民共和国海关进出口税则》中找到与之相对应的商品编码（HS编码）。所有出口货物，发货人都应如实向海关申报，并如数缴纳税款和费用。下列情况海关不予放行：

1）单证、货物或商标上有政治性错误或有反动、黄色、丑恶内容的。

2）单证不齐全或不符合规定的。

3）限制进出口的货物或国内外有配额的出口货物而没有许可证的。

4）违反贸易国别政策的，违反我国进出口政策、法令规定或经上级指示不准放行的。

5）货物的标记唛头、名称、品质规格、数量与单证所列不符的。

四、装箱单的制作

（一）认识装箱单

装箱单（Packing List）又称重量单（Weight List）、尺码单（Measurement List），是商业发票的一种补充单据，它列明了信用证（或合同）中买卖双方约定的有关包装事宜的细节，通过对商品的包装件数、规格、唛头、重量等项目的填制，明确说明商品的包装情况，便于买方对进口商品包装及数量、重量等的掌握，也便于买方在货物到达目的港时，供海关检查和核对货物（见表8-4）。

表 8-4　装箱单

Seller（1）			Packing List			
			Date（3）		Invoice No.（4）	
Buyer（2）			S/C No.（5）		L/C No.（7）	
			From（6）		To（6）	
			Issued by（8）			
Marks & Numbers	Description of Goods	No. & Kind of Package	Quantity	G.W.（KGS）	N.W.（KGS）	MEAS.（CBM）
（9）	（10）	（11）	（11）	（12）	（13）	（14）
Total:		（15）				
Total Packages（in Words）:（16）						
Declaration and Other Contents（17）						
						Signature（18）

装箱单是对商品包装进行记录的详细单据，其主要作用为买卖双方交接货物和海关查验货物的凭证。

（二）制作装箱单

（1）出票人（Seller）　出票人的名称、地址，与合同的卖方或信用证的受益人的名称、地址相同。

（2）收货人（Buyer）　信用证支付方式下须按信用证规定的填制，一般为合同的买方或信用证的开证申请人。

（3）装箱单日期（Date）　装箱单日期应不早于商业发票的日期，一般装箱单日期与商业发票日期一致。

（4）发票编号（Invoice No.）　与商业发票的编号相同。

（5）合同号码（Contract No.）　按合同号码填写。

（6）航线（From...To...）　填写货物实际的起运港（地）、目的港（地）。

（7）信用证号码（Letter of Credit No.）　信用证支付方式下填写信用证号码，否则空白不填。

（8）开证行（Issued by）　信用证支付方式下填写开证行，否则空白不填。

（9）唛头及件号（Marks & Numbers）　应按信用证或合同规定的填制，如未作具体的规定，则填写 N/M。

（10）货物描述（Description of Goods）　信用证支付方式下必须与信用证的描述一致。

（11）包装数量及种类（No. & Kind of Package）　填写运输包装单位的数量。数量（Quantity）：本栏填制包装单位的数量后再补充计价单位的数量。

（12）毛重（Gross Weight）　本栏填制每件货物含包装材料在内的重量，一般填制时，计量单位采用 kg，需保留两位小数。

（13）净重（Net Weight）　本栏填写每件货物的实际净重，一般填制时，计量单位采用 kg。

（14）体积（Measurement）　本栏填制每件货物的外包装的体积，应与提单所表示的体积保持一致，计量单位通常采用 m^3。

（15）总计（Total）　有多种商品规格时，为了使商品的总包装件数、净重、毛重和体积更加清楚，都要在装箱单中予以总计。

（16）大写包装（Total Packages in Words）　根据小写包装填写大写包装。如"500 箱"可以写为：SAY FIVE HUNDRED CARTONS ONLY.

（17）声明文句及其他内容（Declaration and Other Contents）　根据信用证的规定或特别需要在装箱单上注明的内容。

（18）出票人签章（Signature）　通常出票人签章是在装箱单的右下角打上出口公司名称，并由公司负责人签名或盖章。

五、制作海运提单

（一）认识海运提单

1. 海运提单的定义

海运提单（Bill of Lading，B/L）是指由船长或承运人签发的，证明收到特定货物，允诺将货物运至指定目的地并交付收货人的书面凭证（见表 8-5）。

表 8-5 海运提单

Shipper（2）		B/L No.（1）
Consignee（3）		COSCO CONTAINER LINES ORIGINAL
Notify Party（4）		RECEIVED in external apparent good order and condition except as otherwise noted. The total number of packages or unites stuffed in the container. The description of the goods and the weights shown in this Bill of Lading are furnished by the merchants, and which the carrier has no reasonable means of checking and is not a part of this Bill of Lading contract. The carrier has issued the number of Bills of Lading stated below, all of this tenor and date, one of the original Bills of Lading must be surrendered and endorsed or signed against the delivery of the shipment and where upon any other original Bills of Lading shall be void. The merchants agree to be bound by the terms and conditions of this Bill of Lading as if each had personally signed this Bill of Lading. 　SEE clause 4 on the back of this Bill of Lading (Terms continued on the back here of, please read carefully).
Pre-carriage by（19）	Place of Receipt（20）	
Vessel/Voyage（5）	Port of Loading（6）	
Port of Discharge（7）	Place of Delivery（21）	

Marks & Nos. Container No.	No. & Kind of Pkgs	Description of Goods	Gross Weight	Measurement
（8）	（9）	（10）	（11）	（12）

Total No. of Containers or Pakages（in Words）			（13）		

Freight & Charges（14）	Revenue Tons	Rate	Per	Prepaid	Collect
Ex rate	Prepaid at	Payable at	Place and Date of Issue（15）		
	Total Prepaid	No.of B/L（16）			
Laden on Board the Vessel（18） Date: By:			Signed by （17）		

　　海运提单的主要关系人是签订运输合同的双方：托运人和承运人，托运人即发货方，承运人即船方。其他关系人有收货人和被通知人等。

　　2. 海运提单的性质和作用

　　1）海运提单是承运人出具的货物收据。

　　2）海运提单是物权凭证。

　　3）海运提单是运输合同的证明。

　　3. 海运提单的种类

　　按不同的分类标准，海运提单可以划分为许多种类。

　　1）按提单收货人的抬头分：

　　记名提单（Straight B/L）：记名提单又称收货人抬头提单，是指提单上的收货人栏中有具体收货人名称的提单。

　　不记名提单（Blank B/L）：提单上收货人一栏内没有指明任何收货人，而注明"提单持有人"（bearer）字样或将这一栏空白的提单。

指示提单（Order B/L）：在提单正面收货人一栏内填上"凭指示"（to order）或"凭某人指示"（to order of...）字样的提单。

2）按货物是否已装船分为已装船提单（Shipped B/L or On Board B/L）、备运提单（Received for Shipment B/L）。

3）按提单上有无不良批注分为清洁提单（Clean B/L）、不清洁提单（Unclean B/L）。

4）按签发提单的时间分为倒签提单（Anti-dated B/L）、顺签提单（Post-dated B/L）、预借单（Advanced B/L）。

5）按收费方分为运费预付提单（Freight Prepaid B/L）、运费到付提单（Freight Collect B/L）。

（二）海运提单的制作

1.海运提单制作方法

（1）提单号码（B/L No.）

（2）托运人（Shipper） 信用证的受益人或合同的卖方名称和地址。

（3）收货人（Consignee） 此栏填写收货人名称，根据信用证的规定，填写不同的抬头形式。指示提单填 to order 或 to order of，记名提单填制指定公司的名称，不记名提单不填写收货人名称，也不填凭指示、凭某人指示等，而直接填上 to bearer（交与持有人）。

（4）被通知人（Notify Party） 根据信用证的要求填写被通知人的名称和地址。如果信用证没有规定，填写开证申请人或买方的名称、地址。

（5）船名航次（Vessel/Voyage） 运输船只的船名与航次。

（6）装运港（Port of Loading） 填写货物起始装运的港口。

（7）目的港（Port of Discharge） 填写货物最后卸货的港口。

（8）运输标志及集装箱号码（Marks & Nos., Container No.） 填写唛头和集装箱号码，按合同事先规定填制。

（9）件数和包装（No. & Kind of Pkgs） 此栏根据实际填写货物的最大包装件数。

（10）货物描述（Description of Goods） 即托运货物的名称，用统称或简写。

（11）毛重（Gross Weight） 填写总毛重，除信用证另有规定外，一般以 kg 为单位，并精确到小数点后两位。

（12）体积（Measurement） 填写总尺码，除信用证另有规定外，以 m³ 为单位，保留至小数点后三位。

（13）大写包装件数 [Total No. of Containers or Pakages（in Words）] 用英文大写文字填写包装及总件数，必须与小写的件数一致。

（14）运费（Freight & Charges） 运载一栏必须列明运费的支付方式，一般分"运费预付"（Freight Prepaid）和"运费到付"（Freight Collect）。

（15）提单的签发地点和签发期（Place and Date of Issue） 提单必须有签发地点，常为承运人营业地点；提单必须有签发日期，为签发提单的日期。

（16）提单的份数（No. of B/L） 按信用证有关提单的具体规定而定，一般为 2 份或 3 份。

（17）提单的签发人（Signed by） 提单只有经承运人或其代理人签字后才能生效。此栏应填写船方的签名和盖章。

（18）签发日期和签发人（Date: ... By: ...） 签发人一般为运输公司。

（19）第一程运输工具（Pre-carriage by） 若货物需中转，此栏则填写第一程船的船名；若不需转运，则空白不填。

（20）收货地（Place of Receipt） 若货物需中转，此栏填写收货的港口名称或地点；若不需转运，则空白不填。

（21）交货地（Place of Delivery） 此栏填写最终目的地名称，若货物最终目的地就是目的港，则空白不填。

2. 海运提单制作注意事项

1）提单不能有不清洁批注。

2）提单的收货人和被通知人必须严格按照信用证填写。

3）对于提单上印有船公司（承运人）名称的，一般货代会打上"as agent for the carrier"。如果提单上没印船公司名称，需要有船公司的盖章签字。

六、制作汇票

（一）认识汇票

1. 汇票的含义

英国《1882 年票据法》对汇票（Bill of Exchange）（见表 8-6）的定义为："汇票是由一人签发给另一人的无条件书面命令，要求受票人见票时或于未来某一规定的或可以确定的时间，将一定金额的款项支付给某一特定的人或其指定人或持票人。"

表 8-6 汇票

BILL OF EXCHANGE

| 凭 Drawn under | (1) | 信用证 L/C No. | 第号 (2) |

日期 Dated ___(3)___ 支取 Payable with interest @ (4) % per annum 按年息付款

号码 No. ___(5)___ 汇票金额 Exchange for (6) China ___(7)___

见票 At ___(8)___ sight of this **FIRST** of Exchange (Second of exchange 日后（本汇票之副本未付）付交

being unpaid) Pay to the order of (9) the sum of 金额

(10)

款已收讫 Value received

此致
To:
(11)

(12)

《中华人民共和国票据法》对汇票的定义为："汇票是出票人签发的，委托付款人在见票时或在指定日期无条件支付确定的金额给收款人或其指定人或持票人的票据。"

2. 汇票的种类

1）按照出票人的不同，汇票可分为银行汇票和商业汇票。银行汇票的出票人是银行。商业汇票的出票人是工商企业或个人。

2）按照承兑人的不同，汇票可分为商业承兑汇票和银行承兑汇票。商业承兑汇票是由工商企业或个人承兑的远期汇票。银行承兑汇票是由银行承兑的远期汇票。

3）按照是否附有货运单据，汇票可分为光票和跟单汇票。光票是指不附带货运单据的汇票。跟单汇票是指附有货运单据的汇票。跟单汇票的付款以附交货运单据为条件，付款人要取得货运单据提取货物，必须付清货款或提供一定的担保。

4）按照付款时间的不同，汇票可分为即期汇票和远期汇票。即期汇票（Sight Draft or Demand Draft），即见票即付的汇票。远期汇票（Time Draft or Usance Draft）是指在一定期限内或特定日期付款的汇票。

3. 汇票的当事人

根据汇票的定义，汇票的当事人一般有三个：出票人、受票人和收款人。

出票人（Drawer）即签发汇票的人，在进出口业务中，通常是出口商。

受票人（Drawee）即汇票的付款人，在进出口业务中，通常是进口商或其指定的银行；信用证结算方式下，开证行即付款人。

收款人（Payee）即汇票规定的可受领汇票金额的人，在进出口业务中，收款人通常是出口商本人或其指定的银行。

（二）汇票的填制

1. 信用证方式下汇票填制方法

（1）出票条款　此栏按要求填写开证行的名称和地址。

（2）信用证号码　填写信用证号码。非信用证支付方式，此栏不填。

（3）信用证日期　填写上信用证的日期。

（4）利息条款　由结汇银行填制。

（5）汇票号码　一般填发票号码。

（6）汇票小写金额　此栏填写小写的金额，例如 USD5,000.00。

（7）出票日期和地点　出票地点一般已印好，无须现填。出票地点后的横线填出票日期，信用证方式下，一般以议付日期作为出票日期。该日期不得早于随附的各种单据的出单日期，同时不能迟于信用证的交单有效期。该日期一般由银行代填。

（8）汇票付款期限　汇票付款期限分即期和远期两种。即期汇票的付款期限只需在横线处用"×××"表示，也可直接打上"AT SIGHT"，但不能留空。远期汇票，按信用证的规定填写，如来证规定"60 天付款的远期汇票"，填"60 days after"。

（9）收款人　此栏目应根据信用证内容填写。如信用证无规定，则填制议付银行的名称和地址；若未明确哪家银行为议付行，此处则填制 BANK OF CHINA。

（10）汇票大写金额　大写金额应由小写金额翻译而成，顶格打印，货币名称全称写在数额前，大写金额后加"ONLY"。如 USD23,998: SAY UNITED STATES DOLLARS TWENTY THREE THOUSAND NINE HUNDRED AND NINTY EIGHT ONLY。

（11）付款人　在信用证支付方式下，应按照信用证的规定，以开证行或其指定的付款行为付款人。倘若信用证中未指定付款人，应填写开证行。

（12）出票人　一般填写信用证的受益人。出票人应签署企业全称和负责人的签字或盖章。

2. 汇票的主要内容

《中华人民共和国票据法》第 22 条规定，汇票必须记载下列事项。

1）表明"汇票"的字样。

2）无条件支付的委托。

3）确定的金额。

4）付款人名称。

5）收款人名称。

6）出票日期。

7）出票人签章。

【实训活动】

练一练：请根据所给出的信用证和相关资料填制单据。

ISSUING BANK: CYPRUS POPULAR BANK LTD.，LARNAKA

ADVISING BANK: BANK OF CHINA，SHANGHAI BRANCH

SEQUENCE OF TOTAL	*27: 1/1	
FORM OF DOC. CREDIT	*40A: IRREVOCABLE	
DOC. CREDIT NUMBER	*20: 186/20/10014	
DATE OF ISSUE	31C: 200105	
APPLICABLE RULES	*40E: UCP LATEST VERSION	
EXPIRY	*31D: DATE200228 PLACE CHINA	
APPLICANT	*50: LAIKI PERAGORA ORPHANIDES LTD.	
	020 STRATIGOU TIMAGIA AVE.	
	6046，LARNAKA CYPRUS	
BENEFICIARY	*59: SHANGHAI GARDEN PRODUCTS	
	IMP. AND EXP. CO.，LTD.	
	27 ZHONGSHAN DONGYI ROAD	
	SHANGHAI，CHINA	
AMOUNT	*32B: CURRENCY USD AMOUNT 8,265.00	
POS. / NEG. TOL.（%）	39A: 05/05	
AVAILABLE WITH/BY	*41D: BANK OF CHINA，SHANGHAI BRANCH	
	BY NEGOTIATION	
DRAFT AT...	42C: AT SIGHT	
	FOR FULL INVOICE VALUE	
DRAWEE	*42D: LIKICY2N × × ×	
	*CYPRUS POPULAR BANK LTD.	

*LARNAKA

PARTIAL SHIPMENT	43P:	ALLOWED
TRANSSHIPMENT	43T:	ALLOWED
PORT OF LOADING	44E:	SHANGHAI PORT
PORT OF DISCHARGE	44F:	LIMASSOL PORT
LATEST DATE OF SHIP.	44C:	200213
DESCRIPT. OF GOODS	45A:	WOODEN GARDEN PRODUCTS

AS PER S/C NO. 17SGP1201

CFR LIMASSOL PORT

DOCUMENTS REQUIRED 46A:

+ COMMERCIAL INVOICE IN QUADRUPLICATE ALL STAMPED AND SIGNED BY BENEFICIARY CERTIFYING THAT THE GOODS ARE OF CHINESE ORIGIN

+ FULL SET OF CLEAN ON BOARD BILL OF LADING MADE OUT TO ORDER OF SHIPPER AND BLANK ENDORSED, MARKED FREIGHT PREPAID AND NOTIFY APPLICANT

+ PACKING LIST IN TRIPLICATE SHOWING PACKING DETAILS SUCH AS CARTON NO AND CONTENTS OF EACH CARTON

+ CERTIFICATE STAMPED AND SIGNED BY BENEFICIARY STATING THAT THE ORIGIAL INVOICE AND PACKING LIST HAVE BEEN DISPATCHED TO THE APPLICANT BY COURIER SERVISE ONE DAY BEFORE THE SHIPMENT

+ SHIPPING ADVICE TO THE CYPRUS INSURANCE COMPANY ON THE FAX NO 29125312 SHOWING THE OPEN POLICY NO 13-1203614 AND ALL SHIPPING DETAILS

ADDITIONAL COND.   47A:

+ EACH PACKING UNIT BEARS AN INDELIBLE MARK INDICATING THE COUNTRY OF ORIGIN OF THE GOODS PACKING LIST TO CERTIFY THIS

+ INSURANCE IS BEING ARRANGED BY THE BUYER

+ A USD 80.00 DISCREPANCY FEE, FOR BENEFICIARY'S ACCOUNT, WILL BE DEDUCTED FROM THE REIMBURSEMENT CLAIM FOR EACH PRESENTATION OF DISCREPANT DOCUMENTS UNDER THIS CREDIT

DETAILS OF CHARGES   71B: ALL BANK CHARGES OUTSIDE CYPRUS ARE FOR THE

ACCOUNT OF THE BENEFICIARY

PRESENTATION PERIOD　48: WITHIN 15 DAYS AFTER THE DATE OF SHIPMENT BUT WITHIN THE VALIDITY OF THE CREDIT

CONFIRMATION　　　*49: WITHOUT

补充资料：

合同日期：2019 年 12 月 1 日　　　　　货运代理：上海外运 / 小王

发票号码：20SHGD3029　　　　　　　　发票日期：2020 年 2 月 2 日

提单号码：SHYZ182234　　　　　　　　提单日期：2020 年 2 月 12 日

集装箱号码：FSCU3214999　　　　　　集装箱封号：1295312

集装箱箱型和交接方式：1×20' FCL，CY/CY　　船名：LT DIAMOND，V. 061W

单证员：李强　　　　　　　　　　　　发票签署：王建

木花架：WOODEN FLOWER STANDS　　H.S.CODE: 44219090.90

QUANTITY：350PCS，USD9.90/PC，2PCS/ 箱，共 175 箱　纸箱尺码：66*22*48CMS

毛重：11KGS/ 箱　净重：9KGS/ 箱

木花桶：WOODEN FLOWER POTS　　H.S.CODE：44219090.90

QUANTITY：600PCS，USD8.00/PC，4PCS/ 箱，共 150 箱　纸箱尺码：40*40*50CMS

毛重：15KGS/ 箱　净重：13KGS/ 箱

唛头：L. P. O. L.

186/20/16614

MADE IN CHINA

NO.1-325

1. 商业发票

Seller（1）	Commercial Invoice			
	Invoice No.（3）		Invoice Date（6）	
	L/C No.（4）		S/C Date（7）	
Buyer（2）	S/C No.（5）		Price Term（8）	
	From（9）		To（10）	
Marks & Numbers	Description of Goods	Quantity	Unit Price	Amount
（11）	（12） （13）	350PCS 600PCS	USD9.90/PC USD8.00/PC	（14）
Total:		950PCS		
Total Amount in Words:（15）				

SHANGHAI GARDEN PRODUCTS IMP. AND EXP. CO., LTD.

王建

2. 装箱单

Seller（1）	Packing List				
	S/C No.（3）			L/C No.（4）	
Buyer（2）	From（5）			To（6）	
	Marks & Nos.（7）				
C/Nos.	Description of Goods	No. & Kind of PKG	Quantity	G.W.（KGS）	N.W.（KGS）	MEAS.（CBM）
（8）	（9）	（10）	（11）	（12）	（13）	（14）
Total:（15）						
Total Packages（in Words）:（16）						

SHANGHAI GARDEN PRODUCTS IMP. AND EXP. CO.，LTD.

王建

【职业体验】

以小组为单位，到本地跨境电商企业进行技能实践，并根据企业实际工作任务和真实案例制作商业发票、装箱单和海运提单。

【五星工匠】

请各位同学以小组为单位，根据知识、技能、素养三维目标对自己的学习成效进行多元评价，并查漏补缺，提升跨境单据制作能力。请点亮下图中的星星，为自己做一下星级评鉴，评一评自己能够得到几颗星。

跨境电商物流与通关

【知识目标】

- 掌握跨境电商物流的概念和物流方式
- 熟悉跨境电商通关的基本流程、支付工具、结算方式
- 了解跨境电商物流方案制作和策略选择

【技能目标】

- 掌握跨境电商物流方式
- 熟悉邮政物流、商业快递、专线物流及海外仓的概念、特点、种类
- 了解主流跨境电商平台物流实操

【素养目标】

- 培育社会主义核心价值观
- 培养爱岗敬业、吃苦耐劳、诚实守信、遵纪守法的职业道德
- 培养精益求精的工匠精神，能主动适应未来社会发展趋势

【思维导图】

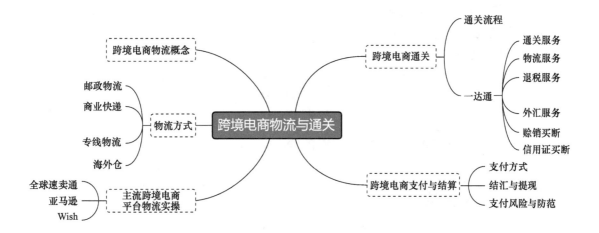

【任务背景】

2023 年 1 月 15 日，跨境企业金华奥力集团李明选择了某物流服务商下单了一笔宁波—纽约的订单，因为要赶情人节促销，希望能快点抵达亚马逊仓库。李明的 9 件货物于 1 月 19 日出发，原计划应于 2 月 8 日抵达提货码头，但 2 月 11 日货物才到达港口，码头提货之后发现因为物流商的疏忽，有 2 件货物滞留在服务商国内仓库，给李明造成了不小的麻烦。物流商虽然按照平台延误按天赔付的规则，向金华奥力集团做了补偿，但是李明仍对服务不满意。

➤ **任务探讨**：如果你是李明，在发货之前，如何做好物流方案制订和策略选择？

【任务实施】

大家好，欢迎来到跨境电商的世界，请结合任务背景和三维目标，开启我们的跨境旅行，快速进入跨境电商物流与通关的学习。

任务一　跨境电商物流与仓储

"全球买卖，递送全球"，跨境物流助力跨境电商迅猛发展。在全球网络购物蓬勃发展的今天，物流扮演着重要角色，它是连接境内卖家与境外买家的通道和纽带，是实现商品高效配送，为买家创造高质量购物体验的重要保障。

一、跨境电商物流

（一）跨境电商物流的概念

跨境电商物流是指通过海、陆、空等运输方式将货物从一个国家或地区运到另一个国家或地区，最终完成国际商品交易的过程。跨境电商物流也可定义为在电子商务环境下，依靠互联网、大数据、信息化与计算机等先进技术，物品从跨境电商企业流向跨境消费者的跨越不同国家或地区的物流活动。

跨境电商物流是物品通过跨境网络销售平台从供应地到目的地的实体流动过程，包括国际运输、包装配送、信息处理等环节，具有标准化、高效化思维特点。

（二）跨境电商物流的运输方式

跨境电商物流的运输方式（见图 9-1）有海洋运输（Sea Transport）、陆地运输（Land Transport）和航空运输（Air Transport）。

海洋运输　　　陆地运输　　　航空运输
Sea Transport　　　Land Transport　　　Air Transport

图 9-1　跨境电商物流运输方式

1. 海洋运输

海洋运输是跨境电商物流中最主要的运输方式，占总运量的 2/3 以上。我国大部分跨境货物都是通过海洋运输来完成的。

海洋运输的优点是运量大、运费低、航道四通八达，但也存在速度慢、风险大、时间长等缺点，而且航行日期不准确。

2. 陆地运输

陆地运输主要包括公路运输和铁路运输。公路运输的优点是灵活性强，建设投入低，便于因地制宜，实现门到门运送。公路运输的缺点是单位运输成本相对较高。

铁路运输的优点是运送速度快，载运量大，不受自然条件的各种影响。但是铁路运输的缺点也比较明显，就是建设投入大，只能在固定的线路上行驶，短距离运输成本高，灵活性较差，需要与其他运输方式配合与衔接才能完成全程运输。

3. 航空运输

航空运输简称"空运"，一般又分为普通空运（Air Cargo）和国际快递（Express）。与海运、陆运相比，空运具有速度快、货运质量高、不受地面条件限制等优点，但是空运的运输成本较高，受自然条件限制较大，因此空运适合运输一些贵重物品、急需物资、鲜活商品、精密仪器等。

（三）跨境电商物流方式选择

目前，跨境电商行业常用的物流方式包括邮政物流、商业快递、专线物流及海外仓。跨境电商卖家在选择物流方式时，可以从运费、安全度、运送速度及买家的实际需要等方面进行分析，考虑哪一种物流方式既方便自身又方便买家。

选择跨境电商物流方式时，卖家需要考虑以下三个方面的因素：

1）立足实际需求和客户要求。

2）对比各种物流方式的特点、优缺点及所能提供的服务内容。

3）遵循性价比高的原则。

通过多方对比，选择最合适的物流方式：服务好、性价比高、保证安全，时效性强、可控性强、可追踪性强，尽量能让买家随时了解货物的物流信息、尽量保证商品在买家期望的运送时间内送达。

二、邮政物流

邮政物流主要有 EMS、e 邮宝、e 特快、中国邮政小包。

（一）EMS

1. EMS 的含义

EMS（见图 9-2）即邮政特快专递服务，是一项由中国邮政速递物流与各国（地区）邮政合作开办的中国大陆与其他国家以及中国港澳台地区间特快专递邮件的服务。该业务在海关、航空等部门均享有优先处理权，它高质量地为用户传递国际、国内紧急信函，文件资料，金融票据，商品货样等各类物品。

图 9-2 EMS 图标

EMS 国际快递的投递时间通常为 3~8 个工作日（不包括清关时间），其资费标准可以登录 EMS 官方网站，在"服务指南"版块查看包裹投递信息以及资费标准、体积和重量限制、禁寄商品等。

2. EMS 的特点

EMS 快递拥有首屈一指的航空和陆路运输网络，具有高效发达的邮件处理中心。国际 EMS 承诺服务如下：

（1）无缝覆盖网络终端到千家万户　目前，澳大利亚、中国、韩国和美国等六个邮政的邮件运递网络共拥有 2.6 亿个投递点、50 万名投递员工、14 万个邮政营业机构。邮政网络可提供安全、准确、快速、覆盖面广的运递服务。

（2）多通道信息接入　EMS 拥有网站平台和遍布城乡的邮政营业窗口。

（3）实时跟踪　通过 EMS 的邮件跟踪与查询服务，可以实时了解邮件的全程信息。

（4）承诺时限　EMS 利用邮政特有的邮政编码资源，按照从邮政编码到邮政编码的方式计算承诺时限。承诺时限是客户邮件的最大运递时限，实际运递时间有可能比承诺时限短。

（5）延误赔偿　因邮政原因邮件的实际运递时间超过承诺时限时，退还已收取的邮件资费。

3. EMS 的优点

1）投递网络强大，覆盖范围广，价格较为便宜，以实际重量计费，不算抛重。

2）享有优先通关权，且清关时可以不用提供商业发票，通关不过的货物可以免费运回境内，而其他快递一般要收费。

3）寄往俄罗斯以及南美洲等国家（地区）具有绝对优势。

4）比较适合小件，以及对时效性要求较低的货物。

EMS 的最大优势是在各国（地区）邮政、海关、航空等部门均享有优先处理权，而且价格相对便宜，适合小件物品或对时间要求不高的货物。

4. EMS 的缺点

1）相对于商业快递来说，速度较慢。

2）查询网站信息更新不及时，出现问题后只能做书面查询，耗费时间较长。

3）不能一票多件，运送大件货物价格较高。

（二）e 邮宝

1. e 邮宝的含义

e 邮宝（ePacket）即国际 e 邮宝（EUB）（见图 9-3），是中国邮政为适应跨境电商轻小件物品寄递市场的需要，为中国跨境电商卖家量身定做的一款经济型国际邮递产品，通过与境外邮政和电商平台合作，为中国跨境电商客户提供方便快捷、时效稳定、价格优惠、全程查询的经济型速递业务。

图 9-3　e 邮宝图标

e 邮宝旨在为线上客户提供更便捷的物流服务，客户可以在线上下单、打印面单后直接由邮政速递物流上门揽收或将邮件交付邮政速递物流的经营部或收寄点，即可享受快捷、便利的国际 e 邮宝服务。虽然 e 邮宝的配送范围没有 EMS 广，但是也基本覆盖了主要的跨境电商目标市场国家，且其价格比 EMS 优惠，享有的中转环境和服务与 EMS 几乎完全相同，而且一些空运禁运品可能 e 邮宝能运送，因此深受跨境电商卖家的青睐。

2. e 邮宝的特点

e 邮宝可以为客户提供包裹收寄、出口封发、进口接收的实时跟踪查询信息，但不提供包裹签收信息，只提供投递确认信息。e 邮宝有单件邮件重量不得大于 2kg 的限制。

（1）通达范围　通达美国、俄罗斯、乌克兰、加拿大、英国、法国、澳大利亚、以色列、挪威和沙特阿拉伯等国家。

（2）寄送方式　提供上门揽收服务，或自送、自寄到邮政速递物流营业网点。

（3）跟踪查询可视化　跟踪查询提供主要节点跟踪查询服务。

（4）赔付　不提供在线投诉理赔服务。邮件揽签后的相关问题，可拨打 11183 或后台的在线咨询联系物流客服。

（5）价格、时效　运费根据包裹重量按克计费，每个单件包裹限重在 2kg 以内。

时效稳定，重点路线全程平均时效 7~15 个工作日。

（6）重量、尺寸限制　重量和尺寸限制见表 9-1。

表 9-1　e 邮宝包裹的重量和尺寸限制

序号	包裹形状	重量限制	单件最大尺寸限制	单件最小尺寸限制
1	方形包裹	单件包裹重量不大于 2kg	单件包裹的长、宽、高之和不超过 90cm，最长一个边的长度不超过 60cm	单件包裹长度不小于 14cm，宽度不小于 11cm
2	卷轴状包裹		包裹直径的两倍和长度合计不超过 104cm，邮件的长度不超过 90cm	包裹直径的两倍和长度合计不小于 17cm，邮件的长度不小于 11cm

（三）e 特快

1. e 特快的含义

e 特快（见图 9-4）业务是中国邮政为适应跨境电商邮寄需求而设计的一款高端跨境电商物流服务产品，包裹信息可以全程跟踪，客户可以随时了解包裹状态。

国际 e 特快与国际 e 邮宝类似，内部处理与标准国际 EMS 基本相同，国际 e 特快采取 50g 起续重的计费模式，与电商平台、电商卖家系统对接，客户在线打印详情单，提交揽收信息或上门自送。其符合电商产品的特点，有效降低卖家的物流成本，提高产品市场竞争力。

图 9-4　e 特快图标

2. e 特快的特点

（1）通达范围　目前开通国家有日本、韩国、新加坡、英国、法国、加拿大、澳大利亚、西班牙、荷兰、俄罗斯、巴西、乌克兰、白俄罗斯等。

（2）速度优势　国际 e 特快主要城市间全程时限标准参考为：日本、韩国、新加坡为 2~4 个工作日；英国、法国、加拿大、澳大利亚、西班牙、荷兰为 5~7 个工作日；俄罗斯、巴西、乌克兰、白俄罗斯为 7~10 个工作日。国际 e 特快业务不提供投递时限承诺服务。

（3）计费模式　e 特快实行计泡收费，即取包裹体积重量和实际重量中的较大者作为计费重量，再按照资费标准计算应收邮费。

（4）体积重量计算公式　包裹体积重量（kg）= 长（cm）× 宽（cm）× 高（cm）/6000。

（四）中国邮政小包

1. 中国邮政小包的含义

中国邮政小包又称"中邮小包""航空小包""空邮小包"，是指单件邮件重量不超过 2kg（寄往阿富汗限重 1kg），外包装长、宽、高之和不超过 90cm，最长边不超过 60cm，通过邮政空邮服务寄往国外的小包裹。中国邮政小包分为中国邮政平常小包（平邮）和挂号小包，一般卖家都会选择支付 8 元挂号费，以便可以跟踪和查询包裹状态。

2. 中国邮政小包优缺点（见表 9-2）

表 9-2　中国邮政小包优缺点

优点	支持线上、线下两种渠道发货，线上渠道提供上门揽收、客户自送等多种方式 运费相对较低 部分路向可提供航空、陆运多种运输方式 在海关享有"绿色通道"特权，所以清关速度很快 包裹本质上属于"民用包裹"，可邮寄的物品较多
缺点	限重较低，只接受重量在 2kg 以下的包裹，包裹如果超过限重就需要将其分成多个进行邮寄 运送时间较长

3. 中国邮政大包

中国邮政大包又叫中国邮政国际大包，适合超过 2kg 且体积较大的包裹，可寄达全球 200 多个国家，全程航空运输。

4. 其他邮政小包

其他邮政小包是针对 2kg 以下的小件物品推出的直发寄递服务，包括国际平常小包、国际挂号小包和国际跟踪小包，有新加坡邮政小包、中国香港邮政小包、荷兰邮政小包、瑞士邮政小包、俄罗斯邮政小包、比利时邮政小包、瑞典邮政小包等。邮政小包覆盖的范围广，全球有邮局的地方都可以到达（极少数国家和地区除外），交寄便利。

（五）邮政物流方式的异同

EMS 特快专递价格相对便宜，适合小件物品或对时间要求不高的货物。

国际 e 邮宝适合轻小件物品，空邮业务范围由美国、俄罗斯、加拿大等几十个国家和地区。

中邮小包有挂号和平邮两种服务，是性价比比较高的物流方式，主要适用于单个包裹重量较轻、对包裹跟踪查询要求不高的产品投递。

中邮大包是重量在 2kg 以上的包裹，可以通过中邮大包的渠道寄往全球 200 多个国家和地区，适用于对时效性要求不高的稍重货物。

三、商业快递

商业快递主要包括 FedEx、DHL、TNT、UPS 四种，统称"四大商业快递"，其特点为速度快，服务质量高，专业、高效，但相对邮政物流中的快递价格较高，适用于货值比较高、买家要求比较高的产品及交易。另外，顺丰速运也为商业快递。

（一）FedEx

1. FedEx 的含义

FedEx（联邦快递）（见图 9-5）是全球较具规模的速递运输公司，提供隔夜快递、地面快递、重型货物运送、文件复印及物流服务，总部设于美国田纳西州孟菲斯，隶属于美国联邦快递集团（FedEx Corp.），服务范围覆盖全球 220 多个国家和地区。FedEx 一般 2~4 个工作日送达，1kg 以上包裹发东南亚、中南美洲和欧洲比较有优势。网址为 http://www.fedex.com/cn。

图 9-5　FedEx 图标

2. FedEx 国际特早快递服务

（1）递送时间　通常在 1~3 个工作日送达全球各地。出口至美国、加拿大、巴西、墨西哥、波多黎各的货件最早可于上午 8:00 前（一般在 1~3 个工作日内）准时送达；出口至欧盟国家的货件可以在 2 个工作日内于上午 9:00 前准时送达。

（2）包裹尺寸及重量限制　宽度上限为 274cm，长度和周长总和不得超过 330cm，重量不得超过 68kg。

（3）服务特色　可以提供递送签收服务、代理清关服务、在线跟踪服务，能保证退款。

3. FedEx 国际优先快递服务

（1）递送时间　通常在 1~3 个工作日送达全球各地。

（2）包裹尺寸及重量限制　宽度上限为 274cm，长度和周长总和不得超过 330cm，重量不得超过 68kg。

（3）服务特色　可以提供递送签收服务、代理清关服务、在线追踪服务，付款方式灵活，收件人可以在联邦快递取货点提货。

4. FedEx 国际优先快递重货服务

（1）递送时间　通常在 1~3 个工作日送达全球各地。

（2）包裹尺寸及重量限制　对于高度超过 178cm、长度超过 302cm 或宽度超过 203cm 的货件，需要提供垫木搬运许可；重量下限为 68kg，货物总重不限；对于重量超过 997kg 的货件，需要提供垫木搬运许可。

（3）服务特色　可以统一运送那些可用叉车搬运或绑在垫木上的单一包裹，可由寄件人决定货件的包装方式。

5. FedEx 国际优先快递分送快递服务

（1）递送时间　通常在 2~4 个工作日送达全球各地。

（2）服务特色　支持一个目的地国家或地区的多个地址和收件人，即可以将一整件大宗货件跨境递送并在目的地境内拆分送达多个地点；送往欧洲国家的多件货物可以视为一个货件进行清关；各个货件均可在线跟踪。

6. FedEx 经济服务

联邦快递经济服务分为联邦快递国际经济快递服务和联邦快递国际经济快递重货服务。

（二）DHL

1. DHL 的含义

DHL（见图 9-6）是全球知名的邮递和物流集团 Deutsche

图 9-6　DHL 图标

Post DHL 旗下的公司，其业务遍布全球 220 多个国家和地区，能够为客户提供寄送文件、包裹及大型货运服务，公司总部在德国。运输时间为欧洲一般 3 个工作日送达，东南亚一般 1~2 个工作日送达；5.5kg 以下物品发北美和英国有绝对优势。网址为 http://www.cn.dhl.com。

2. DHL 包裹寄送业务类型

（1）DHL 跨境电子商务包裹（DHL Packet International）

1）包裹重量不得超过 2kg；包裹各个边的长度不得超过 60cm；包裹的长、宽、高之和不得超过 90cm。

2）运输时间一般为 4~15 个工作日，其中经济包裹的运输时间为 9~15 个工作日，标准包裹的运输时间为 4~10 个工作日。

3）在 70 多个国家和地区提供关键追踪节点查询服务（直至包裹进入目的地国家和地区）。

4）通关工作简单，由收件人支付关税及其他税款；可以为无法递送的退件提供退件管理解决方案。

5）按件开具电子发票，适合寄送重量较轻、价值较低的物品。

（2）DHL 跨境电子商务可追踪包裹（DHL Packet Plus International）

1）包裹重量不得超过 2kg；包裹各个边的长度不得超过 60cm；包裹的长、宽、高之和不得超过 90cm。

2）运输时间通常为 4~10 个工作日。

3）可以在超过 55 个国家和地区提供端到端的查询服务。

4）清关工作简单，由收件人支付关税及其他税款；可以提供包裹保价服务。

5）在关键市场提供星期六派送服务，可以为无法递送的退件提供退件管理解决方案。

6）按件开具电子发票，适合寄送重量较轻的物品。

（3）DHL 跨境电子商务专线包裹（DHL Parcel International Direct）

1）包裹重量不得超过 20kg；包裹的长不得超过 120cm，宽和高均不得超过 60cm；包裹的周长不得超过 300cm。

2）运输时间一般为 4~7 个工作日，标准包裹的运输时间为 5~7 个工作日，专线包裹的运输时间为 4~6 个工作日。

3）发件人和收件人均可作为清关关税或其他税款的支付方。

4）可以为卖家提供电子到付功能；可以为无法递送的退件提供退件管理解决方案。

5）可以提供端到端的查询及派送确认；可以提供包裹保价服务；可以提供地址验证功能。

6）按件开具电子发票，适合直接寄往高需求市场的重量较重的物品。

（三）TNT

TNT（见图 9-7）快递为企业和个人提供世界范围内的包裹、文件以及货运项目的安全、准时运送服务，总部位于荷兰。TNT 在欧洲和亚洲可提供高效的递送网络，一般 3 个工作日送达，欧洲国家通关速度快。

图 9-7　TNT 图标

（四）UPS

UPS（见图 9-8）是一家全球性快递承运商与包裹递送公司，同时也是专业的运输、物流、资本与电子商务服务的提供者，是全球领先的物流企业，为企业提供各种提高全球业务管理效率的解决方案，如包裹和货物运输、国际贸易便利化、先进技术部署等。UPS 总部设于美国，北美线路具有绝对优势，速度相对较快；6~21kg 的货物发英国和南美都比较有优势。

图 9-8　UPS 图标

UPS 可以为客户提供六种保证确定时间和确定日期送达的国际快递服务，即 UPS 全球特快加急服务（UPS Worldwide Express Plus）、UPS 全球特快服务（UPS Worldwide Express）、UPS 全球特快货运（UPS Worldwide Express Freight）、UPS 全球特快货运日中送达服务（UPS Worldwide Express Freight Midday）、UPS 全球速快服务（UPS Worldwide Express Saver）和 UPS 全球快捷服务（UPS Expedited）。

（五）顺丰速运

在国际物流服务领域，顺丰能为客户提供国际标快、国际特惠、国际小包、国际重货、保税仓储、海外仓储、转运等不同类型及时效标准的进出口物流服务。

针对跨境电商行业，顺丰专为跨境 B2C 电商卖家量身定制了国际电商专递服务，包括国际电商专递—标准、国际电商专递—快速、国际电商专递—送仓、国际电商专递—CD 四种服务项目。

（六）商业快递运费的计算

四大商业快递在计算运费时，重量依据以实际重量和体积重量二者中较大者为准。以 DHL 为例，体积重量计算公式为"长 × 宽 × 高 ÷ 5000"，如果该计算结果比实际重量大，则以体积重量来计算运费。

（七）国内商业快递公司

国内商业快递公司主要指顺丰和"四通一达"（见图 9-9）。跨境方面，申通和圆通相对布局较早。顺丰速运（SF Express）的顺丰国际线路更加成熟一些，发往亚洲的快件一般 2~3 天可以送达。

图 9-9　顺丰和"四通一达"图标

四、专线物流

（一）认识专线物流

1. 专线物流的定义

跨境专线物流一般指通过航空包舱方式将货物运输到国外，再通过合作公司进行目的地国内的派送，是比较受欢迎的一种物流方式。一般情况下，高价值的产品最适合选择国际专线和商业快递来发货。

2. 专线物流的特点

专线物流是针对某个跨境电商热门路向特别设计的国际物流服务，时效性强，方便快捷，区域针对性也较强，并具有比一般快递更为优化的计重方式，能为小货件的寄送节约大量成本。专线物流提供全程网上追踪服务，但清关能力较弱。

（1）优势　集中大批量货物发往目的地，通过规模效应降低成本，因此，价格比商业快递低，速度快于邮政小包，丢包率也比较低。

（2）劣势　相比邮政小包来说，专线物流的运费成本还是高了不少，而且在国内的揽收范围相对有限，覆盖地区有待扩大。

3. 专线物流的分类

常用专线物流有中俄快递、俄速通、中东专线、欧洲专线、南美专线等。

（二）中俄快递

中俄快递（SPSR Express）是俄罗斯优质的商业物流公司之一，派送范围是俄罗斯全境。中俄快递物流服务特点如下：

1. 送达时效

俄罗斯境内 75 个主要城市 11~14 日内到达，其他偏远地区 31 日内可到达；默认送货到门，收件人也可以选择自提（SPSR Express 在俄罗斯境内 260 多个城市遍布 900 多个方便的自提点）。

2. 包裹尺寸及重量限制

包裹的长、宽、高之和小于 180cm，单边长不能超过 120cm；方形包裹的表面尺寸不得小于 9cm×14cm；卷轴状包裹的 2 倍直径及长度之和不得小于 17cm，单边长度不得小于 10cm；每个单件包裹重量不得超过 31kg。

（三）俄速通

俄速通（Ruston）是中俄跨境数字贸易的综合服务商。俄速通成立于 2013 年，其主要业务涵盖跨境物流仓储服务、供应链贸易服务、供应链金融服务和电子商务分销服务四大模块。俄速通跨境电商物流服务涵盖航空、陆运、铁运、海运全渠道物流方式，能够满足 B2C 行业和 B2B 行业的各种需求。

（四）中东专线

中东专线（Aramex）是中东地区著名的快递公司之一，我国一般将其称为"中东专线"。

1. 中东专线快递的特点

（1）运费较低　寄往中东、北非、南亚等国家或地区的价格非常具有优势，无须加收偏远地区附加费用。

（2）速度较快　时效有保障，包裹寄出后 3~5 日即可投递。

（3）物流信息可追踪　网络信息更新及时，可以随时进行包裹跟踪查询。

2. 中东专线快递注意事项

必须用英文填写运单上收件人的姓名、地址、电话、邮编，以及商品信息、申报价值、件数、重量等信息。收件人地址不能是邮政信箱（Post Office Box，PO Box）的地址。单票货物申报不得超过 5 万美元。

（五）欧洲专线

欧洲专线是依托地理、经济、政策、贸易等环境优势，通过上海到欧洲多种形式的物流中转提供的海运、陆运、空运、仓储、报关、保险等国际物流服务。欧洲专线有时效快、价格便宜、清关顺利的优点。上海到欧洲的专线快递为 5~7 个工作日。欧洲专线的主要国家有法国、德国、英国、意大利、芬兰、瑞典、丹麦、波兰、爱尔兰、荷兰、比利时、西班牙、葡萄牙等。

（六）南美专线

南美洲海运专线是指中国通往南美洲主要国家及港口的进出口业务，包括进出口报关及海运运输服务。南美洲海运专线为中国与南美洲国家建立友好贸易关系开通了运输渠道。

五、海外仓

（一）认识海外仓

当前跨境电商国际物流发展的新趋势就是海外仓模式。

1. 海外仓的定义

海外仓（Overseas Fulfillment）是指建立在境外的仓储设施，是指买家在销售目的地进行仓储、分拣、包装及派送的一站式控制及管理服务。在跨境电商中，海外仓是卖家为了提升订单交付能力而在接近买家地区设立的仓储物流节点，通常具有货物储存、流通加工、本地配送及售后服务等功能。

海外仓的整个运作流程包括头程运输、仓储管理和本地配送三个环节。

在跨境贸易电商中，国内企业将商品通过大宗运输的形式运往目标市场国家，在当地建立仓库、储存商品，然后再根据当地的销售订单，第一时间做出响应，及时从当地仓库直接进行分拣、包装和配送。

2. 海外仓的费用组成

海外仓储费用 = 头程费用 + 仓储及处理费 + 本地配送费用。头程费用是指货物从国内到海外仓库产生的运费；仓储及处理费是指客户货物存储在海外仓库和处理当地配送时产生的费用；本地配送费用是指对客户商品进行配送产生的本地快递费用。

（二）海外仓的特点

1. 海外仓的优点

海外仓可提升平台曝光率、转化率，缩短运输时间，其物流成本低、利于本土化经营。海外仓的头程将零散的国际小包转化成大宗运输，会大大降低物流成本。海外仓能将传统的国际派送转化为当地派送，确保商品更快速、更安全、更准确地到达消费者手中，完善消费者跨境贸易购物体验。

海外仓的拓展配送适配性、灵活性强，能使客户满意度有所提升。海外仓的退货处理流程高效便捷，适应当地买家的购物习惯，让买家在购物时更加放心，能够解决传统的国际退换货问题。海外仓与传统仓储物流相结合可以规避外贸风险，避免因节假日等特殊原因造成的物流短板，从而提高我国电商的海外竞争力，真正帮助电商提供本土服务，适应当地买家的消费习惯。

2. 海外仓的缺点

海外仓适合的产品种类有限，存在库存问题以及仓储面积弹性较小、运营风险问题，经营管理要求较高。

（三）海外仓的模式

目前，市场上的海外仓有三种模式：自建海外仓、跨境电商平台海外仓和第三方海外仓。

1. 自建海外仓

海外仓，就是在境外的仓库，企业通过自身资金和资源优势，在海外发起的适合自身的仓库选址和仓储模式，以达到仓储供应链优势最大化的目的。自建海外仓具有灵活性强、利于本土化经营的优势，但成本较高、经营管理要求较高、仓储面积弹性小，涉及的关务、法务、税务等问题都比较烦琐。

2. 跨境电商平台海外仓

（1）全球速卖通海外仓　全球速卖通海外仓是全球速卖通平台和菜鸟打造的重点项目，分为官方仓、认证仓和商家仓承诺达三种类型。

官方仓：官方仓是全球速卖通及菜鸟网络联合海外优势仓储资源及本地配送资源共同推出的全球速卖通官方配套物流服务，专为全球速卖通卖家打造的提供海外仓储管理、仓发、本地配送、物流纠纷处理、售后赔付的一站式物流解决方案。

官方仓目前已开通西班牙、法国、波兰、比利时四国官方仓服务，物流服务范围可覆盖欧洲 16 个重点国家，仓发商品带有"X 日达"标志，拥有搜索流量加权倾斜及海外仓营销专场招商资格。官方仓所在国可实现商品 3 日达、泛欧国家 7 日达服务，产生订单后，官方仓可以完成拣货、打包、发货等工作。官方仓的订单因物流原因导致的纠纷、卖家服务评级（Detailed Seller Ratings，DSR）低分不计入卖家账号考核；商品入库后因物流原因导致的货物问题或纠纷退款，由菜鸟赔付。

认证仓：认证仓是经过菜鸟认证的第三方海外仓，卖家可使用平台系统 BMS 进行仓库商品管理。

目前菜鸟认证仓已接入递四方（4PX）/万邑通（Vinit Corporation）/艾姆勒（IML）/谷仓（Goodcang）：4PX 已接入美国、英国、德国、西班牙、捷克、波兰、比利时；万邑通已接入英国、美国、德国；IML 已接入俄罗斯；谷仓已接入英国、美国、捷克、法国。仓发商品可获得"fast shipping"标识；认证仓发出的订单可实现自动流转。

商家仓承诺达：商家仓承诺达是商家自己合作的仓库及仓库管理服务，卖家使用商家仓订购"承诺达"服务通过考核后，商品也可以打上"X 日达"标识，并享受"X 日达"的所有权益。目前"承诺达"已上线的发货国包括西班牙、法国、波兰、比利时、捷克、德国、巴西、美国等，只要卖家备货的海外仓在这八个国家，就可以通过订购"承诺达"服务享受"X 日达"打标。

（2）亚马逊物流（Fullfillment By Amazon，FBA） 亚马逊物流是亚马逊为卖家提供的包括仓储、拣货打包、派送、收款、客服与退货处理等各项服务在内的一站式物流服务。

3. 第三方海外仓

第三方海外仓是指由第三方企业（多为物流服务商）建立并运营的境外仓储，它可以为卖家提供清关、报检、仓储管理、商品分拣、终端配送等服务。第三方海外仓的优势是节省卖家建仓成本、降低海外仓运营风险、可选择的范围较广和适用范围广。第三方海外仓的劣势是无法为卖家提供商品推广服务；不能提供售后与投诉服务，无法消除买家留下的中差评；存在一定的潜在安全风险。

（四）选择海外仓的策略

卖家在选择海外仓模式时，需要考虑以下因素：商品特征、海外仓服务能力、卖家的物流运营战略、卖家的规模和实力等。

六、主流跨境电商平台物流实操

（一）全球速卖通物流实操

1. 全球速卖通平台物流规则

全球速卖通平台作为全球主要的跨境电商平台，拥有 200 多个国家的消费者，每天有大量包裹通过各种物流方式发往世界各地，快捷安全的物流配送模式是其开拓市场和客户的重要保障。

全球速卖通平台物流规则是卖家可自主选择物流服务，包括但不限于菜鸟平台的线上物流服务商、菜鸟无忧物流或其他的线下物流方式。但向部分国家发货平台有特殊规定的，卖家应按照该规定进行。

2. 全球速卖通平台物流分类

全球速卖通物流分为经济类、简易类、标准类和快速类四种，另外还有海外仓发货方式。

经济类物流运费成本低，但无法查询妥投信息，适合运送货值低、重量轻的商品。

简易类物流可查询物流追踪信息。

标准类物流包含邮政挂号服务和专线类服务，全程物流追踪信息可查询。

快速类物流包含商业快递和邮政提供的快递服务，时效快，适合高货值商品使用。

海外仓物流是已备货到海外仓的货物所使用的海外本地物流服务。

3. 全球速卖通平台发货方式

全球速卖通平台发货方式有线上发货和线下发货。

（1）查询物流方案 首先登录全球速卖通后台，单击"产品管理"/"模板管理"/"运费模板"/"物流方案列表"，然后选择"收货地"/"货物类型"，填写包裹信息，查询具体物流方案，如图 9-10 所示。

（2）设置运费模板 登录卖家后台，单击"产品管理"/"模板管理"/"运费模板"，再单击"新增运费模板"，如图 9-11 所示。

图 9-10　查询物流方案

图 9-11　设置运费模板

（3）用英文输入运费模板名称　例如输入 children cloth，单击"保存"，如图 9-12 所示。在下方的列表中找到该模板，单击"编辑"，也可以根据自己的需要，增加或者减少物流产品。

图 9-12　输入运费模板名称

以标准类物流中的 e 邮宝为例，先勾选该物流产品，单击"自定义运费"，可以选择支持配送的国家或地区，例如只配送到亚洲、欧洲和北美。单击"显示全部"，可以勾选具体的国家。

首先，运费类型可以设置为标准运费、自定义运费或卖家承担运费。单击"确认添加"即可完成一个运费组合的设置。

其次，再对其他国家进行运费类型的设置，或者选择不发货，记得单击"保存"。然后设置配送时效，选择"自定义运达时间"。

最后，勾选国家或地区，为其设置不同的承诺运达时间。其他物流产品也是类似的设置方式，最后设置完成后，记得保存运费模板。

（4）配送全球速卖通订单 登录卖家后台，单击"交易"/"所有订单"/"等待您发货"，选择需要发货的订单，并单击"发货"。选择线上发货，选择物流方案，创建物流订单，创建时收件人信息、商品信息、包裹重量体积信息等都可以进行修改。

包裹的揽收方案有两种：一种是免费上门揽收，只适用于支持范围内的地址；另一种是自送至中转仓库，需要卖家先将货物邮寄到国内仓库。

成功创建物流订单之后，卖家需要打包货物，粘贴发货标签，等待揽收。单击"物流订单详情"，再单击"打印发货标签"，用热敏打印纸打印发货标签，等物流商揽收货物之后，填写发货通知，确认货物已经全部发货。

（二）亚马逊物流实操

亚马逊跨境电商平台的订单目前支持两种发货方式：卖家自己选择物流公司发货（中国直发）和 FBA 发货。下面重点介绍 FBA 发货。

【任务拓展】全球十大著名物流公司

1. UPS：中文名为美国联合包裹运送服务公司，是目前全球最大的快递公司，服务地区主要为美国和欧洲，其中美国地区占据 90% 左右。

2. FedEx：中文名为美国联邦快递公司，是美国最大的快递公司之一，主要服务地区是美国，占据了整体业务的 80% 左右，最大特点是多采用空运的方式，运送高效便捷。

3. DHL：中文名为敦豪速运，是一家创立于美国的运输公司，目前由德国邮政集团全资持有，是目前世界上最大的运输公司之一。

4. Maersk Line：所属公司为 A.P. Moller-Maersk Group，中文名是马士基集团，于1904 年成立于丹麦，目前在全球 130 多个国家拥有办事处，也是全世界最大的集装箱运输公司。

5. Nippon Express：中文名为日本通运公司，属于世界五百强，主要运输方式包括汽运、空运，仓储服务是公司重大业务，汽车运输和仓储服务占据公司业务的 70% 左右。

6. Ryder System：中文名为莱德物流，约有 80% 的业务都来自美国。

7. TNT Post Group：TNT Post Group 简称为 TNT，总部位于荷兰，是国际知名物流企业，在全球超过 200 个国家提供了邮政、快递服务，业务市场主要为欧洲市场。

8. Expeditors International：中文名为康捷国际物流公司，现在公司所提供的服务主要有空运、海运、货代、保险和分销、供应链软件服务。

9. Panalpina：中文名为瑞士泛亚班拿集团，是全球最大的物流集团之一，在全球设有 300 多个分支，主要有空运、海运、物流和其他综合服务四大业务，业务主要以欧洲、非洲和美洲为主。

10. Exel：中文名为英国英运物流集团，是全球性的供应链管理服务公司，公司的业务主要集中于物流配送和运输管理方面。

【任务操作】

1. 在全球速卖通平台上，一位西班牙买家买了一个女士手提包，此包在包装后的重量为 0.9kg，包装后的尺寸为 20cm×20cm×20cm，货物价值 75 美金，买家想要在 10 天以内收到（买家付邮费）。因此，卖家在全球速卖通网站查询后选择了一个最为保险的物流，你觉得是下面的哪一个？（　　　　）

A. 菜鸟超级经济　　　　B. DHL　　　　C. 韵达快递　　　　D. 中国邮政

2. 登录全球速卖通平台后台，查询 1.85kg 的物品运送到俄罗斯的运费。

1. FBA 的含义

FBA 的全称是 Fulfillment By Amazon，即亚马逊将自身平台开放给第三方卖家，将其库存纳入到亚马逊全球的物流网络，由亚马逊提供包括仓储、拣货打包、派送、收款、客服与退货处理的一条龙式物流服务，亚马逊则收取服务费用。

亚马逊平台的跨境卖家有 70% 的发货模式都会选择 FBA 发货，因为亚马逊平台对选择 FBA 发货的产品有政策倾斜，可以增加和提升商品的浏览量和曝光率，触及优质亚马逊 Prime 级会员顾客，提升转化率和销售量。同时，亚马逊物流支持灵活的付费模式，无最低费用、设置费或月租金，保证优质物流，降低物流成本和客服成本，为顾客提供 7×24 小时的专业客服支持，顾客可享受适用的亚马逊免费配送和加急送货，无须花钱雇人处理订单、拣货、包装、发货，大幅提升顾客满意度和后台绩效。

亚马逊平台 FBA 费用 = 订单处理费 + 拣货打包费 + 称重处理费 + 月仓储费。

2. FBA 的优势

1）FBA 的产品全部有购物车，提高 Listing 排名，提高客户信任度，提升转化率。

2）配送时效快，一般买家购买 FBA 的产品可以隔天收货。

3）亚马逊专业客服 7×24 小时帮忙处理售前咨询和售后问题。

4）亚马逊有权处理由于物流派送问题产生的中差评（包括派送时效、包裹挤压破损等由 FBA 引起的问题）。

5）对于标准尺寸内单价超过 300 美金的产品免除所有 FBA 的物流费。

3. FBA 的劣势

1）除大型重货外，一般来说费用比国内发货稍微偏高。

2）灵活性差，FBA 只能用英文邮件和客户沟通，回复不及时。

3）对前期工作要求较高，标签扫码出问题会影响货物入库，甚至入不了库。

4. 亚马逊运费模板设置

登录亚马逊后台，单击"Setting"/"Shipping Setting"，选择发货地址，选择运费方式，设置运达时间，单击"Continue"/"Confirm"。

5. 亚马逊订单管理

登录亚马逊后台，单击"Orders"/"Manage Order"，可以在搜索框筛选需要处理的订单，选择订单状态为"Unshipped"的订单，单击进入"Confirm Shipment"，选择 Carrier（物流公司），填写 Tracking ID（运单号），单击"Confirm Shipment"。

（三）Wish 物流

1. FBW

FBW（Fulfillment By Wish）是由 Wish 与第三方物流商合作的一种物流形式。商户只需将产品库存寄送到指定的 FBW 仓库，FBW 仓库将会为卖家处理订单履行事宜，包括分拣、打包和配送。FBW 认证仓有更快的物流、更高效的服务和更好的用户体验，有机会获得更多的展现量。FBW 通过增加产品供应量以及优化妥投时间，来接触更多的用户。风靡全球的产品和非季节性倾向的产品都是加入 FBW 的不错选择。FBA 运营管理专业化有助于商品推广，改善卖家账户表现。FBA 的劣势是灵活性低，仓储费用偏高。

2. Wish 邮

Wish 邮原是中国邮政和 Wish 共同推出的一款 Wish 商户专属物流产品。升级后的 Wish 邮可以为 Wish 商户提供下单、揽收、配送、跟踪查询等跨境物流服务。Wish 规定从中国大陆直发的订单必须使用 Wish 邮配送。如果使用了除 Wish 邮以外的物流服务商，配送商品将被处以每个违规订单 10 美金的罚款。

Wish 上的订单通过各种物流方式发往世界各地，货物基本都是 2kg 以下的小包。Wish 注重货物的配送数据，配送数据表现越好，产品就可以得到更好的曝光和推送机会，反之，配送数据差，则会面临"暂停交易"的风险。

3. 注册 Wish 邮账号

打开 Wish Post 网站，单击"常见问题解答"/"Wish 邮产品介绍"，找到"Wish 邮资费表、各产品介绍"，查看 Wish 邮支持的物流产品及资费标准。

（1）注册 Wish Post 账户　先进行实名认证，可以选择账户类型为公司账户或个人账户。若为公司账户，需要上传法人身份证的扫描副本和营业执照的扫描副本。若为个人账户，则需要个人身份证的扫描副本和账单地址的扫描副本。账单可以是水费单、电费单、话费单、信用卡账单或快递单据。

（2）绑定商户　第二步是绑定商户账号。

（3）设置 Wish 配送信息　登录 Wish 商户平台，单击"账户"/"配送设置"，选择配送模式，添加配送国家，选择运费类型，填写运费信息。

（4）管理 Wish 订单　对 Wish 订单进行管理。

步骤 1：登录 Wish 邮平台，单击"订单详情"/"创建订单"。

步骤 2：填写 Wish 订单信息。

步骤 3：填写包裹信息。

步骤 4：选择物流渠道。

步骤 5：填写发件人信息和收件人信息。

步骤 6：生成物流订单，打印标签。

【实训活动】

活动一：判一判

1. DSR 物流服务评分是关于卖家发货时长的评分。

2. 海外仓商品覆盖率指买家海外仓库数量。

3. 一般情况下，高价值的产品最适合选择国际专线和商业快递来发货。

4. 全球速卖通平台上物流方式非常有限，只有经济类物流。

5. 亚马逊平台 FBA 费用 = 订单处理费 + 拣货打包费 + 称重处理费 + 月仓储费。

活动二：说一说

1. 简述跨境电商的物流方式有哪些。

2. 简述海外仓的模式。

【职业体验】

请在老师的组织下走访、参观、调研本地跨境电商企业，了解跨境电商企业采用的物流方式、物流与通关的流程，提升职业体验。

【五星工匠】

请各位同学以小组为单位，根据知识、技能、素养三维目标对自己的学习成效进行多元评价，并查漏补缺，提升物流策略方案制订、物流运营与管理能力。请点亮下图中的星星，为自己做一下星级评鉴，评一评自己能够得到几颗星。

任务二 跨境电商通关与支付

一、跨境电商通关

（一）跨境电商通关的含义

通关一般指清关。清关（Customs Clearance）是一个经济学术语，即结关，是指进出口或转运货物出入一国关境时，依照各项法律法规和规定应当履行的手续。清关只有在履行各项义务，办理海关申报、查验、征税、放行等手续后，货物才能放行，货主或申报人才能提货。同样，载运进出口货物的各种运输工具进出境或转运，也均需向海关申报，办理海关手续，得到海关的许可。货物在结关期间，不论是进口、出口或转运，都是处在海关监管之下，不准自由流通。通关是出口跨境电商物流中必不可少的环节。

（二）跨境电商通关的流程

出口跨境电商通关基本流程有如下几个步骤：

1. 信息登记或注册

跨境电商等相关企业应向企业所在地海关办理信息登记或注册。

2. 提交信息

跨境电商企业或者其代理人、物流企业、支付企业通过"中国国际贸易单一窗口"或跨境电商通关服务平台向海关提交交易订单、支付、物流等"三单"信息，并对信息的真实性承担相应法律责任。

3. 发送清单数据

"中国国际贸易单一窗口"或跨境电商通关服务平台完成"三单"信息对比，生成货物清单，并向"中国电子口岸"发送清单数据。

4. 查验

查验是指海关在接受报关单位的申报并已经审核的申报单位为依据，通过对出口货物进行实际的核查，以确定其报关单证申报的内容是否与实际进出口的货物相符的一种监管方式。

具体做法如下：

通过核对实际货物与报关单证来验证申报环节所申报的内容与查证的单、货是否一致，通过实际的查验发现申报审单环节所不能发现的有无瞒报、伪报和申报不实等问题。

通过查验可以验证申报审单环节提出的疑点，为征税、统计和后续管理提供可靠的监管依据。海关查验货物后，均要填写一份验货记录。验货记录一般包括查验时间、地点、进出口货物的收发货人或其代理人名称、申报的货物情况，查验货物的运输包装情况（如运输工具名称、集装箱号、尺码和封号）、货物的名称、规格型号等。需要查验的货物自接受申报起1日内开出查验通知单，自具备海关查验条件起1日内完成查验，除需缴税外，自查验完毕4小时内办结通关手续。

5. 征税

根据《中华人民共和国海关法》的有关规定，进出口的货物除国家另有规定外，均应征收关税。关税由海关依照海关进出口税则征收。需要征税费的货物，自接受申报1日内开出税单，并于缴核税单2小时内办结通关手续。

6. 放行

对于一般出口货物，在发货人或其代理人如实向海关申报，并如数缴纳应缴税款和有关规费后，海关在出口装货单上盖"海关放行章"，出口货物的发货人凭此装船起运出境。

出口货物的退关：申请退关货物发货人应当在退关之日起3日内向海关申报退关，经海关核准后方能将货物运出海关监管场所。

（三）外贸综合服务平台

1. 认识一达通

一达通是一个外贸综合服务平台，通过线上信用数据系统整合各项外贸服务资源和银行资源，一站式为中小企业和个人提供专业、低成本的通关、外汇、退税及配套的物流和金融服务。

（1）通关服务　以一达通名义完成全国口岸海关、商检申报，顶级资质，享受绿色通关通道。

（2）物流服务　服务涵盖中国主要港口与全球贸易区间内的海、陆、空各种物流方式，物流专家按需为客户定制最佳物流方案，持续降低物流成本。

（3）退税服务　为企业与个人正规快速办理退税，加快资金周转。

（4）外汇服务　中国银行在一达通公司内设置外汇结算网点，提供方便快捷的外汇结算服务。亦可为客户提供外汇保值服务，提前锁定未来结汇或者购汇的汇率成本，防范汇率波动风险。

（5）赊销（OA）买断　出口企业接赊销订单时的一种为企业分担收款风险、提前"放款"的金融服务。

（6）信用证（L/C）买断　出口企业接信用证订单时的一种为企业审证制单、分担收款风险、提前"放款"的金融服务。

2. 一达通的实操使用

（1）客户准入　登录http://onetouch.alibaba.com，进行合作协议签署。需要提供客户的营业执照、法人（复印件或原件）及授权人身份证（原件）、税务登记证、公章、合同等资料。

（2）双审　进行产品预审和开票人预审，工厂与一达通双备案，全部通过后才能下单。

产品预审：登录一达通平台，单击"进入操作平台"按钮，进入"My Alibaba"/"一达通出口服务"/"产品管理"，单击"添加产品"，根据产品品名或HS编码进行搜索。上传完对应产品资料后，提交产品审核。只有审核通过的产品，才可以通过一达通发货。

开票人预审：进入"一达通出口服务"/"开票人管理"，单击"添加开票人"填写开票人信息，上传开票人的税务登记证副本等证件信息。单击"添加产品"按钮，可以在预审通过的产品里选择产品，之后提交开票人预审。开票人审核进度可以在"开票人管理"中查看。审核通过后，可以使用一达通出口综合服务，通过一达通进行出口退税业务。

（3）下单　登录一达通后台，单击"立即下单"/"选择订单类型"，根据提示一步步输入出口信息资料，将全部资料输入完毕后就可以单击"提交订单"按钮，提交后等待一达通后台审核出口报关资料。

针对在线起草的信用保障订单，需要先选择本次发货商品，再起草一达通出口报关信息。

针对上传PI（Personal Income，个人收入）起草的信用保障订单，无须选择发货商品，直接起草一达通出口报关信息即可。

当审核通过后，供应商进入"My Alibaba"/"信用保障交易管理"/"所有订单"，找到对应订单，单击"查看订单"，然后单击"去发货"。

选择出口订单类型，选择综合出口订单（只能是工厂），由一达通办理退税。选择代理出口订单，自行办理退免税。

（4）通关 选择报关方式，通过一达通报关或自行报关。订单提交后，订单状态变成"待通关受理"；订单审核完毕后，订单状态变为"待报关"，可以在后台下载报关。

（5）外汇 选择收汇方式，客户可付汇至一达通，由一达通结汇。

（6）开票 开立出口产品增值税发票给一达通。订单进程可以在订单管理页面查询。外汇进账后，关联订单。通关完毕，外汇收齐。关联订单完成后，3个工作日内可下载开票资料进行开票。

（7）垫付退税款 满足退税条件，可由一达通垫付退税款。一达通收到发票并审核无误后3个工作日付税款和补贴款。

（8）结算 发起结算后，一达通将相应款项付至开票人账户。

3. 一达通服务模式

一达通提供了两种服务模式：一达通出口综合服务（3＋N）和一达通出口代理服务（2＋N）。

（1）一达通出口综合服务（3＋N） 一达通出口综合服务是指在一达通的服务中，通关、外汇、退税三项基础服务需要同时使用，增值服务有金融、物流服务。准入条件如下：

1）出口的商品在一达通可以出口的商品范围内。

2）非境外、个人或非出口综合服务尚未覆盖地区企业（如福建莆田等）。

3）出口口岸非一达通无法操作的口岸。

4）开票人在一达通可以操作的区域。

5）开票人已经完成备案。

一达通代为退税，满足相应条件后在3个工作日内，一达通可先行垫付退税金额给实际开票方。需满足的条件如下：

1）一达通收到全额外汇。

2）若是一达通报关，报关放行即可；若是企业自行报关，则结关状态为已结关。

3）一达通收到增值税专用发票原件，且增值税专用发票经一达通验证无误。

4）已上传备案单证并审核通过。

5）一达通已经收齐《外贸综合服务协议书》和《垫付退税服务协议》两份协议的原件。

6）垫付的退税款在可用垫付退税额度以内。

7）无其他异常，如未函调、下户核查通过、企业状态正常等。

（2）一达通出口代理服务（2＋N） 一达通出口代理服务是指在一达通的服务中，通关、外汇两项基础服务需要同时使用。准入条件如下：

1）非境外或个人企业、非福建莆田地区企业，非个人工商户。

2）企业通过了出口退（免）税资格的认定。

3）出口的商品非一达通出口代理服务禁止操作的商品。

4）出口口岸非一达通无法操作的口岸。

5）企业开具《委托出口货物证明》。

6）一达通开具《代理出口货物证明》。

7）企业自行进行退（免）税申报。

4. 一达通通关服务基本流程

一达通的报关方式分为一达通负责报关和客户自行报关。

（1）一达通报关流程

1）卖家下出口委托单。

2）一达通审核。

3）一达通系统生成报关资料，订单进入待报关环节。

4）一达通寄送报关资料或者发送电子数据。

5）向海关进行出口申报。

6）海关审查，货物通关放行。

7）卖家将报关单上传至系统，订单通关完毕。

（2）客户自行报关　客户自行进行报关等业务。

二、跨境电商支付与结算

在跨境电商中，资金是企业生产和经营的重要支撑，资金环节主要包括收款和结汇。不同的结汇方式会影响卖家的经营成本，选择合适的支付方式非常重要。

（一）传统跨境支付方式

跨境贸易中常采用的传统跨境支付方式主要有以下几种：

1. 汇付（Remittance）

汇付又称汇款，即付款人主动通过银行或其他途径将款项汇给收款人，是最简单的支付方式。汇付方式通常用于预付货款、货到付款，此外，汇付方式还用于订金、货款尾数、佣金等小金额的支付。汇付的种类有电汇（T/T）、信汇（M/T）和票汇（D/D）。

电汇（T/T）：汇出行应汇款人的申请，拍发加压电报、电传给境外的分行或代理人解付一定金额给收款人的一种汇款方式。

信汇（M/T）：汇出行应汇款人的申请，将信汇委托书寄给境外汇入行，授权解付一定金额给收款人的一种汇款方式。

票汇（D/D）：汇款人使用汇票、本票或支票等支付工具，将货款主动支付给收款人。

汇付属于顺汇，使用的结算工具的传递方向是从买方流向卖方，与资金的流向一致。汇付属于商业信用，银行是付款人的代理，只提供服务，不承担付款责任。

2. 托收（Collection）

托收指在进出口贸易中，出口方开具以进口方为付款人的汇票，委托出口方银行通过其在进口方的分行或代理行向进口方收款的一种结算方式。

托收属于逆汇，因为在托收中，作为结算工具的单据和单据的传送与资金的流动呈相反的方向。托收也属于商业信用，银行完全根据卖方的指示来处理，到底银行是否能收到货款，依靠买方的信用。

最常用的托收类型是光票托收和跟单托收。

1）光票托收指金融票据不附带商业票据的托收。光票托收主要用于小额交易、预付货款、分期付款以及收取贸易的从属费用等。

2）跟单托收指金融单据附有商业单据或不用金融单据的商业单据的托收。托收方式对买方比较有利，费用低，风险小，资金负担小，甚至可以取得卖方的资金融通。

3. 信用证（Letter of Credit，L/C）

信用证是当前进出口贸易和跨境贸易中应用最广泛的支付方式。信用证支付方式是一种银行信用，也是一项自足文件，信用证业务处理的是纯单据。

（二）跨境电商支付方式

在跨境电商交易中，尤其是跨境电商 B2C 主要有以下几种支付方式：

1. PayPal

PayPal 总部在美国加利福尼亚州，是全球知名的跨境电商支付与结算工具，也是目前使用较为广泛的第三方支付工具，在使用电子邮件标识身份的用户之间转移资金，即时支付，即时到账。PayPal 与各大知名跨境电商网站合作，成为主要的货款支付方式之一，该支付方式转账时，要收取一定数额的手续费。

费用：无开户费及使用费；但要收取银行系统占用费和提现费等。

优点：其国际付款通道满足了部分地区客户的付款习惯；为账户与账户之间产生交易的方式，可以买、可以卖；隶属美国 eBay 旗下，国际知名度较高，尤其受美国用户的信赖。

缺点：PayPal 用户消费者利益大于 PayPal 用户卖家的利益，双方权利不平衡；电汇费用每笔交易除手续费外还需要支付交易处理费；账户容易被冻结，商家利益易受损失。

适用范围：跨境电商零售行业，小额交易更划算。

2. Western Union

Western Union 指西联汇款，西联汇款是西联国际汇款公司的简称，成立于 1851 年，总部在美国，是世界上领先的拥有全球最大、最先进的电子汇兑金融网络的特快汇款公司之一，代理网点遍布全球近 200 个国家和地区，可以在全球多数国家的西联代理所在地汇出和提款。西联手续费由买家承担。

3. Qiwi Wallet

Qiwi Wallet 是俄罗斯最大的自助购物终端及网络支付平台，作为俄罗斯最大的第三方支付工具，其服务类似于支付宝。Qiwi Wallet 电子支付系统 2007 年在俄罗斯推出。该系统使客户能够快速、方便地在线支付水电费、手机话费、网上购物、银行贷款等。

4. WebMoney

WebMoney 是一种在线电子商务支付系统，总部在俄罗斯。WebMoney Transfer 技术基于提供所有用户独特的接口，允许经营和控制个人资产，其支付系统可以在全球几十个国家和地区使用，是俄罗斯最主流的电子支付方式之一，俄罗斯各大银行均可自主充值取款。

5. ClickandBuy

ClickandBuy 是独立的第三方支付公司，收到 ClickandBuy 的汇款确认后，在 3～4 个工作日内会入金到客户的账户中。入金每次最低 100 美元，每天最多 10000 美元。如果客户选择通过 ClickandBuy 汇款，则可以通过 ClickandBuy 提款。

6. Paysafecard

Paysafecard 主要是供居住在德国或奥地利的玩家方便购买欧元的筹码，是一种银行汇票，购买手续简单安全。

7. Neteller

Neteller 提供免费开通，是一种电子钱包和一种支付工具，主要用于外汇或者彩票平台入金，不支持中国用户。

8. LiqPAY

LiqPAY 是乌克兰的一个小额支付系统，对最低金额和支付交易数量没有限制并立即执行。

9. CashU

CashU 自 2002 年起隶属于阿拉伯门户网站 Maktoob（Yahoo 于 2009 年完成对 Maktoob 的收购），主要用于支付在线游戏，VoIP 技术，电信，IT 服务和外汇交易。CashU 允许使用任何货币进行支付，该账户将始终以美元显示账户资金。CashU 现已为中东和独联体广大网民所使用，是中东和北非地区运用最广泛的电子支付方式之一。

10. 支付宝（Alipay）

支付宝国际版支持境内消费者在境外跨境电商平台上购物，境内用户跨境付款给境外商家、朋友或境外用户跨境支付给境内商家、朋友，方便快捷。

11. 微信（Wechat Pay）

微信跨境支付业务已经覆盖了东南亚、欧美、西亚、大洋洲的 20 多个国家和地区。

12. 爱农支付（ChinaGpay）

爱农支付是一家专门从事电子支付业务的公司，第一批获得国家外汇管理局颁发的跨境电子商务外汇支付业务许可证。作为一家专业的跨境第三方电子商务支付与结算机构，爱农支付主要服务于国际物流、跨境电商、留学教育、航空机票、酒店住宿等跨境电子商务外汇支付业务，为客户集中办理收付外汇和结售外汇业务。

13. 速汇金（MoneyGram）

速汇金汇款是 MoneyGram 公司推出的一种快捷、简单、可靠及方便的国际汇款方式，收款人凭汇款人提供的编号即可收款。

费率：单笔速汇金最高汇款金额不得超过 10000 美元（不含），每天每个汇款人的速汇金累计汇出最高限额为 20000 美元（不含）。

优势：速汇金汇款快捷，手续简单，在一定的汇款金额内，汇款的费用相对较低。

缺点：汇款人及收款人均为个人，必须为境外汇款，符合国家外汇管理局对于个人外汇汇款的相关规定。

此外，跨境电商支付方式还有信用卡支付、网络银行支付、Payoneer、连连支付、WorldFirst 等支付方式，支持亚马逊、全球速卖通、Wish、eBay、Shopee 等全球多个电商平台的接入和收款，支持英镑、美元、加元、日元、欧元、新西兰元、新加坡元等多币种收款。

（三）结汇与提现

1. 交单

交单是指卖方在规定的时间内向银行提交信用证规定的全套单据，银行审核单据后，根据信用证条款规定的兑付方式办理结汇。一般在信用证规定的交单期和有效期之内办理交易。

2. 结汇

结汇是指企业或个人按照汇率将买进外汇和卖出外汇进行结清的行为。主要结汇方式有以下几种：出口押汇、收妥结汇和定期结汇。在出口跨境电商交易中，结汇是指卖家将销售商品所得的外汇，按照国家公布的外汇牌价售予外汇银行而折合成本国货币。

出口跨境电商结汇的基本方式：直接收款，卖家自己办理结汇或委托某代理方代理结汇，或者卖家通过第三方支付机构进行收款并办理结汇。

4. 出口退税

出口退税的环节如下：备案、资料准备、申报、上报、批复。

5. 申领出口奖励

卖家完成出口退税后，就可以申领出口奖励。

（四）跨境电商支付风险与防范

货款支付是跨境电商交易过程中的重要环节，跨境支付涉及跨境交易的直接参与者、支付机构、银行等，在整个支付环节中会产生一定的风险。

1. 交易信用风险

在跨境电商的交易过程中，买卖双方都可能存在信用问题，如买家欺诈交易、卖家虚假发货等。网上交易时，物流与资金流在空间上和时间上是分离的。因此，如果没有信用保证，信用风险很难控制。卖家可以采取措施来鉴别买家是否是因为信用卡被盗或账户被盗而产生欺诈交易，建立买家黑名单，限制买家购买条件和通过电话核对买家信息。市场监管部门利用网监信息化系统与网络交易平台大数据分析技术，完善对虚假发货行为的监测，完善内部信用管理支付与结算。

2. 资金管理风险

在跨境电商支付中，若使用第三方支付平台，货款要滞留在第三方支付平台。部分第三方支付平台对资金提现手续费有特殊规定，资金会在第三方支付平台滞留，产生滞留风险。面对风险一定要采取相应的防范措施。第三方支付机构与跨境金融机构建立合作关系时，可以简化收付结算、资金到账等流程，提高资金流转的安全性。跨境电商支付工具如网络银行、信用卡、电子钱包等方式，在与境外进行交易时，搭配辅助控件使用，如U盾、数字小键盘等，以此降低跨境支付风险，保障资金的安全。

3. 网络支付安全风险

跨境支付过程中会存在网络安全问题。采取第三方支付工具进行交易支付，将引发支付安全风险，可以通过完善跨境电商支付监管体系，建立安全可靠的支付系统，加强跨境支付的全方位安全认证，规范交易双方数据使用的安全标准，完善交易处理流程等来加强防范。

【实训活动】

活动一：说一说

1. 简述跨境电商的通关流程。

2. 简述跨境电商常用的支付方式。

3. 简述外贸综合平台一达通的定义和服务。

活动二：练一练

搜索 Western Union 和 PayPal，熟悉相关知识，同时登录 PayPal 官网，注册买家或卖家账号。

【职业体验】

请在老师的组织下走访、参观、调研本地跨境电商企业，了解跨境电商一达通的通关流程，提升职业体验。

【五星工匠】

请各位同学以小组为单位，根据知识、技能、素养三维目标对自己的学习成效进行多元评价，并查漏补缺，提升通关与结算能力。请点亮下图中的星星，为自己做一下星级评鉴，评一评自己能够得到几颗星。

跨境电商客户服务

【知识目标】

- 掌握跨境电商客服的岗位职责和核心素养
- 熟悉跨境电商客服的工作目的、原则和沟通技巧
- 学会跨境电商的售前、售中、售后沟通
- 了解跨境电商的纠纷处理和客户维护

【技能目标】

- 掌握跨境电商客服的岗位职责和核心素养
- 学会跨境电商的售前、售中、售后沟通技巧
- 了解跨境电商的纠纷处理技巧和客户关系维护

【素养目标】

- 培育社会主义核心价值观
- 培养诚实守信、遵纪守法的职业道德，培养爱岗敬业、吃苦耐劳的精神
- 培养跨境电商客服的沟通礼仪和综合素质

【思维导图】

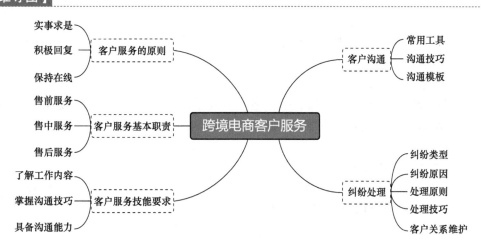

李明是跨境专业的毕业生，在一家跨境电商公司做客服人员，刚刚入职不久，就遇到了很多工作困扰。最近几天，一位客户的投诉给李明带了不小的挑战，前期虽然经过了多次沟通，但是客户比较固执，仍对产品的质量和服务不满意，最后还给了一个差评。李明面对这种情形，因为经验不足，有些无计可施，只能向老员工请教如何应对出现的阻碍和困难。在老员工的帮助下，问题终于得到了圆满解决。

➤ **任务探讨**：如果你和李明一样，在客户服务工作中遇到了同样的问题，将如何应对这些问题？

大家好，欢迎来到跨境电商的世界，请结合任务背景，开启我们的跨境旅行，快速进入跨境电商客户服务的学习。

一、跨境电商客户服务概述

随着跨境电商的飞速发展，跨境电商客服彰显了跨境平台或者店铺的"软实力"，对促进跨境企业商品销售具有重要的作用。做好跨境电商客户服务，了解并认识客户服务相关知识，客户服务的工作范畴、工作流程、工作技巧，向客户提供优质的服务，提升客户的满意度和忠诚度，对于跨境电商企业的可持续发展具有重要的意义。

（一）客户服务的含义

客户服务（Customer Service，CS）是企业利用相关技术手段使企业的业务系统最大限度地与用户建立联系，从而最大限度地为用户提供服务。客户服务首先是一种服务理念，其核心思想是将客户作为最重要的资源，通过完善的客户服务和深入的客户分析满足客户的需求。客户服务的好坏直接影响商品的成交率和客户的复购率，优质的客户服务与管理能够提高店铺转化率和客单价，提升客户购物体验，促进销售。

跨境电商客户服务对于企业运营具有重要的作用，不仅给企业创造经济效益，帮助企业树立良好的品牌形象，还能提升客户体验和满意度，防止客户流失。

（二）跨境电商客户服务的原则

1. 实事求是、诚实守信

跨境电商客户服务一定要以实事求是为原则，要诚实守信，立足事实，不能过度宣传和过度承诺。

2. 积极回复、主动沟通

客户服务要主动沟通，主动提供客户各项需要了解的信息和各种解决方案，让客户安心，提高商品成交率，提升客户的安全感和满意度，不能机械应对客户提问，更不能敷衍了事。

3. 保持在线、注重细节

客服人员要在客户购买的高峰期保持在线，并能够礼貌、及时回复客户的咨询，同时注重细节，语言简洁准确，注重沟通技巧和交流方式。客服人员应掌握客户方的文化、风俗、礼仪，对客户的称呼、问候要恰到好处，用词文明礼貌、不卑不亢，能够善解人意，掌握客户的心理诉求，及时解决客户最想了解和解决的问题及纠纷，拉进与客户的距离。

二、跨境电商客户服务岗位认知

（一）基本职责

跨境电商客户服务要遵循服务原则和销售原则，解答客户对于商品、物流、支付等各方面的咨询和疑问，处理商品售前、售中、售后问题，及时解决各种纠纷，为客户提供一套完美有效的解决方案，提升买家体验和满意度，促进商品成交率和复购率。同时，进行监控运营管理，及时发现运营管理存在的问题，定期总结和整理客户提出的问题。跨境电商客服的基本职责以销售流程为主线，可以划分为售前服务、售中服务、售后服务。

1. 售前服务

售前服务是销售中非常重要的一环，是企业在顾客未接触产品之前所开展的一系列刺激顾客购买欲望的服务工作。售前服务让客户更好地了解企业的产品和服务，如价格、规格、数量、用途、物流等信息，协助客户做好需求分析，以及未付款追踪、商品断货、催付、提供折扣、免运费、提供样品、确认订单等，从而增强客户购买欲望，提升产品的成交率。

2. 售中服务

售中服务是在产品销售过程中为客户提供的服务，如发货确认、物流、通关和支付等信息，让客户及时掌握商品的动向。售中服务伴随客户的实际购买行为，良好的售中服务可以促使客户做出购买决定。

3. 售后服务

售后服务是销售中非常关键的一环。售后服务是指把产品或者服务销售给客户后为客户提供的一系列服务，如退换货、沟通商品使用方法或维护、处理各种纠纷、安抚买家情绪、引导买家留下正面评价、向买家推荐新品、询问是否收到货等。面对一系列的售后问题，客服通过与顾客的及时沟通，帮助客户解决问题，满足客户需求。为客户提供优质的售后服务，对提升客户体验和满意度、提升企业信誉尤其重要。

（二）技能要求

客服是联系店铺和客户之间的桥梁，跨境电商客服一定要掌握专业核心技能和培养综合素质。

首先，要了解客服工作内容和岗位流程，了解跨境电商行业、企业的相关知识，学会沟通工具的使用，掌握一定的沟通技巧和商务礼仪，具备发现潜在客户的敏锐性。

其次，要了解跨境电商相关的法律法规、平台规则，熟知商品知识、商品特点，了解商品交易的成本预算以及物流通关、付款结算、退换货等信息。

再次，熟悉下单流程，能够提供各种服务，具备发现问题、反映问题和解决问题的能力，妥善控制损失的能力和协调沟通的能力，具有一定的谈判技巧，在售前、售中和售后都能够应对自如，掌握足够的沟通技巧和纠纷处理能力。

最后，具备专业的外语沟通能力和商务函电沟通技巧。

三、跨境电商客户沟通

（一）常用工具

1. 跨境电商平台工具

为实现买卖双方的即时互动，提高商品的成交率和提升客户的购物体验，跨境电商平台提供即时通信工具或者设有站内通信功能。

2. 营销邮件

营销邮件可以无限群发，实时追踪每一封邮件。

3. 通信软件

卖家可以使用通信软件与客户进行沟通，建立联系。

全球电话：运营商路线，不依赖网络，音质清晰。

Skype：一款网络语音沟通工具，可以绑定电话，直接通话。

MSN Messenger：由软件巨头微软开发，公司中使用较广泛。

Viber：类似于中国微信，不需花费，只需流量，多为非洲、东欧和西亚地区用户使用。

WhatsApp：手机号码注册，全球最受欢迎的移动通信工具之一。

Line：一款即时通信软件，适用于韩国、日本、泰国等地区的用户。

Kakao Talk：韩国国内使用的聊天工具。

4. 社交平台

社交平台是开展跨境电商客户服务和营销推广的有效工具，也是与客户建立联系、保持沟通的桥梁和渠道。如 Facebook 是社交网站和社交工具，通过 Facebook 可以与人保持互动交流，分享图片，发布链接和视频。Twitter 即国际版微博，可以绑定即时通信软件。

（二）沟通技巧

客服与客户的在线沟通是跨境电商交易当中的重要环节，客服为商品和客户搭建了桥梁和纽带。专业的在线沟通可以引发客户的购买欲望，打消客户的很多顾虑，促成很多即时购买行为。因此，客户服务人员一定要掌握专业的沟通技巧，具备良好的服务态度，为客户提供优质的购物体验，进而提高成交率和转化率。

1. 遵守沟通礼仪

跨境电商客户沟通，要时刻遵守沟通的商务礼仪和国际礼仪，同时注重细节，尤其是国际化的各种礼仪。比如对客户的称谓，不管是向客户首次发邮件，还是后续的交易磋商，对于客户的称谓一定要恰当，并保持应有的礼仪。又如，不管接到初次光临的买家咨询还是客户再次光临时，都要体现出一定的亲切感，态度要诚恳。如面对初次光临的客户可以说 Thank you for you interest in our item，或者 Thank you for your inquiry，让客户感受到热情和尊重。客服的服务态度直接影响着买家的购物心情和购物体验。

2. 强化语言技巧

"清晰""简洁""准确""礼貌"，已成为当今客服沟通交流的核心和关键，尤其强调书面语言的规范性和准确性。用简单的词句，灵活、明确的表达，让客户准确理解要传递的内容，是客户服务的主旨。

清晰，即内容主旨要清晰。在和客户交流的时候，要针对客户的询问做出清楚的回复和建议。如客户询问产品是否可以降价：Will the price be cheaper?要告知客户已经是最低价，如果现在下单的话，可以赠送一个小礼品：Sorry，we do not have any discounts for this item. But if you make the order now, we can send you an additional gift to show our appreciation.

简洁，即用简短的语句进行清楚的表达，尽量避免使用过于复杂的词汇。在客户沟通当中，简洁明了和言简意赅的表达和回复往往会达到事半功倍的效果。含糊、业余、啰唆的表达则会减弱客户的信任，给客户一种不专业、不讲效率的感觉，不仅浪费客户的时间，还削弱了客户服务人员的专业度。如关于支付方式的简洁回复：Thank you for the message. You can make the payments with VISA, MasterCard or Western Union.

准确，是指要有专业性和全面性，用专业的术语、准确的语言进行沟通。客户服务在沟通交流时，不要不懂装懂，碰到自己不了解的问题，可以直言不讳地告诉客户，问清楚以后会及时回复。

礼貌，英文书写要使用一定的礼貌用语。同时，一定要学会换位思考，站在客户的角度给出建议。

（三）沟通模板

1. 询问商品细节（size, color, specifications, quantity and so on）

Hello，my dear friend. How are you today? This is _____. Thank you for your inquiry. About your problem, I have checked the item information for you. (具体问题). Hope it can help you.

Any other questions, feel free to let me know. Nice day.

2. 折扣问题

Hello，dear friend. How are you today? This is _____. Thank you for your interests in our item. Perhaps we can't accept the price you offer. I'm sorry for that. In fact, the price is reasonable. We only have a little/low benefit(利润). But we are willing to offer you some discounts if you buy more products at one time. If you buy more than 5 products, we will give 5% discount to you.

If you have any other questions, please tell us. Have a nice day.

3. 物流问题

（1）免运费

Hello，my dear friend. How are you today? This is _____.

Thank you for your offer and it will be a great pleasure to do business with you. You know we have to shoulder the shipping fees, thus the price we have here is already very low and competitive. Hope you can understand.

Have a nice day.

（2）含运费

Hello，my dear friend. How are you today? This is _____.

Thank you for your offer and it will be a great pleasure to do business with you. The price we have here is already very low and competitive, so the lowest price we can provide is showed on the listing.

If you have any question, pleases feel free to ask me. Have a nice day.

（3）询问跟踪号

Hello, my dear friend. Sorry, there may be something wrong with the postal system. So we can not get the tracking number. But don't worry, we won't let you suffer any losses. Your item has been shipped on 29/3/2023, and had passed the Chinese Customs on 18/03/2023. It got delayed in the Customs House. And the shipment usually takes 20 to 30 days. Please wait patiently.

If you have any question, please feel free to contact us. Have a nice day.

（4）物流延误

Hello, my dear friend. Thank you for purchasing and prompt payment. However, we'll have the National Holiday from Oct 1 to Oct 7. During that time, all the shipping service will not be available and may cause the shipping delay for several days.

Keep in touch.

Have a nice day.

4. 货物有问题

（1）提供货物不符照片

Hello, my dear friend. This is _____, the customer service staff.

We are quite sorry for this situation. Could you please send us the pictures about this problem? And we will solve it for you. Please don't worry. If any other situations, please feel free to tell me.

Hope to hear from you soon.

Have a nice day.

（2）尺寸错误

Hello, my dear friend. How are you today? This is _____, the customer service staff.

We are so sorry about the long-time waiting and unsuitable size.

According to our selling record, you had bought one dress which is size M. Is that right? What is the size of the dress you got? We are willing to resolve this problem for you. We just need more information about it.

Looking forward to hear you soon.

Have a nice day.

（3）颜色错误

Hello, my dear friend. How are you today? I am _____, the customer service staff.

Firstly, thank you so much for purchasing. The item you ordered has been sent to you. But we realized that our warehouse have made a mistake about the color. The color you ordered is red, but the item sent to you is a green one. The post office don't allow us to take the parcel back. So, if you receive the item later, the color is not Gold, please email us. We will offer you compensation. Is that OK for you? Of course, if you have any idea, please do not hesitate to email us. We will do our best as you want.

Your support and kindness will be highly appreciated by us.

Thanks and best regards.

5. 商品缺货

Hello，my dear friend. How are you today? I am _____, the customer service staff. Thank you very much for your purchase；we really value your business. Then we have to say sorry that your package had been declined by the Custom House which we can hardly control.

We are willing to ask if you'd like us to resend it to you. But we can't promise that your item wouldn't be declined by them again. So, if you don't want to wait any more, we can issue a full refund as soon as possible. Please tell us which would you prefer? Once again, we send our sincere apology and hope to hear from you soon.

Your support and kindness will be highly appreciated by us.

6. 退货

Hello，my dear friend. We're so sorry to hear that you want to return it. If you really don't like it，we could provide you the return address，and we will give you the full refund when we get the item. But you should pay for the returned shipping fee. Is it OK for you?

Looking forward to hear you soon.

Nice day.

7. 未付款，取消订单

Hello，my dear friend. we understand and we will cancel the transaction for you. Please don't worry. Hope to do business with you next time.

Have a nice day.

【任务拓展】跨境电商客服

跨境电商客服是店铺的重要窗口，它让客户能够更深入地了解产品的特性、功能和更优质的服务。做好跨境电商客服工作一定要对岗位工作有全方位的认知。一位从事多年跨境电商客服工作的员工老李把自己的经验做了如下总结：

1）时刻保持热情和细心，坚持时刻为客户服务的职业精神。

2）能够换位思考、实事求是，能够勇于担责、投其所好。

3）掌握全面的工作职责：熟悉产品信息、核对订单信息、安排订单发货、追踪物流信息、做好售后服务、关注客户评价、做好客户维护。

同时，他还告诉新入职的员工在客户询盘时要注意的问题。在客户选购产品的过程中，跨境电商客服要礼貌、专业地对待客户，热情地解答客户对产品规格、支付方式、售后服务和物流的咨询，让客户充分了解产品的基本信息，引导客户成功下单，提高客户回头率。

老李的经验之谈对很多刚刚从事客户服务的毕业生有很大的启示和借鉴意义。

【任务操作】

针对一笔交易前的客户咨询，以小组为单位模拟客服和客户之间的沟通，并形成文字案例。

四、跨境电商纠纷处理和客户维护

随着跨境电商的迅猛发展，整个行业风生水起，交易量也不断上升，卖家侵权、商品品质、支付、物流等问题导致的平台纠纷大量发生，投诉比例直线上升。

（一）跨境电商纠纷的含义

纠纷是指争执不下的、没有解决的矛盾和争端，一般是指买家对产品、服务、物流不满意而引发的各种争议。

在跨境电商运营管理中，卖家难免会遇到各种各样的纠纷问题和矛盾争端，积极、主动地制订解决方案、采取有效措施来解决纠纷，提升客户的满意度，对于客户复购和店铺健康运营具有重要的作用。

（二）跨境电商纠纷的类型

1. 货不对板

商品型号、规格、颜色、价格等不符，如颜色与描述不符、尺码与描述不符、价格与描述不符等。商品质量问题，如商品做工粗糙、商品破损、商品质量差、包装破损、销售假货、产品无法正常使用等都是货不对板纠纷的原因。

2. 未收到货

买家因各种原因没有收到购买的商品，选择未收到货的纠纷理由提起的纠纷。如未发货、漏发或少发商品、延期发货或未按照规定运达、包裹退回或丢失、无法查询到物流信息都可能造成未收到货。

全球速卖通平台中，未收到货纠纷提起率的计算公式为因未收到货物提起退款的父订单（不包括主动撤销退款的父订单）/ 近30天买家确认收货 + 确认收货超时 + 买家提起退款的父订单。

纠纷的类型还有很多，如海关扣押、发错地址、对快寄服务不满意、对产品本身不满意、体验感差客户拒签等。

（三）跨境电商纠纷产生的原因

1. 质量问题

质量问题是产生跨境电商纠纷最重要的原因之一。跨境电商行业风起云涌，竞争激烈，低价成为竞争手段之一，低价竞争则会导致商品粗制滥造，质量难以保障。同时，商家没有对产品进行全方位、客观性的叙述，商品图片过度宣传，商家做出过度承诺，导致商品价格、材质、色调、型号、规格、做工、保质期与实际商品不符，则会引起纠纷。商品包装破损或者少发漏发也是引起纠纷的原因之一。

2. 物流问题

跨境电商物流是跨境电商发展的重要环节，也是纠纷产生的重要原因。由于跨境电商物流发展相对滞后，在整个运输过程中，具有很多不确定因素和局限性，有些复杂的情况很难控制，导致产生纠纷的原因也是多种多样的，例如包裹清关延误、海关扣押、关税问题、派送超时、包裹丢失、包裹退回、发错地址、无效的运单号、查询不到物流信息或者物流信息长时间没有更新等状况，导致消费者长时间无法收到货物，购物体验不佳，将会直接导致纠纷。

3. 客服问题

在线客服不专业，对产品和物流信息认知不够，导致沟通不畅。客服的服务态度差，碰到难题和纠纷不积极主动解决，逃避或拒绝沟通，也会引起顾客不满。

4. 客户问题

客户在选购前，不认真阅读商品信息，对产品欠缺了解，也未咨询客服，匆忙下单，或者对产品的期待值过高，一旦收到货物时不满意，则会产生纠纷。客户因本身管理方法或者使用方法不当造成产品损伤，要求退货被拒。有些不良客户给商家中评或恶意差评。

5. 知识产权问题

由于跨境电商准入门槛较低，具有高自由度和碎片化的特点，导致知识产权侵犯风险上升。在跨境电商的交易中，很多商家未经许可，使用他人专利、商标和作品，造成侵权，引起纠纷。

（四）跨境电商纠纷对店铺的影响

纠纷过多，会影响产品的销售和店铺的正常经营，造成客源流失、成交量下降，给商家带来不小的损失。

纠纷过多，还会引起店铺的评分下降、差评增多，卖家搜索排名也会靠后，影响卖家对平台活动的参与，少了更多的曝光机会和资源推广机会，转化率和订单数量也会随之下降。

（五）跨境电商纠纷处理原则

对于纠纷处理一定要积极沟通、主动回复、理性处理，将纠纷损失降到最低，同时完善规章制度、提高物流效率、提升产品质量。有效解决纠纷应谨记以下两个原则：

1. 及时、有效沟通

（1）及时　遇到纠纷一定要及时沟通，在第一时间做出反馈，让客户感到自己的问题被重视，缓解客户的不良情绪。如果不在第一时间做出回复，就会使自己处于被动的状态，则会加深矛盾，引起客户的更多不满，让投诉升级。

在交易过程中遇到纠纷，首先应积极联系买家协商确认。在买家反馈交易疑惑时，应及时给予买家回应，主动友好协商，了解买家反馈的具体问题，并有效地给予帮助和解决。电商平台竞争日益激烈，要让自己的店铺和产品在众多卖家中脱颖而出并且找到一席之地，需要注重对客服人员的培训，提高品牌的影响力。

（2）有效　纠纷并不可怕，保持同理心，考虑客户的切身感受和损失，尽量以友好的态度与客户协商，用专业的知识和事实依据对纠纷产生的原因做出合理的解释。在交易过程中，与买家保持有效的沟通不仅能够使交易顺利完成，也将获得买家二次青睐的机会。

2. 客户第一

店铺不能只考虑自身的利益，要学会换位思考，站在买家的角度考虑问题，想办法以友好的方式积极解决问题，把客户放在第一，让客户感受到诚心和诚意，把纠纷造成的损失能够降到最小，尽量实现双赢。既要考虑到客户的切身感受，站在客户的立场去考虑问题，同时也要兼顾到企业或个人自身的能力和利益，减轻纠纷造成的负面影响，维系客户的忠诚度，实现二次交易。

（六）跨境电商纠纷处理技巧

1. 针对质量问题的沟通技巧

针对描述不符的纠纷，一定要确认产品页面描述是否与实物一致。如果存在误差，请确认产品页面有相关提醒。买家下订单的产品缺货或存在颜色、款式不一致等情况，发货前也要与买家沟通，征得买家同意后再发货。如果纠纷产生，要积极与买家协商解决问题，达成一致的解决意见，若发货前已提醒过买家产品存在颜色、尺寸等微小误差，可以提交沟通记录加以证明。

针对产品质量或货物破损问题的纠纷，发货前要仔细检查产品，确保产品质量和包装完好，发货前做好相关的防护措施，避免因包装不当造成物流途中产品破损。如果质量问题是由于买家操作不当，向买家发送产品正确操作方法的视频，积极与买家协商解决问题，并达成一致的解决意见。

在全球速卖通平台上，对于买家收到货物后提起的退货纠纷，卖家应该注意包裹退回后及时联系物流公司取件。对于由于长时间未取件而导致的退回现象，收到退货后尽量保留底单和拆包视频等。

2. 针对物流问题的沟通技巧

国际物流往往有很多不确定因素，例如海关问题、关税问题、派送转运等，在整个运输过程中，这些复杂的情况很难控制，难免会产生包裹清关延误、派送超时甚至包裹丢失等状况。对于买家来说，长时间无法收到货物或者长时间不能查询到物流更新信息，将会直接导致其提起纠纷。

如果包裹发生延误，及时通知买家，解释原因，获得买家谅解。如果包裹因关税未付被扣，及时告知买家，声明已在产品描述中注明买家缴税义务，避免物品退回。如果包裹无人签收，也要及时提醒买家在有效期内领取，让买家体会到用心的服务。如果是物流途中造成损失，要积极联系物流公司商谈索赔事宜，积极与买家协商解决问题，达成一致解决意见。

因此，物流的选择对于买卖双方都非常重要，在选择物流方式时，可以结合不同地区、不同物流公司的清关能力以及包裹的运输期限，选择物流信息更新准确、运输时效性更佳的正规物流公司，同时考虑交易中的风险与成本。

在全球速卖通平台上，卖家要想有效地解决纠纷，首先要有"客户第一"的精神，站在买家的角度考虑，出现问题想办法，以友好的方式一起解决。买家对于订单的执行和货物的质量有不满意时，马上做出回应，与买家进行友好协商。当出现退款时，尽量引导买家达成部分退款，避免全额退款。对于交易过程中的有效信息能保留下来，如果出现了纠纷，能够作为证据来帮助解决问题。

（七）客户关系维护

维护良好的客户关系，与客户建立起长久的合作关系，使顾客成为店铺的忠实客户，是店铺长久发展的重要措施之一。

1. 了解客户，满足需求

维护良好的客户关系，就要多方面了解客户，明确客户需求，根据客户本身的价值和利润率来细分客户，并清楚客户处于哪个消费区间，是价值客户、潜力客户、迁移客户，还是冰点客户等。

2. 开展促销活动，提供增值服务

提供更多优惠措施，如数量折扣、赠品、节日礼品，也可以为客户提供增值服务。根据节日文化定制礼品送给客户，让客户感受到对他的重视和贴心的服务，提升好感度，最大限度地提升礼物的价值。

3. 提升服务质量和产品质量

针对所有的客户，确保服务质量始终如一，为客户提供满意周到的服务内容，尤其是售后服务，并密切关注高价值的客户，保证他们获得更好的服务和待遇，创造和推动新的需求，增强顾客的购买力，扩大其购买规模。同时，升级客户管理方式，建立系统的智能化的客户管理系统。更要提高产品质量和性价比，多做社会公益，提高客户的忠诚度和好感度。

4. 规避纠纷的产生

做好售后服务，遇到纠纷时提供全套解决方案，合理解决纠纷和问题。提升质量、优化物流、强化客服。

【实训活动】

活动一：记一记

1. 元旦：New Year's Day。

2. 春节：Spring Festival。

3. 元宵节：Lantern Festival。

4. 中秋节：Mid-Autumn Festival。

5. 端午节：Dragon Boat Festival。

6. 复活节：Easter。

7. 万圣节：Halloween。

8. 圣诞节：Christmas。

活动二：译一译

1. split

2. pink

3. max

4. budget

5. purchase

6. item

7. store

8. contact

9. correct

10. available / in stock

11. pallet load

12. 每箱 20 件

13. 2000 美元

活动三：想一想

如何成为一名合格的跨境电商客服人员？

活动四：选一选

1. 请为下面这封客服回信选择合适的主题。（ ）<单选>

Dear friends,

Thank you for your enquiry.

We have this item in stock. How many do you want? Right now we only have 2 lots left. Since it is very popular, the products have a high risk of selling out soon. Please place your order as soon as possible. Thanks.

Yours sincerely,
Wang Ming

    A. 催促下单   B. 告知无货并推荐新品   C. 解决纠纷   D. 催好评

2. 对于客户对产品使用不当而导致的负面评价和纠纷，选择在客户负面评价的留言板处进行回复和解释，并附上产品使用说明和注意事项。如何看待这种回复和做法？（ ）<单选>

    A. 回复只是针对当前客户   B. 是一种差评营销

    C. 需要在卖家和客户协商一致后使用   D. 一定会让客户取消差评

3.（ ）表示"货物仍在运输途中"。<单选>

    A. We have sent out your products.   B. The order was sent to you.

    C. The package has arrived at your end.   D. The parcel is on the way.

4. 选择一个选项，将下列句补充完整：We are very sorry that the product you bought is sold（ ）. Would you mind exchanging it to others in our store?<单选>

    A. off   B. away   C. out   D. on

5. 下列关于未收到货纠纷说法正确的是（ ）。<单选>

    A. 未收到货纠纷仅指买家因卖家未实际发货导致未收到货而提起的纠纷

    B. 未收到货纠纷指买家因为各种原因没有收到自己购买的商品，选择未收到货纠纷
       理由提起的纠纷

    C. 未收到货纠纷指买家选择收到货后以商品与描述不符的理由提起的纠纷

    D. 未收到货纠纷指买家选择收到货后以假货的理由提起的纠纷

6. 未收到货纠纷提起率的计算公式为（ ）。<单选>

    A. 因未收到货物提起退款的父订单（不包括主动撤销退款的父订单）/ 近 30 天买家
       确认收货 + 确认收货超时 + 买家提起退款的父订单

    B. 因未收到货物提起退款的父订单（不包括主动撤销退款的父订单）/ 近 30 天买家
       确认收货的父订单

    C. 因未收到货物提起退款的父订单（不包括主动撤销退款的父订单）/ 近 30 天买家
       提起退款的父订单

    D. 因未收到货物提起退款的父订单（不包括主动撤销退款的父订单）/ 近 30 天买家
       确认收货 + 确认收货超时的父订单

7. 在全球速卖通平台上，卖家应如何做到有效解决纠纷？（ ）<多选>

    A. 要有"客户第一"的精神，站在买家的角度考虑，出现问题想办法，以友好的方
       式一起解决

B. 买家对于订单的执行和货物的质量有不满意时，马上做出回应，与买家进行友好协商

C. 当出现退款时，尽量引导买家达成部分退款，避免全额退款

D. 对于交易过程中的有效信息要保留下来，如果出现了纠纷，能够作为证据来帮助解决问题

8. 在全球速卖通平台上，对于买家收到货物后提起的退货纠纷，卖家应注意（　　）。＜多选＞

A. 包裹退回后，及时联系物流公司取件，切勿出现包裹到达卖家城市，但是由于长时间未取件而导致的退回现象

B. 清关属于收件方责任，一旦货物扣款，导致无法签收，需要提供因买家原因导致扣关的海关文件或者物流公司出具的证明

C. 收到退货后，尽量保留底单和拆包视频等

D. 主动提供准确的英文退货地址，确保退货能成功妥投

9. 以下哪些订单状态需要买家跟进处理？（　　）＜多选＞

A. 买家申请取消的订单　　　　　　　B. 等待付款的订单

C. 有纠纷的订单　　　　　　　　　　D. 等待确认收货的订单

10. 以下（　　）纠纷原因属于货不对板纠纷。＜多选＞

A. 颜色与描述不符　　　B. 尺码与描述不符　　　C. 价格与描述不符

D. 商品质量问题　　　　E. 产品无法正常使用　　　F. 未收到货

【职业体验】

请在老师的组织下走访、参观、调研本地跨境电商企业，了解跨境电商客服的典型工作任务，提升职业体验。

【五星工匠】

请各位同学以小组为单位，根据知识、技能、素养三维目标对自己的学习成效进行多元评价，并查漏补缺，提升客服岗位胜任能力。请点亮下图中的星星，为自己做一下星级评鉴，评一评自己能够得到几颗星。

第四部分

铸能力

扫码看视频

阿里巴巴国际站运营实操

【知识目标】

- 了解阿里巴巴国际站入驻条件以及入驻费用
- 熟悉阿里巴巴国际站运营操作流程

【技能目标】

- 能在阿里巴巴国际站上开通店铺
- 能在阿里巴巴国际站上装修店铺页面，诸如页面背景、产品、图文、视频、营销、公司板块的操作与装修
- 能在阿里巴巴国际站上发布产品，选择产品类目，设置产品名称、关键词，上传产品图片
- 能在阿里巴巴国际站上进行商机沟通，寻找客户

【素养目标】

- 培育社会主义核心价值观
- 培养诚实守信、遵纪守法的职业道德和精益求精的工匠精神
- 培养跨境思维、创新意识

【思维导图】

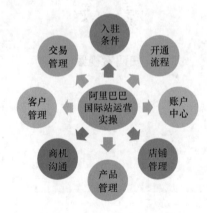

【任务背景】

金华 ABC 贸易有限公司是一家专业从事箱包销售的公司，以往做的都是传统贸易，随着近些年跨境电商的发展，公司急需抓住机遇，转战跨境电商平台，了解到阿里巴巴国际站是全球领先的 B2B 跨境电商平台之一，决定加入阿里巴巴国际站，主打跨境电商。

➤ **任务探讨**：如果你是金华 ABC 贸易公司负责跨境电商业务的业务经理，你将如何开展阿里巴巴国际站的操作？

【任务实施】

大家好，欢迎来到阿里巴巴国际站的世界，请结合任务背景，开始入驻阿里巴巴国际站，进入到平台的操作学习。

一、入驻条件

阿里巴巴国际站是受众最广的一个 B2B 电商平台，各位卖家想要在阿里巴巴国际站上开设店铺，首先需要好好了解一下该平台的入驻条件。

开通阿里巴巴国际站需要有大陆工商局注册的做实体产品的企业，生产型企业和贸易型企业都可以，收费办理。服务型公司如物流、检测认证、管理服务等企业暂不能加入。离岸公司和个人无法办理。

若符合入驻条件，可在 https://supplier.alibaba.com 页面右侧单击"我要开店"，开始创建店铺，如图 11-1 所示。

图 11-1 "我要开店"页面

根据提示，填写公司名称、联系人等信息，提交后会有服务人员在工作日 24 小时内联系您。办理费用由基础服务费用和增值服务费组成。基础服务费用为 29800 元 / 年。另外有一些 P4P 广告费用可供选择，同时有金品诚企的服务，目前费用为 80000 元 / 年。

二、开通流程

办理入驻手续后，卖家便可以在阿里巴巴国际站上进行开通操作，具体操作如下：

首先，输入阿里巴巴国际站网址 www.alibaba.com，单击右上角的"My Alibaba"，输入账号密码，即可登录卖家后台，如图 11-2 所示。

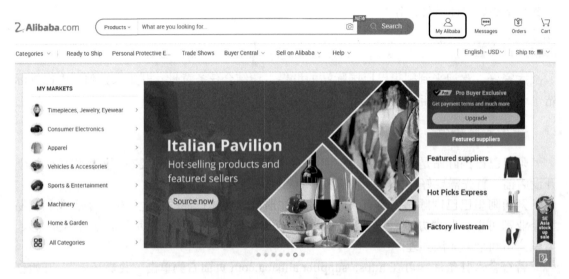

图 11-2　阿里巴巴国际站主页

进入 Alibaba 后台，查看新手指引，单击"正式开始"，如图 11-3 所示。

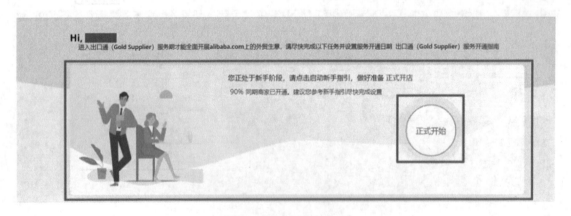

图 11-3　正式开始页面

其次，查看参考页面说明，按步骤依次完成实地认证、公司信息审核和发布商品三个开店必做事项。

实地认证需要填写以下资料：

1）企业执照信息。企业执照信息包含企业中英文全称、企业注册地址、营业执照照片等。

2）企业经营地址信息。企业经营地址信息包含企业经营地址及经营场地证明等。

3）认证人信息。认证人信息包含认证人姓名、联系方式、身份证号码、职位、部门等。

信息完善之后，单击"提交"，如图 11-4 和图 11-5 所示。

图 11-4　完善实地认证信息（1）

图 11-5　完善实地认证信息（2）

公司信息审核需要填写以下资料：

1）基本信息。其中"打钩"的字段为已认证信息，已认证信息不支持自行修改。如果需要变更，可以联系阿里巴巴国际站客户经理申请信息修改，客户经理会帮助完成变更内容的认证。

2）工厂信息。工厂信息主要是向买家展现生产能力，要求如实完整地填写，例如生产线、加工信息、年产量信息等。

3）贸易信息。贸易信息主要是向买家展示外贸能力，要求如实完整地填写，例如出口市场、出口港口、最小起订额、支付方式等。

4）展示信息。展示信息用于整体介绍公司，为必填项，填写后才能开通网站，并且信息会在旺铺中进行展示。展示信息主要包括公司标志、公司详细信息、公司形象展示图、公司视频、展会信息等。其中 3 张公司形象展示图一般为公司 LOGO 门头照、办公室内景或者工厂内景照，以及公司全景照。

5）证书、商标及专利。证书、商标及专利模块主要是向买家展示公司获得的相关证书、商标及专利信息，从而反映公司整体实力。

信息完善之后，单击"提交"，如图 11-6 所示。

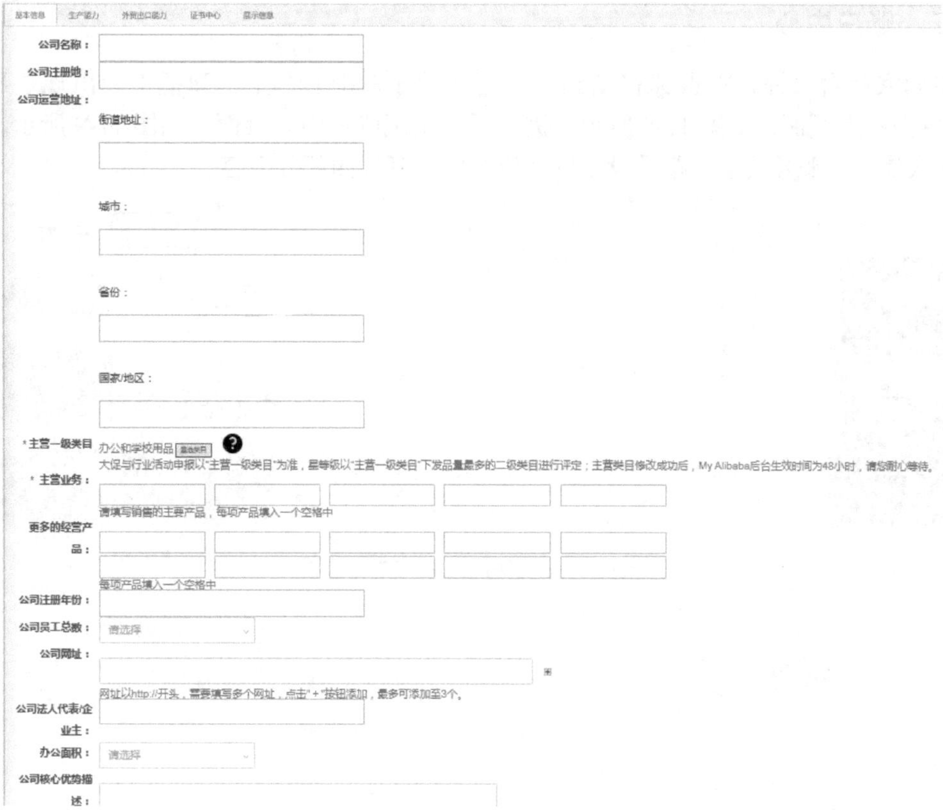

图 11-6　完善公司信息

接着就是发布商品。开通前必须至少发布一个产品，这有助于厂商快速获取商机，快速启动店铺运营。进入发布产品页面，完善产品名称、产品关键词、产品属性、产品图片、产品详情描述、交易信息、物流信息，最后单击"提交"。

每一步审核需要一定的时间，可在"说明"一栏，了解当前进展，每完成一个事项后，它的状态将自动从⊗变为⊘，如图 11-7 所示。

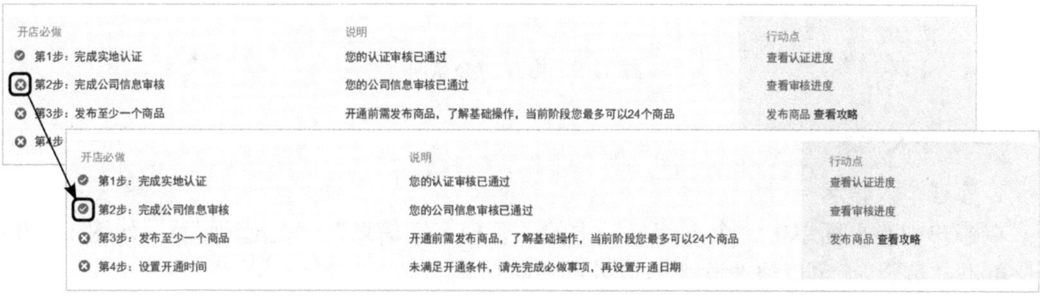

图 11-7　审核信息状态

最后选择开通日期。完成所有开店必做事项后，刷新页面可看到"选择日期"的按钮。选择日期并单击"确定"，即可完成设置，可在页面上查看已设置的开通日期。

三、账户中心

在卖家后台页面，将鼠标移动到右上角的"账户中心"上，弹框中会出现"账户中心"，单击进入页面，如图 11-8 所示。进入后，出现账户中心页面，如图 11-9 所示。页面中有个人信息、账号安全、账号设置以及资金账户管理四部分内容。

图 11-8　卖家后台 - 账户中心页面

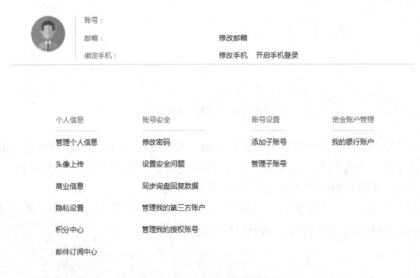

图 11-9　账户中心页面

（一）个人信息

1. 管理个人信息

在账户中心页面单击"个人信息"中的"管理个人信息"，弹出新页面，如图 11-10 所示，单击"编辑"，可以修改除账号以外的所有信息。

2. 头像上传

在账户中心页面单击"个人信息"中的"头像上传"，弹出新页面，如图 11-11 所示，单击"添加头像"，按照上传规则，从计算机中选择符合上传要求的图片，即可完成头像上传。

图 11-10　管理个人信息页面

图 11-11　头像上传页面

3. 商业信息

在账户中心页面单击"个人信息"中的"商业信息"，弹出新页面，如图 11-12 所示，可以查看相关的公司信息。单击右侧的"编辑"，可以进行修改。单击右上角的"预览对外展示效果"，可以预览买家看到的公司信息。

（二）账号安全

在账户中心页面的"账号安全"板块中可以修改密码、设置安全问题等，可以对账号进行安全设置，确保账号的安全。

（三）账号设置

平台上共有四种账号类型：管理员、业务经理、业务员、制作员。子账号即操作系统的分账号权限，如果公司有多个人需要操作阿里巴巴国际站平台，就需要开通子账号，包括业务经理、业务员、制作员。子账号由管理员创建，有自己独立的 ID 和密码。免费会员、制作中会员、出口通已开通会员最多能设置 5 个高级子账号，金品诚企会员最多可添加 10 个高级子账号。在账户中心页面单击"账号设置"中的"添加子账号"，弹出页面如图 11-13 所示。选择需要创建的子账号类型，填写信息，如图 11-14 所示，单击"添加"，即可添加子账号。

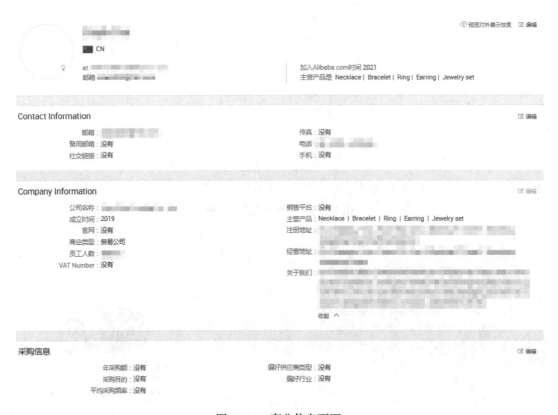

图 11-12　商业信息页面

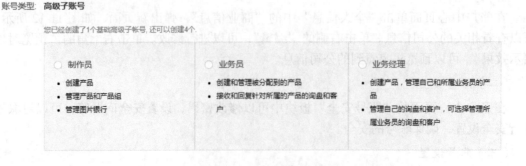

图 11-13　添加子账号页面

图 11-14　填写子账号信息

各账号功能权限如下：

1）管理员账号权限最大，可以查看子账号的相关操作以及管理网站主页；只有管理员账号可以设置信用保障资金账号的提现密码。

2）制作员可以管理全店铺的商品，新发产品的权限默认给到管理员账号，产品无法分配给制作员，只能调整给管理员账号、业务经理和业务员；制作员只有获得管理员账号授权后，才可以查看数据管家。

3）业务经理可以管理自己的信用保障订单，但不可以管理所属子账号的信用保障订单。

子账号添加成功以后，可以在新页面中看到新的子账号，单击"设置权限"按钮可以给该子账号设置权限，如图11-15所示，也可通过账号中心页面"账号设置"板块中的"管理子账号"进入设置权限页面。

高级子账号 添加子账号

删除 冻结 解冻

您已经创建了4个基础高级子账号，还可以创建1个。

	用户名	账号类型 ∨	上级	状态	类型	操作
☐	sr,xl	业务经理		锁定	基础	查看详情 设置权限
☐	Trump,Donald	制作员		正常	基础	查看详情 设置权限
☐	chen,guang	制作员		正常	基础	查看详情 设置权限
☐	zhang,yu	制作员		正常	基础	查看详情 设置权限

图 11-15 设置子账号权限

四、店铺管理

（一）全球旺铺

在卖家后台左侧列表里单击"店铺管理"，会出现"全球旺铺"，如图 11-16 所示，进入店铺装修页面。

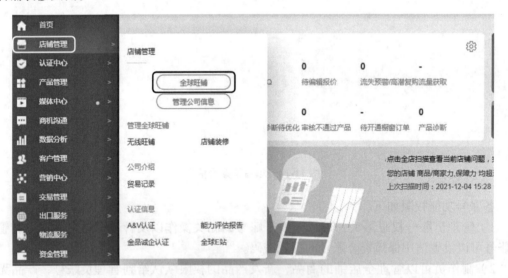

图 11-16 店铺管理 - 全球旺铺页面

店铺装修页面分为模块栏、编辑栏、展示区。左侧为模块栏，有页面背景、产品、图文、视频、营销、公司 6 部分内容，如图 11-17 所示。

单击"页面背景"，出现"+"，可以上传已经准备好的背景图片，也可以修改页面主题色以及背景主题色。

单击"产品"，会跳出双排产品、橱窗产品、带类目产品、重点推荐等模块组件，拖拽所需要添加的组件至中间展示区的"+"号位置，释放鼠标即可。

图 11-17　店铺装修页面

在"图文"模块，有行业化海报、全屏通栏横幅、横幅、热区切图组件，可以选择所需要的组件，拖拽至展示区，并通过展示区图片进行编辑，编辑完成后保存。视频、营销、公司模块的操作也是大同小异。在所有模块都完成后，店铺装修就完成了。

（二）管理公司信息

单击"店铺管理"中的"管理公司信息"，进入管理公司信息页面，页面中有"基本信息""生产能力""外贸出口能力""证书中心""展示信息"等内容，如图 11-18 所示。可以在相应页面完成公司信息，填制的信息将在店铺企业信息下展示，完善的企业信息可以提升买家的信任感。

管理公司信息 (以下信息将在店铺企业信息下展示，完善的企业信息可获取买家更多的信任)

信息完整度：████████████████　**86%**　查看线上店铺

数据概览 数据验证，商家能力的完善表达可有效提升转化 查看更多

0%	0%	0%
公司环境	展会信息	客户案例

当前已选经营模式：Trading Company

* 必填项　✓ 已认证信息 ?

基本信息　生产能力　外贸出口能力　证书中心　展示信息

图 11-18　管理公司信息页面

五、产品管理

（一）发布产品

1. 准备工作

在发布产品之前，首先应该准备好产品的基本信息，包括产品的标题、关键字、属性、功能、价格、基础参数、尺寸、重量、交易和物流信息等。同时，还要准备好产品的图片，包括产品主图、细节图、卖点图、包装图、使用效果图、使用场景图等，也可准备一些公司或者工厂的图片，增加买家的信任度。

2. 产品发布

单击卖家后台左侧列表里"产品管理"下的"发布产品"，如图 11-19 所示，即可进入发布产品页面。随后跳转出选择产品类目页面，如图 11-20 所示，在页面中选择适合自己产品的类目。若无法确定产品类目，可在搜索栏里输入产品关键词，系统会自动推荐相应的类目。单击"发布产品"，进入填写产品营销信息页面，如图 11-21 所示，该页面中需要填写产品基本信息、商品描述、交易信息、物流信息、特殊服务及其他、目标国家 / 地区偏好。

在基本信息中，需要填写产品名称、产品关键词、产品属性以及产品规格等内容，如图 11-22 所示，带"*"的为必填项目。

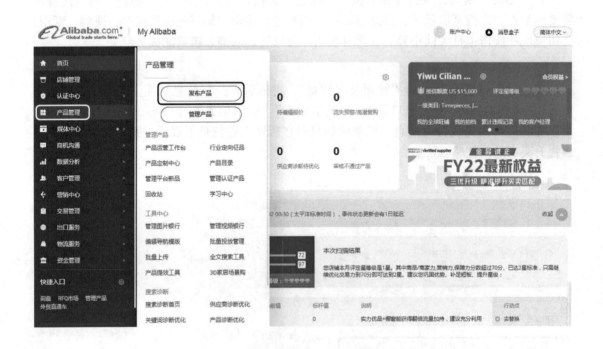

图 11-19　产品管理 - 发布产品页面

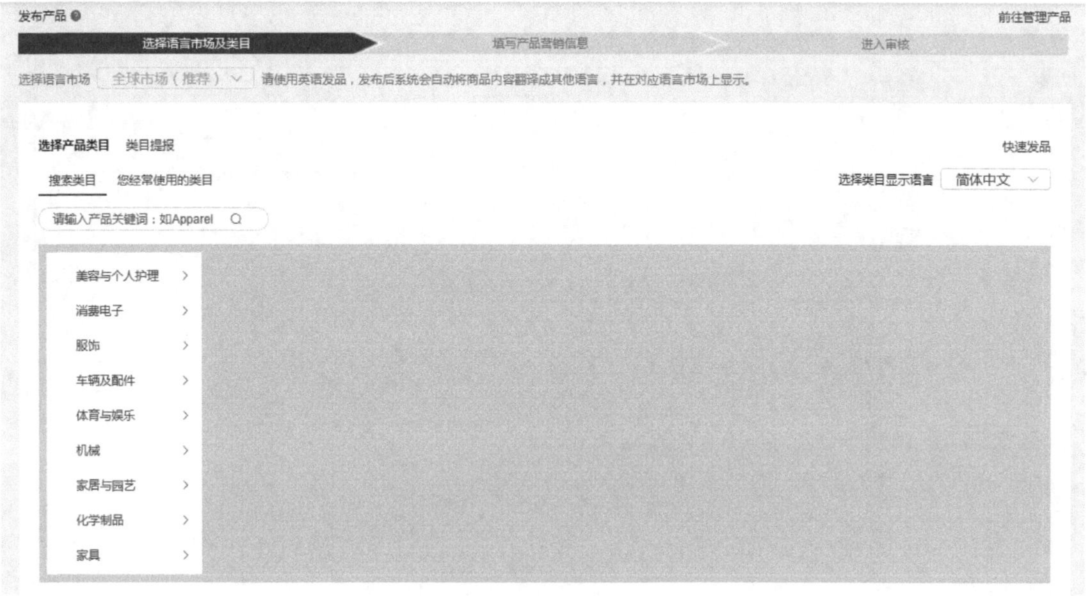

图 11-20　选择产品类目页面

图 11-21　填写产品营销信息页面

　　在商品描述中，可以上传 6 张产品图片，单击"浏览"，即可从本地计算机上传图片，亦可从图片银行中选取。其中第一张是产品主图，其他 5 张可以显示产品的细节、包装、效果、使用场景等，如图 11-23 所示。在产品详情描述中，选择"普通编辑"，在编辑对话框中输入产品描述、包装信息、公司信息、常见问题解答等内容，如图 11-24 所示。

基本信息   "智能推荐"内容来自平台大数据推荐，需手动输入；系统自动填写内容来自"同店商品复制"，以标题加粗形式展示，修改后取消加粗

* 产品名称   [   ] 0/128 🌐 ⑦

* 产品关键词   [请按正确格式填写："修饰词+产品中心词+应用场景"，例如："Red 8GB mp3 for sports] 0/128 🌐 ⑦

(+添加产品关键词)

请至少填写一个关键词，所有词在搜索排序上权重相同，请不要重复填写。如您不确定填写词是否为品牌词，请点此查看，避免因侵权受到处罚。

产品分组   [请选择   □] ⑦

- 商品属性 请填写准确、完整地产品属性，以便买家迅速了解产品特征。

型号   [   ]

品牌名称   [   ]

折叠   [可选择或输入   □]

类型   [   ]

特点   [   ]

种类   [可选择或输入   □]

* 设计风格   [可选择或输入   □]

* 应用   [   ]

主要应用   [   ]

* 原产地   [可选择或输入   □]

具体应用   [   ]

* 是否支持邮购包装   [可选择或输入   □]

材料   [可选择或输入   □]

自定义属性   [属性名称 - 如：Style] [属性值 - 如：Luxury]
(+点我添加)
属性名和属性值必须同时填写，例：Style：Luxury

- 产品规格

颜色   [请输入或选择   □] 从图片银行选取
(+添加)

尺码   □ 30 □ 31 □ 32 □ 33 □ 34 □ 35 □ 36 □ 37 □ 38 □ 39 □ 40
□ 41 □ 42 □ L □ XL □ XXL □ XXXL

[请输入内容   0/50] [添加]

图 11-22   填写产品基本信息页面

图 11-23　上传产品图片页面

图 11-24　填写产品详情描述页面

在交易信息中，填写产品的价格设置，包括计量单位、销售方式，可以根据订购数量的不同设置不同的价格，如图 11-25 所示。

图 11-25　填写产品交易信息页面

在物流信息中，填写每个商品的长宽高、毛重、发货期，选择相应的运费模板以及包装方式，如图 11-26 所示。

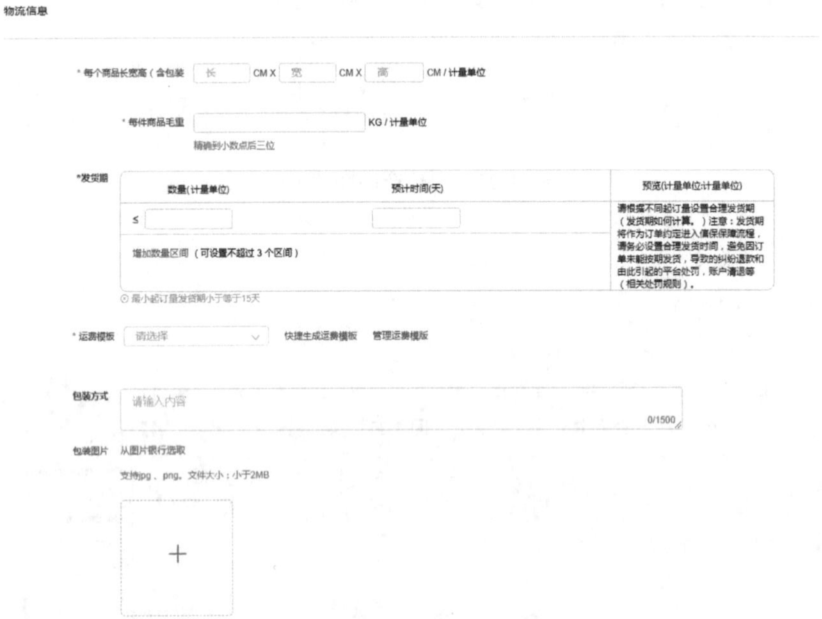

图 11-26　填写产品物流信息页面

在特殊服务及其他中，填写样品服务、定制服务等内容，根据自己企业实际情况选择填写，如图 11-27 所示。

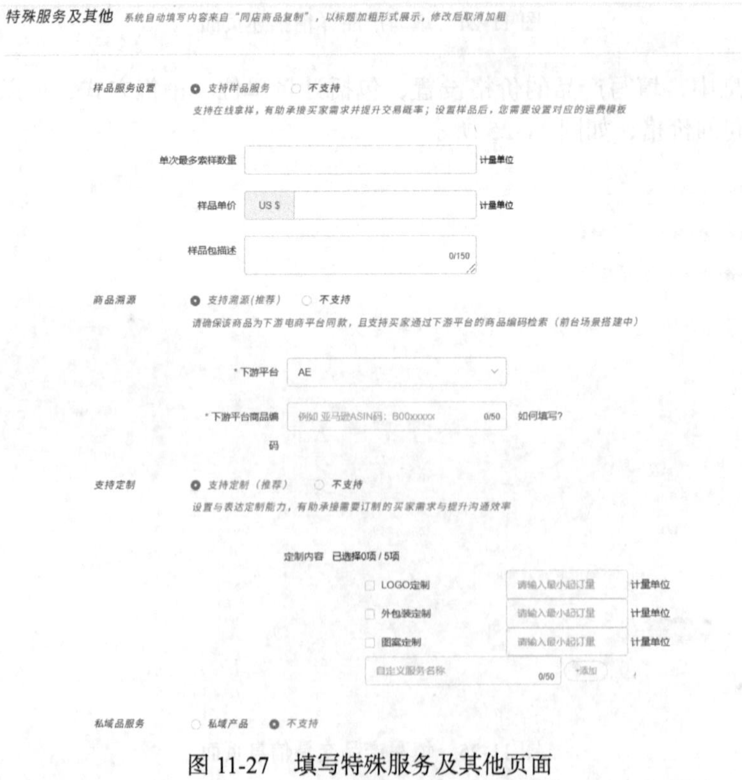

图 11-27　填写特殊服务及其他页面

最后，在目标国家/地区偏好中，选择最想售卖产品的国家/地区，让目标国家/地区的买家更容易查看到这些商品，如图 11-28 所示。

图 11-28　填写目标国家/地区页面

（二）管理产品

单击卖家后台左侧列表"产品管理"下的"管理产品"，如图 11-29 所示，即可进入管理产品页面。进入页面之后，可根据产品状态分类查看产品，也可通过关键词、型号、分组搜索产品，另外还可进行分配、移动、刷新、上架、下架、批量生成直接下单品、批量修改等操作，如图 11-30 所示。

图 11-29　产品管理 - 管理产品页面

（三）工具中心

1. 管理图片银行

在卖家后台左侧"产品管理"项的"工具中心"下，有"管理图片银行"，如图 11-31 所示，单击便可进入管理图片银行页面。进入管理图片银行页面后，可单击右上角"上传图片"按钮，如图 11-32 所示。上传的图片单张不可超过 3MB，支持 jpeg、jpg、png 格式，建议尺寸小于 1000×1000 像素，图片名称只允许输入英文、中文和数字。上传图片可选择分组与是否添加水印，如图 11-33 所示。

图 11-30　管理产品页面

图 11-31　产品管理 - 管理图片银行页面

图 11-32　图片银行 - 上传图片页面

图 11-33　上传图片页面

　　在管理图片银行页面，可根据条件进行搜索，也可根据上传人、引用状态、排序对图片进行筛选，如图 11-34 所示。

图 11-34　图片银行 - 筛选图片页面

　　图片上传后，可在管理页面进行编辑。将鼠标移动到需要编辑的图片上，出现"复制链接"和"编辑"按钮，单击"编辑"按钮，跳出"调整分组""重命名""复制链接""图片详情""确认用新图替换旧图"和"删除至回收站"命令，如图 11-35 所示，可根据不同需求进行相应的操作。

图 11-35　图片银行 - 编辑图片页面

在管理图片银行页面，单击"添加新分组"，如图11-36所示，填写分组名称，即可添加新分组。

图11-36 图片银行 - 添加新分组页面

2. 管理视频银行

在卖家后台左侧"工具中心"项下单击"管理视频银行"，如图11-37所示，便可进入管理视频银行页面。进入管理视频银行页面后，单击右上角"上传视频"按钮，如图11-38所示，即可进入上传视频页面。在上传视频页面，可以单击"上传视频"，填写"视频名称""设置封面"等，如图11-39所示。还能选择"视频内容标签"，标签上限是3个，内容标签需要和视频内容一致，可以协助视频被精准抓取推荐至共域场景，如图11-40所示。

图11-37 产品管理 - 管理视频银行页面

图11-38 管理视频银行页面

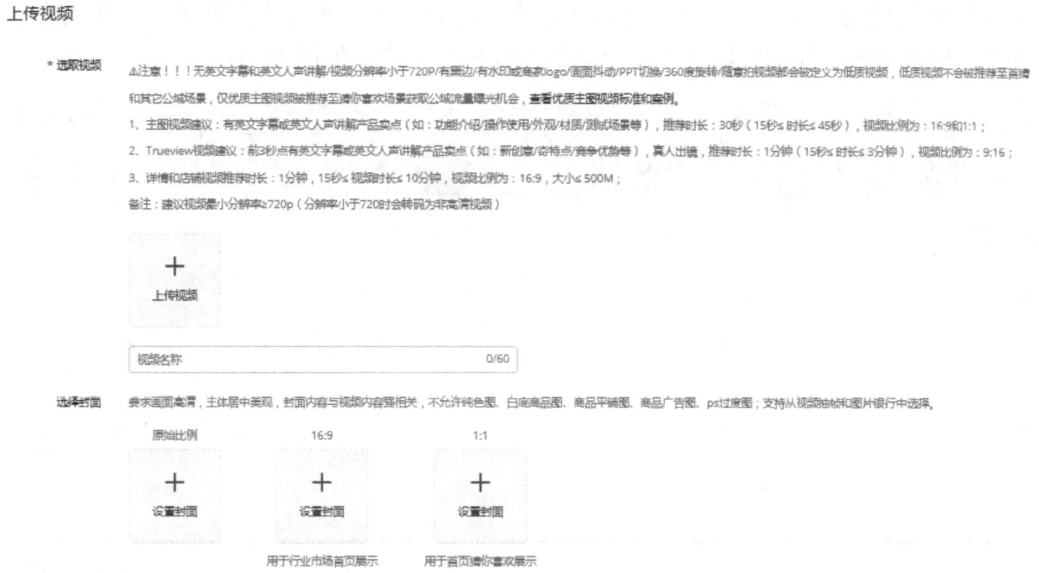

上传视频

* 选取视频　⚠注意！！！无英文字幕和英文人声讲解/视频分辨率小于720P/有黑边/有水印或商家logo/画面抖动/PPT切换/360度旋转/随意拍视频都会被定义为低质视频，低质视频不会被推荐至首清和其它公域场景，仅优质主图视频被推荐至猜你喜欢等获取公域流量曝光机会，查看优质主图视频标准和案例。

1、主图视频建议：有英文字幕或英文人声讲解产品卖点（如：功能介绍/操作使用/外观/材质/测试场景等），推荐时长：30秒（15秒≤时长≤45秒），视频比例为：16:9和1:1；

2、Trueview视频建议：前3秒点有英文字幕或英文人声讲解产品卖点（如：新创意/奇特点/竞争优势等），真人出镜，推荐时长：1分钟（15秒≤时长≤3分钟），视频比例为：9:16；

3、详情和店铺视频推荐时长：1分钟，15秒≤视频时长≤10分钟，视频比为：16:9，大小≤500M；

备注：建议视频最小分辨率≥720p（分辨率小于720时会转码为非高清视频）

| ＋ |
| 上传视频 |

| 视频名称 | 0/60 |

选择封面　要求画面高清，主体居中美观，封面内容与视频内容强相关，不允许纯色图、白底商品图、商品平铺图、商品广告图、ps过度图；支持从视频抽帧和图片银行中选择。

原始比例　　　　16:9　　　　1:1

＋	＋	＋
设置封面	设置封面	设置封面
	用于行业市场首页展示	用于首页猜你喜欢展示

图 11-39　上传视频页面

*视频内容标签　内容标签需和视频内容一致，可协助视频被精准的抓取推荐至公域场景，标签上限为3个

已选择3个标签　　　　　　　　　　　　　　　　　　　　　　　　　　　　　ˇ

品　　　商　　　行业

操作流程　　□ 产品安装说明　□ 产品操作说明

产品开箱　　□ 现货产品开箱展示

新品发布　　□ 新设计　□ 新功能　□ 新材料　□ 新工艺　□ 新技术　□ 新产品　□ 新发明

　　　　　　□ 新生活　□ 新配方　□ 新时尚　□ 新制造　□ 新场景

流行趋势　　□ 产品流行趋势　□ 最新热销

产品卖点　　□ 产品展示　□ 产品功能　□ 产品结构　□ 产品安全　□ 产品环保型

价格拆解　　□ 产品价格细节说明　□ 同类产品价格对比　□ 相同产品不同配置　□ 原材料价格说明

使用场景　　□ 产品使用场景　□ 产品整体效果　□ 实地工程案例

破坏性测试　□ 产品极限功能展示　□ 产品破坏性测试

促销打折　　□ 促销打折

产品测评　　□ 买家秀　□ 专业性的产品测评　□ 买家使用感受

图 11-40　选择视频内容标签页面

在管理视频银行页面，可根据视频名称进行搜索，也可根据视频状态、视频大小、视频质量、视频来源、商品关联状态、分组对视频进行筛选，如图 11-41 所示。

图 11-41　管理视频银行 - 筛选视频页面

六、商机沟通

产品上传到店铺之后，就要开始寻找客户，那如何寻找客户呢？可以通过商机沟通寻找目标客户。

（一）询盘

在卖家后台左侧的"商机沟通"项下单击"询盘"，如图 11-42 所示。进入询盘页面，可查看接待数据与询盘列表，如图 11-43 所示。

图 11-42　商机沟通 - 询盘页面

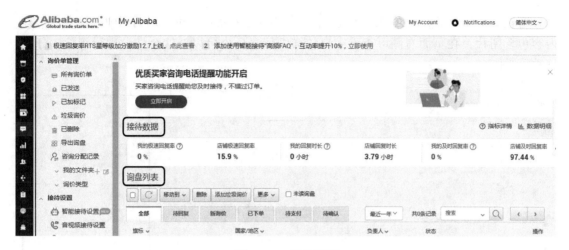

图 11-43　询盘页面

在询盘页面左侧，有"询价单管理"，可以利用相应的标签筛选询价单。同时也可以对询盘进行分类，增加文件夹分类，填写类目。

在询盘列表，管理员账号可以对询盘进行分配，业务经理和业务员只能查看自己账户下的询盘，同时也可将询盘移动到相应的分类文件夹中，还能进行删除、添加垃圾询价、设置旗标等操作，如图 11-44 所示。也可通过状态、日期、发件人、旗标、国家、负责人等来筛选询盘，如图 11-45 所示。

图 11-44　询盘列表

图 11-45　筛选询盘

可在每个询盘里查看详细的询盘内容，如图 11-46 所示。可在对话框中回复客户信息，内容包含图片，在页面右侧可查看客户的详细信息。也可以对这个询盘进行删除、分配、移动等操作。

图 11-46　详细询盘内容

（二）RFQ 市场

在卖家后台左侧"商机沟通"项下单击"RFQ 市场"，如图 11-47 所示。进入页面后，在搜索框中输入想要搜索的关键词，如图 11-48 所示。

图 11-47　商机沟通 -RFQ 市场页面

在输入关键词后，会查询到相应的询价信息，可根据发布时间、类目等进行筛选，在搜索结果中单击标题可以查看详细信息，也可单击"立即报价"进行报价，如图 11-49 所示。在"RFQ 市场"中选择适合的询价，对其进行报价，达成合作意向。

图 11-48　RFQ 市场搜索页面

图 11-49　立即报价页面

七、客户管理

（一）客户概览

在卖家后台左侧，单击"客户管理"/"客户概览"，如图 11-50 所示。进入页面后，可以查看本月新增客户数、重点钉住客户、公海高潜客户以及客户分布区域等与客户相关的信息，如图 11-51 和图 11-52 所示。

图 11-50　客户管理 - 客户概览页面

图 11-51　客户信息页面（1）

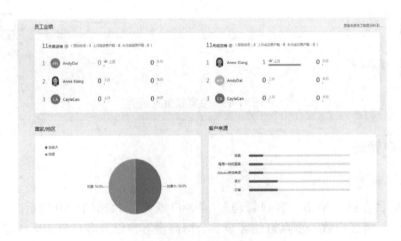

图 11-52　客户信息页面（2）

（二）客户列表

在卖家后台左侧，单击"客户管理"/"客户列表"，如图11-53所示。进入客户列表页面后，可以查看账户下的客户，勾选客户，可对客户进行"更新阶段""更新采购意向""更新采购品类""更新跟进小记""移入公海""转移给他人"和"添加至客群"等操作，如图11-54所示。

图11-53　客户管理-客户列表页面

图11-54　客户列表-客户操作页面

"客户列表"右侧有"图钉"标志，可以钉住重点客户，便于筛选。另外，还有"编辑"标志，可以编辑客户信息，如图11-55所示。

进入客户编辑页面后，可以对客户的跟进信息进行编辑，也可对客户的年采购额、采购意向、商业类型、采购品类等进行编辑，如图11-56和图11-57所示。

八、交易管理

（一）起草信用保障订单

在卖家后台左侧，单击"交易管理"/"起草信用保障订单"，如图11-58所示，进入起草信用保障订单页面。可在该页面填写订单信息，如订单类型、买家信息、商品信息、运输条款、支付条款等，勾选阅读同意条款，便可提交订单，完成信用保障订单的填写。

图 11-55　客户列表 - 编辑页面

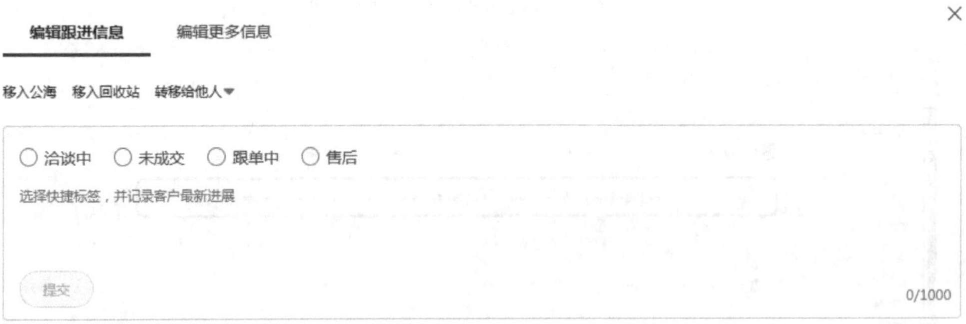

图 11-56　编辑跟进信息

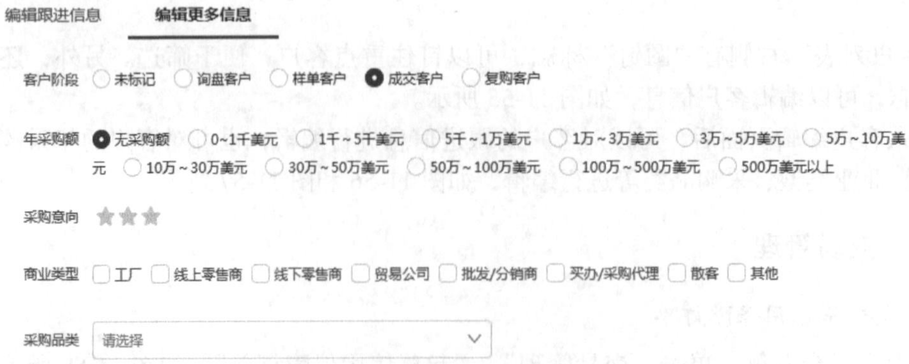

图 11-57　编辑更多信息

图 11-58　交易管理 - 起草信用保障订单页面

（二）所有订单

在卖家后台左侧，单击"交易管理"/"所有订单"，如图 11-59 所示，进入所有订单页面。

图 11-59　交易管理 - 所有订单页面

进入所有订单页面后，可以查看所有订单情况，也可根据订单状况对订单进行筛选，如图 11-60 所示。筛选出订单后，可通过订单右侧的"查看订单"按钮，查看具体的订单情况，包括订单进度、资金信息、发货信息、产品信息、运输信息、付款信息等。

（三）运费模板

在卖家后台左侧，单击"交易管理"/"运费模板"，如图 11-61 所示，进入运费模板页面。在页面里单击"新建模板"，如图 11-62 所示，即可设置运费模板。填写模板名称、发货地、发货地邮编、运费调整比例等信息，完成后单击"提交"，如图 11-63 所示。如果是 RTS 商品，也可设置 RTS 运费模板，填写基础信息、选择物流方式、填写运费详情等。

图 11-60　筛选订单

图 11-61　交易管理 - 运费模板页面

图 11-62　新建运费模板页面

图 11-63　运费模板设置

（四）退款管理

在卖家后台左侧，单击"交易管理"/"退款管理"，如图 11-64 所示。进入退款管理页面后，可对退款订单进行管理，如图 11-65 所示。

图 11-64　交易管理 - 退款管理页面

图 11-65　退款管理

【实训活动】

活动一：选一选

1. 要在阿里巴巴国际站上开通店铺，正确的网址是（　　　）。<单选>

A. https://alibaba.com   B. https://supplier.alibaba.com

C. https://supplier.alibaba.cn   D. https://alibaba.cn

2. 阿里巴巴国际站的基础费用为（   ）。<单选>

A. 198000 元 / 年   B. 258000 元 / 年

C. 298000 元 / 年   D. 398000 元 / 年

3. 下列（   ）企业可以在阿里巴巴国际站上开通店铺。<多选>

A. 生产型企业   B. 贸易型企业

C. 服务型公司   D. 离岸公司

活动二：说一说

1. 简述阿里巴巴国际站的开通流程。

2. 简述如何在阿里巴巴国际站上发布产品。

3. 简述如何在阿里巴巴国际站上寻找商机。

活动三：译一译

1. RFQ

2. P4P

活动四：搜一搜

1. 阿里巴巴国际站运营工具。

2. 阿里巴巴国际站主流客户群。

【职业体验】

请在老师的组织下走访、参观、调研本地使用阿里巴巴国际站的跨境电商企业，了解阿里巴巴国际站的操作流程、运营方法，提升职业体验。

【五星工匠】

请各位同学以小组为单位，根据知识、技能、素养三维目标对自己的学习成效进行多元评价，并查漏补缺，提升岗位胜任能力。请点亮下图中的星星，为自己做一下星级评鉴，评一评自己能够得到几颗星。

参考文献

[1] 孟盛，彭伟阳，杜作阳. 跨境电商 B2B 实务 [M]. 北京：中国人民大学出版社，2020.

[2] 邓志超，莫川川. 跨境电商基础与实务 [M]. 2 版. 北京：人民邮电出版社，2021.